岩崎稔・成田龍一・島村輝［編］

アジアの戦争と記憶

Wars and Memories in Modern East Asia

二〇世紀の歴史と文学

勉誠出版

序言　東アジアのコモンとは何か

岩崎　稔

こわばりを解きほぐす

わずかな時間でも北京市内を歩きながら思うのは、例えば天安門前広場で人ごみの中を彷徨っていても、一時期と違って日本からの旅行者に会うことがほとんどなくなっていることである。ちょっとした経験でも、明らかに日中の間で人の移動が縮減していると分かる。日本でも、中国に対するステレオタイプの報道が溢れ出し、その内容については憂慮するものが随分含まれている。これが私たちの一方の経験である。

他方で、東アジアのコモンということを考える日中の友人たちとの間には、確実に、ここしばらくの交流や共同作業の成果が表れていると感じる。むしろ、日中という二つの国家の間で、あるいは東アジアの多国間で起こっているこわばりに対して、このこわばりをときほぐし、あるいは、それがさらに良くないものに後退していくのを避けるために、私たちはお互いに、存分に議論をし、もっと適切に知り合うということが必要だと強く意識している。そうだからこそ、本書が刊行できたのだと認識している。

以下に述べることは、「東アジアの新たなコモンとは何か」という、本書の基となった会議の表題の中に含まれているコモンという概念をどう捉えるのかということである。東アジアのコモンとは、私たちなりに言えば、希望であり、積極的な提案であり、未来に向かって私たちが肯定的に何かをしていこうとするときの、その方向性のことである。まずは、私たちが今ここに立って、東アジアの問題点と課題をどのように分節化できるのかというところから話を始めなければならない。

二つの呪縛——新自由主義とナショナリズム

日本と中国、台湾、香港という地域も含めて、さらに韓国、北朝鮮などの東アジアの各域において、私たちはそれぞれの複雑な現場を持っている。そのなかで、大きく言えば、二つの深刻な呪縛に捉われて、のたうち回っていると言える。その呪縛から身をもぎ放とうとして格闘している。

二つの呪縛とは、今日ほとんどいたる所で共有できる非常に大きなテーマである。その一つは商品化された領域の際限のない拡大という問題、あるいは、新自由主義という問題である。中国社会では社会主義であるという自己規定を維持しつつ、ときには中央集権的な決定システムをむしろ好都合な与件として、日本や韓国と同じように、経済のグローバライゼーション、金融のグローバライゼーションが社会全体を覆っている。周近平主席が提唱している海と陸の巨大な一帯一路構想はそこに成立している。

この新自由主義と並んでもう一つやっかいな課題が、日中韓の間でそれぞれの国が他の国に向かって厳しい言葉を投げ掛けているナショナリズムの問題である。これをもっと別の表現を取るならば、東アジアの集合的記憶や、その記憶を支える体制、あるいはメモリーレジュームという問題である。この二つの現実を俯瞰することを通して、私たちの現在を確認するというのがこの序言の役割である。

新自由主義はマーケットメカニズムを唯一の範例的な手法とし、市場という神が全てを決定できるかのように描く。そこで起こっているのは、ただ単に格差が広がるとか、あるいは、特定の産業が衰退を余儀なくさせられるということにとどまらない。もっと深くわれわれの身体や思考の隅々まで、新自由主義という心性へのチューニングが図られている。新自由主義とは、単なる政策の問題ではなく、われわれの心性の隅々まで及んでくる思想と身体の権力の問題である。その新自由主義によって身体や感性をチューニングされていくときに起きることが、「所与の専制」とでも言うべき事態にほかならない。所与というのは、それが現実だと語られるものであり、そのように与えられたものである。新自由主義は常に根本的なオルタナティブを考えたり、定立したりすることを無効化するように働く。新自由主義は、今起こっているようなメカニズムの中で、ただ疑いをもたずにより速く走るということだけを求めてくる。新自由主義が強いているようなメカニズムそのものを根本から打ち壊していく、根本から再検討していく、つくり直していくということが認められることはない。抵抗値がゼロの資本の運動が保証されるということが新自由主義の理想であるとすると、まさに、その所与のサーキットの中をどれだけ速く走るのかというラットレースのような運命を私たちに強いてくるのである。この「所与の専制」に囚われているという点で、東アジアの全域において私たちは、新自由主義という問題を共有しているとまず言えるのではないか。

もう一つの大きな課題であるナショナリズムの問題についてはどうであろうか。本来であれば、新自由主義とナショナリズムはそのまま結合するには無理のある動きである。新自由主義が抵抗値ゼロの資本の運動性を確保するときに、その抵抗の一つが、例えばナショナルな単位において存在しているさまざまな障壁であるはずである。しかし、非常に奇妙なことに、この新自由主義とナショナリズムは、一見、背反し合うように見えながら、極めて相互依存的な効果をもたらしている。

そのようなナショナリズムが最も愛好するのは、死者の問題であり、死者の記憶の問題である。日中の二国間では、一見すると戦争の記憶が厳しい争点になっているように見える。また、日本と韓国との間でも戦争や植民地主義の記憶が大きな争点になっているように見える。しかし、よく目を凝らしていくと、奇妙なことも起こっている。相手を批判する激しい言葉や感情が行き交うように見えながら、実は両者が非常によく似た相貌を示しているからである。

東アジアのナショナリズムや東アジアの戦争の記憶をめぐる声高な主張の中では、「戦後レジュームからの脱却」という形で否定しているように見えながら、他方で、冷戦期につくりだされた発想やスタイルがかたくなに固持されている。改革開放の中国においても、同じことが起こっている。新しい社会のダイナミズムが、これだけ短期間に中国に圧倒的な経済力を確保させた。しかし、そのような現実において、ナショナリズムの言説は現在の市場のダイナミズムを揺るがしたりはしない。むしろ、そのようなものを後押ししてくれるという限りでは、ナショナリズムの言説は何一つ時代の状況に照らして再検討されることなく使用される。

新しい時代の中で自分たちが時代をつかむかのように、脱却だとか改革開放というレトリックが用いられるのだが、同時にこのメモリーレジュームにはしがみついている。したがって、激しく相手を批判するのだが、その両者が極めて相似的な関係にある。

対立の両側がよく似ていると述べたが、それは、国境を挟んで起こっている現象ばかりではない。それぞれの国の政治的なイデオロギーにおいても同じようなことが起こっている。それは、左派と右派という形で表れてくるそれぞれの国や、国を超えた政治的な局面においても、右と左の両方が、実はある部分ではよく似た議論、非常によく似たメモリーレジュームの上で発想しているということである。

日本では、安倍晋三氏のような極右的な政治家とその人たちを支える実体としての日本会議が迫り出している。しかし、そこで行き交う言説に混じるレトリックと、逆に非常に硬直した形の左派言説の中でしばしば起こってくるステレオタイプ的表現とが、よく似た構造を持ってしまう。対立し合っているものが、一見激しく、つまり相互に両立不可能なように見えながら、その両方が同じメモリーレジュームの上で動いているということが、国境を挟んでも、国内の両翼においても起こっているのである。

資本のダイナミズムに依拠することはできない。資本をめぐって起こってくる「所与の専制」を拒むところからしか私たちはスタートできない。ナショナリズムにおいても、同じように「所与の専制」という事態が起こっている。つまり、ナショナリズムという形で作動してくるような強力な感情の対立に対して、そうではない何かを異議申し立てしていくというプロセスは、現状では大変なエネルギーを必要とする。ナショナリズムが人々の感情を支配し、非常に重たい所与として私たちの前に現れてくる。

ここでもやはり「所与の専制」が厄介な問題として表れている。

公共性の概念——開かれた未決定の状態に立つこと

この新自由主義と、ナショナリズムのメモリーレジュームという二つの専制からどのように身をもぎ放って行くのかという問題は、日中韓で、あるいは日中韓の合間も含めて、例えば沖縄で、例えばサハリンで、と具体的に考えていくことができる。あるいは移民として、華僑として、外国につながる子どもたちの問題として、というように、問題の立て方は多様であり得る。その一つである在日朝鮮人の日本における位置は、東アジアの現代史をよりいっそうクリアにしていく重要な視座を与える。いずれにしても、いま述べた二つの呪縛に直面している私たちが、次の一歩を踏み出そうとしたときに、それは、ナショナリズムの価値でもなく、資本の価値でもない、よりユニバーサルな何かに期待をかけるということであろう。しかし、このユニバーサルな価値というのは、ヨーロッパ中心主義的な厚かましさによって、世界中に押し付けられてきた多くの価値観や概念装置、学問的な諸制度に素朴にもう一度立ち返ろうということでは到底ない。新自由主義とナショナリズムとの格闘ということが私たちの課題であるとすると、実はもう一つ、三つ目に私たちが考えなければならないのは、従来の意味での普遍主義というものを根底から考え直していく作業である。

ヨーロッパの最良の市民的な伝統の中にあったが、いまでは余りに多くの幻滅を伴っている市民的公共性という概念を、もう一度、私たちなりに再検証しつつ、考えの装置にしてみたい。公共性を構築すると言っても、何かを天下り的に上から押し付けるという意味でこの言葉を使おうというのではない。ここではドイツ語の概念として、公共性に相当するエッフェントリッヒカイト（Öffentlichkeit）という言葉の語義にこだわっておきたい。この語には、オッフェン（offen）という言葉が含まれている。オッフェン（offen）というのは英語のオープンであって、とくにこの場合のオープンというのは未決定であるということをも含んでいる。つまり市民的公共性とは、何かが決めてしまうのではないということ、いわば一義的な真理、一義的な価値、それが神であれ、普遍的な理性といったものであれ、そのような超越的な原理が前提にならないということ、その未決定な状態に私たちが立つということである。公共性をそのようなこととして救い出したい。

しかし、公共性の概念は、これまでの歴史の中では全く違うように使われてきた。その時代ごとの事実としての権力者、あるいは、今なら「所与の専制」が公共性を横領するということが起こってきたがゆえに、この概念は時には不信の目を向けられてきた。繰り返すが、わたしたちのこの公共性の概念では、何よりも未決定であり、開かれていて異質なものと共存するという姿勢において、オッフェン（offen）でありたい。そして、そのような公共性という意味でコモンという言葉を使ってみてはどうかということを、まず冒頭で皆さんに提案したいのである。

新たなコモンへ――ヨーロッパから、東アジアから

この公共性＝コモンという言葉を理解する際に、あるいは考えていく際に、もう一度、私たちは、とうに過去のものになったかのように扱われている古いトピックに立ち戻ってもいいのではないかと思う。マルクスが『ライン新聞』に書いていた、「木材討伐および土地所有の分割」に関するライン州議会で

の討議を論じた論考である。この論考で取り上げられていたのは、コモンとしての、森林における伐採権が、つまり当然の慣習としてあった生活のための山林の利用が、ある日突然に窃盗行為になるという問題であった。これは、別にマルクスを引かなくても、日本においても、幕末から明治初年において、類似した問題が存在していたし、もっと広く脱商品化されている生が資本と国家に包摂されようとするときにつねに生じる問題である。モラルエコノミーという言葉を持ち出してもいいのかもしれない。突然、資本の運動性の中でしか世界が理解されなくなることによって、木材討伐という「所与」が生まれる。マルクスは、そこにおける物象化を見事に読み解く形で、資本という「所与」とは違う関係性、資本という「所与」によっては見えなくさせられるけれども、間違いなく、むしろそれ以前に存在しえた関係性を名指していたのであった。もっとも、立ち返ると言ってしまうのは語弊があるかもしれない。むしろ「所与の専制」として表れているような東アジアの新自由主義やナショナリズムの問題に対して、「所与の専制」を打ち壊して、もう一つ違う関係性をあらためて模索する。そうしたことを新しい公共性と呼び、東アジアの新たなコモンと呼んでみようではないか。これが私からの提案である。

思えば、市民的公共性は、ヨーロッパにおいても、一九世紀において、もっとも厄介な敵としてナショナリズムを持っていた。カントが描いた世界市民は、その可能性を実現していない。ナショナルなものの前に、シチズンであるということと、国民であるということ、この両方の関係がときに緊張をはらみ、あいまいになり、あるいは、横取りされていくということが起こっていたのである。市民的公共性の前に、いわばナショナルな形容詞が付き、ドイツの、フランスの、チェコのというふうに言われていくときに、市民的公共性がかつて持っていたユニバーサルな輝きのある部分が、ナショナリズムが自分たちこそユニバーサルだというふうに主張するときの、その排除のメカニズムにすり替えられていた。

だからマルクスだけではなくて、ヨーロッパの市民的な公共性の概念についても、私たちは丁寧に再検証しながら、私たちに使えるものを、今一度、確認してみなくてはならない。

東アジアにおける新たなコモンとは、しょせん、まだスタート地点での仮説に過ぎない。しかし、このスタートにおいて、私たちは決して「所与の専制」には加担しないということを、共同研究の重要な約束事にしたいと思う。

他方でEUでは、地域の統合という点でさらに深刻なさし迫った問題を抱えている。それは、中東やアフリカからの難民たちをめぐって、ヨーロッパの中で起こった対立である。一〇〇万人にも及ぶような難民たちを一つの社会が短期間に受け入れるというのは、これは、第一次世界大戦や第二次世界大戦のときに起こった巨大な人口移動に匹敵するようなできごとであるから、EUが大きく揺らぐのは当然のことでもあるだろう。いわゆる難民問題が、EUがはらんでいるいろいろな可能性を根本から否定してしまい、再び新自由主義とナショナリズムの単純な野蛮の中に後退するという可能性すら垣間見せている。かつての全体主義の悪夢すら、つまり難民を排斥し、外国人を排斥し、さまざまな市民的な権利を否定するような悪夢のあの時代をほうふつとさせる局面すら起こってきている。

東アジアの新たなコモンとは何かという問いは、ヨーロッパにおけるコモンとは何かということを再検討するプロセスともシンクロする。いずれにしても、新たなコモンという問題をまず立て、この論集の中の皆さんがそれぞれの現場において格闘しているテクストを通し、共通のステージを横に押し広げていくことができればいいと考えている。

［目次］

I　戦争からコモンを考える

II　アジアを渡る

III 日中の想像力《イマジネーション》

I　戦争からコモンを考える

1. 東アジアにおける「コモン」（共同性）とは、なにか？
現代日本の「民主」と「主権」

小森陽一

日本の議会制民主主義の危機と第二次安倍晋三政権

二〇一三年八月十五日の政府主催の「戦没者追悼式典」における式辞で、安倍晋三首相は、一九九三年の細川護熙政権以来の歴代首相が言及してきた、かつてのアジアでの侵略戦争における日本の加害責任にも、二度と戦争をしないという「不戦の誓い」にも言及しませんでした（二〇一四年八月十五日の式辞も同じでした）。大日本帝国が遂行した侵略戦争の戦場となった中国大陸の人々、植民地支配と強制労働や日本軍の性奴隷の動員の場とされた朝鮮半島の人々とをはじめとして、近隣諸国に、国家として二度と同じ過ちを繰り返さないということを、あらためて日本の首相が表明することが、二十世紀末から二十一世紀初頭の二十年間をかけて形成されてきた、東アジアの「コモン」でした。それが、第二次安倍晋三政権によって踏みにじられ、破棄され、反故にされたことに対して、私は強い怒りと抗議を表明します。同時に、私たちはそれぞれの国や地域における草の根運動によって形成された、この重要な東アジアの「コモン」を守り発展させていく実践に、あらためて全力を尽くすことを決意しています。

東アジアの「コモン」を踏みにじっている第二次安倍晋三政権は、二〇一二年十二月十六日の総選挙の結果誕生しました。安倍晋三総裁が率いる自由民主党は、民主党に政権を奪われた二〇〇九年の総選挙より二一九万票も減らしたにもかかわらず、二九四議席を獲得し圧勝したのです。その最大の要因は、民主党に託した「政権交代」による政治改革の希望を打ち砕かれてしまった有権者が投票に行かなかったことにあります。戦後の日本において、最低の投票率でした。一選挙区で当選者一人の小選挙区制と比例代表制を組み合わせた現行の日本の選挙制度自体が、理不尽な選挙結果をもたらしたのです。自民党が獲得した票数は、全有権者の中での比率でいうと、選挙区で二四%、比例で一五%に過ぎません。一割から二割の人々の意向ですべてが決められていくような事態が、現在の日本の政治制度の実情なのです。

第二次安倍政権は二〇一三年七月二十一日の参議院選挙でも大勝しました。与党の自民党と公明党は安定多数を獲得しました。衆議院の与党多数に対して、参議院で野党の方が多いという、いわゆる「ねじれ国会」が解消されたと日本のマスメディアは報道しました。それまでの六年間、この「ねじれ国会」が「決められない政治」をもたらす、諸悪の根源であるかのような報道が日本の新聞やテレビで続けられてきました。しかし、「ねじれ国会」は、後で詳述するように、第一次安倍政権が、日本国憲法改悪を中心にすえた、「戦後レジーム」の解体を行おうとしていたことに対する、国民の側からの、それを許さないという意思表示の帰結だったのです。

七月二十一日に投開票が行われた第二十三回参議院選挙の結果は、選挙区でも比例代表でも与党である自民党と公明党が圧勝し、安定多数である一二九議席を越え一三五議席となり、衆参両院で与党が多数ですから、第二次安倍晋三政権は佐藤栄作、小泉純一郎政権につぐ長期政権になることが確実になりました。三年後の二〇一六年七月の参院選まで、日本においては国政選挙がなくなったからです。

しかし、憲法の明文改悪に必要な三分の二以上の議席を、改憲派が参議院で獲得することは出来ませんでした。日本国憲法もまた、第二次世界大戦後の、東アジアはもとより、世界に対する「コモン」の一つであることは言うまでもありません。この日本国憲法の明文改憲はさせない、という選択を日本の有権者はしたのです。同時に、第一次安倍政権は自民党の総裁選で、「自らの任期中に日本国憲法を改正する」ことを公約にかかげていた、「コモン」を破棄する政権だったことを、あらためて想い起しておく必要があります。第二次安倍晋三政権は、すくなくとも、次の参議院選挙が予定されていた二〇一六年七月までの三年間は、統治をつづけることになりました。

第一次安倍晋三政権は、二〇〇六年九月から翌年九月までの、わずか一年間の統治で、以来福田康夫、麻生太郎の自民党政権、二〇〇九年の総選挙での政権交代後の鳩山由紀夫、菅直人、野田佳彦民主党政権も、いずれも一年弱から一年強程度の短期政権でした。五年以上続いた小泉純一郎政権以来の長期政権となったのが、第二次安倍晋三政権なのです。

しかし安倍晋三政権が長期政権になることは、東アジアにとって、きわめて大きな不安をもたらすことになります。それは安倍首相の歴史認識が、東アジアの「コモン」を破壊するものだからです。およそ日本国の内閣総理大臣としての資格に値しない、まったく誤った歴史認識の持ち主が安倍晋三という政治家です。

「植民地支配と侵略」を認めない安倍政権

二〇一二年十二月十六日の総選挙で勝利した自民党の総裁安倍晋三は十二月二十六日に内閣総理大臣にな

りました。この内閣には、安倍氏がはじめて国会議員になった一九九三年に発足した「日本の前途と歴史教育を考える若手議員の会」の同志たち四人が入閣しました。

この「議員の会」は、一九九三年の総選挙で、結党以来はじめて野党になった自由民主党の総裁、総選挙前の宮澤喜一政権の内閣官房長官であった河野洋平氏が、この年の八月四日に発表した「河野談話」の撤回を求めるグループとしてつくられました。

安倍晋三氏は自民党の総裁選の立会い討論会で、次のように述べています。「河野談話によって、強制的に軍が家に入り込み、女性を人さらいのように連れて行って慰安婦にした、という不名誉を日本は背負っている。安倍政権のときに『強制性はなかった』という閣議決定をしたが、多くの人たちは知らない。河野談話を修正したことを、もう一度確認する必要がある」と、二〇一二年九月十五日に述べていたのです。

そして首相になってからも、第一次安倍政権において、河野談話における「軍や官憲によるいわゆる強制連行を直接示すような記述は見当たらなかった」ということを閣議決定したと、「産経新聞」(二〇一二年十二月三十一日) のインタヴューで強調しています。事実、この第一次安倍晋三政権の閣議決定によって、教科書検定において、「従軍慰安婦」問題についての記述が教科書から削除されていったのです。第一次安倍政権のときから、東アジアの「コモン」の破壊が行われていたのです。

この安倍発言はロイター電で世界に流され、二〇一三年一月三日付けのニューヨーク・タイムズは「日本の歴史を否定する新たな試み」と題した社説で安倍首相を厳しく批判しました。この批判をもとに一月二十八日から開会した国会で、日本共産党の志位和夫委員長は、「強制性を立証する文書がないことをもって、強制の事実そのものがなかったとする議論」として厳しく批判しました。安倍首相は「河野談話には自分はふれない」という表明をせざるをえませんでした。

しかし一九九五年八月十五日の村山富市首相の「談話」を、「安倍内閣として」「そのまま継承しているわけではありません」という国会答弁を四月二十二日に安倍首相はしたのです。翌二十三日に安倍首相は、かつての大日本帝国による戦争を、「侵略戦争」とした村山談話を批判する形で、「侵略というかつての定義については、これは学界的にも国際的にも定まっていない」と答弁しました。

この答弁を安倍首相が国会で行った同じ日、一六八人の国会議員が靖国神社春季例大祭に集団参拝しました。これとあいまって韓国のメディアから一斉に安倍首相は批判されました。四月二十四日「朝鮮日報」は「安倍総理、日本の侵略すら否認」と伝え、「中央日報」は「安倍、日帝侵略も否定」と報道しました。

四月二十九日韓国の国会は、麻生太郎副総理の靖国参拝と安倍首相の歴史否認発言を「糾弾」する決議を採択しました。

アメリカの議会調査局が五月一日に出した報告書は、「日本の侵略やアジアの犠牲といった歴史を否定する、修正主義者の見方」を安倍首相が持っていると批判しました。

五月四日、シーファー元駐日アメリカ大使が、河野談話の見直しをすれば、日本と米国の結びつきを害すると警告しました。そして訪米していた朴槿恵韓国大統領は、オバマ大統領に対し、日本が「正しい歴史認識」を持つことが必要だと強調しました。

この日岸田外務大臣は記者会見で、「我が国は先の大戦に至る一時期、多くの国々、とりわけアジア諸国の人々に対して多大な損害と苦痛を与えました」と表明したのです。

しかし、外務大臣と官房長官が「多大な損害と苦痛を与えた」という表明はしても、村山談話の最も重要な文言である、「植民地支配と侵略」が省かれていることに五月十日あたりから注意が向けられるようになりました。この日の内閣委員会で、民主党の岡田克也議員は菅官房長官に、安倍政権は歴代内閣の立場を引き継いでいると表明しているが、村山談話における最も重要な概念である「植民地支配と侵略」という言葉が使われていない、すなわちそのことを認めていないのかと質問しました。岡田氏は七回にわたって、このことを菅官房長官に問いただしましたが、菅官房長官ははぐらかしつづけ、ついに「植民地支配と侵略」という言葉を確認しませんでした。

岸田外相は村山談話を引用しましたが、「植民地支配と侵略」という認識は除外しました。菅官房長官は「侵略」ということを否定したことはない、継承すると述べ「全てが入っているのではないか」と言いながら、やはり「植民地支配と侵略」という言葉は確認しなかったのです。そして五月十二日のNHK日曜討論の場で、高市早苗自民党政調会長が村山談話を否定する発言を行い、大きな問題となり、翌十三日に橋下徹大阪市長(当時)の、「従軍慰安婦」制度を肯定する発言がなされたのです。

当時の橋下大阪市長は次のように発言しました。「あれだけ銃弾の雨嵐のごとく飛び交う中で、命をかけてそこを走っていくときに、そりゃ精神的に高ぶっている集団、やっぱりどこか休息じゃないけども、そういうことをさせてあげようと思ったら、慰安婦制度っていうのは必要だというのは誰だってわかる」と発言したのです。

さらに、「当時、慰安婦制度は世界各国の軍は持っていたんですよ」とも述べました。この発言に対する批判は日本国内だけでなく世界中に広がりました。

このときジュネーブでは、国際連合第五十会期の拷問禁止条約委員会が開催されていました。同委員会は「慰安婦」問題を解決するために、重要な勧告を行いました。

日本が責務を果たしていないことへの指摘は、第一に被害者が納得できるような救済と被害回復の措置を怠っていること、第二に拷問行為者の追訴、裁判を怠っていること、第三に関連資料の隠ぺい、または公開を怠っていること、第四に高い地位の公人や政治家が事実を公的に否定し、被害者に精神的外傷を負わせることが続いていること、第五にこの問題を歴史教科書に記載していないこと、第六にこの問題に関連する国連人権理事会の普遍的定期審査（ＵＰＲ）等、いくつもの人権条約委員会からの勧告を拒否していることなどがあげられたのです。

これに対し、安倍晋三政権は六月十八日に、「勧告は法的拘束力を持たず、従う義務はない」「橋下市長の認識に政府として答える立場にない」という国会答弁を閣議決定しました。拷問条約の締約国でありながら、勧告を公然と無視するということは、国際社会に対して背を向けることにほかなりません。

河野談話と村山談話を否認する安倍政権

日本軍の性奴隷にされた金学順《キム・ハクスン》さんが一九九一年に韓国で「ここに生き証人がいる」と最初に名乗り出られました。彼女の姿に勇気を得た多くの被害者が後に続きました。韓国だけでなく中国、北朝鮮、フィリピン、インドネシアなど日本の侵略戦争が及んだすべての地域で、日本軍の性奴隷とされた女性たちが告発を始めました。

当時の宮澤喜一政権は当事者に対する政府としての聞き取り調査を行っていきました。日本の侵略戦争の責任を明確にしようとする歴史学者、高校、中学、小学校の教師たち、そして生徒たち自身とその保護者や市民が手を結んで、日本軍の性奴隷にされたハルモニたちを日本に招待し、その証言を聴く取り組みが全国各地で行われました。

私が成城大学という私立の大学から東京大学に移ったのは一九九二年でした。赴任したばかりではありましたが、学生や院生と一緒に大学にハルモニたちを招いて証言を聴く集会を開いたことを、今も鮮明に記憶しています。

しかし、この日本軍の性奴隷の被害女性たちの勇気のある証言に対して、「嘘だ」「金のための売春だった」と口ぎたなくののしる政治家たちが、自由民主党の世襲議員たちを中心にしてあらわれてきました。そしてこの日本軍性奴隷問題を否認する草の根のナショナリズム運動が、「日本会議」をはじめとする右翼組織によって進められていくことになりました。

自由民主党が結党したのは一九五五年で、このときから政権政党でした。すでに三七年たっていましたから、二世あるいは三世といった世襲議員が多かったのです。父の代や祖父の代にさかのぼれば、必ず戦争責任の問題が浮上してくるのです。その典型が安倍晋三という政治家です。彼の母方の祖父はA級戦犯容疑者の岸信介であり、岸が総理大臣をしていたときに、日米安保条約が改定され、それに反対する大規模な国民運動も組織されました。こうした世襲議員にとって「従軍慰安婦」問題は、自らの政治家としての在り方そのものを問われることにつながっていたのです。

一九八九年に「ベルリンの壁」が崩れて、ヨーロッパにおける「東西冷戦体制」が終わった中で、アジアにおける南北の「冷戦体制」にも終止符を打つということで、一九九一年に大韓民国と朝鮮民主主義人民共和国が同時に国際連合に加盟しました。

大韓民国と日本は一九六五年に「日韓基本条約」を結ぶ際に、「財産及び請求権に関する問題の解決並びに経済協力に関する日本国と大韓民国との間の協定」を結んでいます。この第一条で日本が韓国に対して三億ドル相当の日本国の生産物及び日本人の役務を無償で供与することと引き換えに、第二条で両国の請求権などが「完全かつ最終的に解決されたこととなること」が確認されたことになりました。

つまり植民地支配に対する謝罪や、日本の戦争に動員されて死傷した人々への補償をしないという取り決めが結ばれていたのです。しかし朝鮮民主主義人民共和国とは国交が正常化していないわけですから、大日本帝国の植民地支配と強制連行をはじめとする、すべての戦争動員責任の賠償請求ができる国際連盟加盟国が登場したことになるわけです。

日本軍の性奴隷の問題では、こうした戦争責任がすべて問い直されることになるわけですから、世襲議員にとっては父や祖父の戦争責任の問題が、自らが政治家であることの根拠として問われることになっていたわけです。そしてアメリカが仕掛けた「北朝鮮核開発疑惑問題」を扇動することによって、問題のすりかえを図ろうとしたのです。

アメリカがこのとき朝鮮民主主義人民共和国を、アジアにおける新たな仮想敵として一気に仕立て上げようとしたのは、一九九一年の年末に、ソヴィエト社会主義共和国連邦が崩壊してしまったからです。

アメリカと日本との日米安全保障条約は、アメリカの核の傘、すなわち核抑止力の中に日本が入ることによって、ソ連の核の脅威から逃れるという論理のもとで結ばれています。ソ連が消滅してしまえば、日米安保条約は論理的には必要がなくなるわけです。

日米安保条約体制から、日本を絶対に離脱させないためには、新しい「敵」を日本の周辺に作る必要がありますから、アメリカは北朝鮮をその「敵」に選び、核開発疑惑を煽りに煽ったのです。一九九三年三月朝鮮民主主義人民共和国が核不拡散防止条約からの離脱を表明します。

こうした中で、宮澤喜一政権は、一九九一年一月からの湾岸戦争に自衛隊を出せなかったことに対して、アメリカから「日本は金だけ出して血と汗は流さないのか」と、自衛隊の海外派遣への強い圧力をかけられていました。宮澤政権は一九九二年六月に国連平和維持活動（ＰＫＯ）法案を成立させ、九月にはカンボジアに自衛隊を派遣しました。社会党の田辺誠元委員長とともに日朝国交回復を進めていた金丸信元自民党副総裁が、東京佐川急便不正献金問題の発覚で議員辞職し、宮澤政権の支持率は急落し、一九九三年六月に野党の社会党、公明党、民社党が提出した内閣不信任案が、自民党からの賛成者もあり可決されてしまいました。

不信任案に賛成した小沢一郎氏は羽田孜氏を党首として新生党を結成し、鳩山由紀夫氏は武村正義氏を党首にして新党さきがけをつくり、いずれも自民党を離脱しました。「政治改革」の方向性を「憲法九条を変えて、国際貢献の出来る国へ」とした新党が、自民党と社会党によって成立していた「五五年体制」を批判する改憲選挙となり、自民党が大敗しました。

小沢一郎氏の「政界再編」によって、「反自民非共産」の七党一会派による、日本新党党首細川護熙氏を首相とする政権が一九九三年八月に生まれました。このとき自民党は結党以来三十八年後に初めて野党に転落したのです。その自民党総裁になった河野洋平氏が、細川護熙に政権を渡す直前の一九九三年八月四日に発表したのが、「従軍慰安婦」問題をめぐる「談話」だったのです。

自民党が野党に転落したこの九三年の総選挙で、世襲三世一年生議員になったのが安倍晋三という政治家です。あたかも「従軍慰安婦」問題が自民党を野党に転落させたかのように逆恨みをし、日本の侵略戦争を美化し、世襲政治家でもある自分たちを正当化しようとしたのが、「日本の前途と歴史教育を考える若手議員の会」なのです。

しかし河野官房長官談話は、五五年体制最後の自民党政府でもある宮澤内閣が行った資料調査と聞き取りに基づいた、つまり侵略戦争の被害者と直接対話した中で形成された歴史認識です。慰安所の設置管理や、慰安婦の移送に軍が関与し、慰安婦の募集が多くの場合本人の意志に反して行われ、官憲が関与した事例があったことを認めました。とくに植民地であった朝鮮の慰安婦にとっては、全体として事態が強制的であったことが認められました。多くの歴史学者が、河野談話は歴史学の検証にたえる正確な認識であると認めています。

一九九五年八月十五日に出された村山富一談話は、「アジア諸国の人々に多大な損害と苦痛を与え」たのが日本の「植民地支配と侵略」であったという歴史的事実をはじめて認め、「痛切な反省」と「心からなるお詫びの気持ち」すなわち謝罪を表明したのです。

村山談話は、一九九八年の日韓共同宣言の中にも取り込まれ、日韓両政府によって確認されました。また、二〇〇二年の日朝平壌宣言の中にも取り込まれ日朝両政府によって確認された国際的合意を得た政府の宣言となっているわけです。

したがって河野談話と村山談話を否認しようとしている第二次安倍晋三政権は、一九九〇年代から二〇〇〇年代の十年近くかかって形成されてきた共通の歴史認識を、第一次安倍政権のときに踏みにじったように、きわめて深刻な形で繰り返そうとしていることになります。

それは安倍晋三という政治家とその取り巻きたちが、かつての大日本帝国による侵略戦争を美化し、正当化しようとする政治勢力の力を政権の維持に利用しようとしているからにほかなりません。

「領土問題」という対立をこえる市民の共同

安倍自民党は、外では石原慎太郎が煽りたてた中国との領土問題や、橋下徹が煽ろうとして結果として支持者離反につながった、「従軍慰安婦」問題をはじめとする歴史認識問題で、中国や韓国との緊張を高めることによって、日米安全保障条約を強化する必要性を強調し、当面は内閣による憲法解釈の変更によって、自衛隊をアメリカ軍とともに軍事行動のできる軍隊に変質させようとしています。

集団的自衛権を容認することを外務省幹部として主張してきた小松一郎駐仏大使を、内閣法制局長という「憲法の番人」の位置に抜擢したのもそのためです。

そして石原・橋下の日本維新の会やみんなの党といった改憲政党にも協力を得て、衆参両院で三分の二以上の議席を確保して、明文改憲を政治日程に載せることをねらっているのが第二次安倍政権です。その意味でもこの間の日中韓の、いわゆる「領土問題」の本質を正確におさえておく必要があります。

「領土問題」は、二〇一三年七月七日、日本と中国が一九三七年に全面戦争に入った盧溝橋事件七十六年目の日に、東京で「国際シンポジウム　平和の海を求めて——東アジアと領土問題」が開催されました。中国、韓国、沖縄、台湾、日本からのべ一五〇人の研究者が参加しました。主催は同実行委員会でした。

実行委員会は、シンポジウムの「総括」を最後に発表しました。領土問題で深刻な対立が続いている日本と中国と韓国との間を、これからどうすればよいのかについて、いくつもの大切な示唆が含まれていますので、少し長くなりますが、その全文を紹介します。

(1)私たち(日・中・韓・沖・台湾の市民)は今日、七月七日——奇しくも日中が全面戦争に入った一九三七年の盧溝橋事件の起きた日——に、東京に集い、近年東アジア地域で深刻な問題となっている(日中、日韓の)「領土」問題について、直接に顔を合わせ、膝を突き合わせて議論をしました。
(2)その上で、まず第1に確認されたのは、どの国も決して武力(実力)によって現状を変えようとしてはならない、ということです。武力(実力)の行使は、それがどんなに限定的なものであれ、東アジア地域の未来に巨きな禍根を残します。
(3)第二に確認されたのは、それぞれの紛争当事国は、「領土」について争いが存在していることを認め、相手国と平和的な対話を始めなければならない、ということです。対話の中身がもちろん大切ですが、いまはまず、対話をする姿勢がなにより大切です。
(4)第三に確認されたのは、争いが生じている海は、周辺の人々の生活の海であり、生産の場である、ということです。そこに暮らす人々は、争いや衝突を望んでいません。
(5)第四に確認されたのは、メディアの果たす役割の大きさです。どの国のメディアもこの種の問題が起きると国民世論を煽り、ナショナリズムを掻き立てようとします。それは相手国国民への憎悪を助長し、政府の理性的な選択を妨げ、不幸な結果をもたらします。メディアは常に自らの役割を認識し、理性的、抑制的な報道を心がける必要があります。
(6)第五に確認されたのは、こうした紛争における民間（市民）の役割の重要さです。「領土」問題は主権の問題であり、政府は妥協することが難しい。面子もあり、国民からは「弱腰」を非難する声があって、政府が相手政府と対話することや妥協することをさらに困難にしています。それに比べ、民間（市民）は自由な立場で、自由に発想し、交流し、対話し、議論することができます。それはナショナリズムに凝固しがちな国論を和らげ、衝突を避ける様々な回路をつくり、政府の決定をより柔軟にすることに寄与できるでしょう。
(7)それだけではほとんど何の価値もない、小さな島（岩）の領有を争い、傷つけあうのではなく、東アジア地域の大局を見つめ、冷静に対話し、互いに尊敬し、「平和の海」を作り上げることに全力を尽くすことを、本シンポジウムとして確認しました。

以上が「七・七シンポ」主催者の総括の全文です。この文章には、私たちが「領土」問題について、必ず歴史的に考えなければならない、重要な観点がしっかりと表現されています。そのいくつかの観点を確認してみましょう。

第一の観点は、「領土」問題が発生するのは「主権」国家の間においてであり、具体的な個人としての一人ひとりの人間に即して言えば、自らが「主権」国家の「国民」であると位置づける時にだけ「領土」問題の当事者になるという考え方です。

「主権」国家とは、他国に従属しないで、国内問題も国際問題も、自ら独立して決定できる国のことです。そのような「主権」国家の概念がつくられたのが、一六四八年のウェストファリア条約です。戦争を遂行するのも、こうした「主権」国家であると位置づけられました。「主権」国家、あるいは国家の「主権」という考え方それ自体が歴史的に形成されてきたものだと相対化しておくことが必要です。「領土」をめぐる「ナショナリズム」も、やはり歴史的に形成されてきた、ごく最近の感情なのです。このシンポジウムに沖縄から参加した比屋根照夫琉球大学名誉教授は次のように発言しました。


沖縄にとっての何よりの憂慮は最もアジアと中国に歴史的に親密な関係を持つこの地域で、日中双方が領土ナショナリズムを激発させている事態である。

沖縄の世論は、過熱した「固有の領土」論とは違う。尖閣諸島(釣魚島)は、先島や台湾の漁民の生活領域であり、あえて言えば「琉球王国」とアジア諸国との共同の生活空間であったのである。

地球上のすべての空間は、人々の「共同」の「生活領域」であり「共有の生活空間」になりうる可能性が、「沖縄」で生きる比屋根氏から提起されているということが重要です。まず、「沖縄」という「地域」が「最もアジアと中国に歴史的に親密な関係を持つ」という認識について考えておきましょう。比屋根氏が「沖縄」を「琉球王国」に言い換えていることに注目しましょう。大日本帝国になし崩しに「沖縄県」として踏み込まれる前、この地域は「琉球王国」だったのです。

明の太祖洪武帝（一三二八―九八）の時代である一三七二年に琉球は明との冊封体制あるいは朝貢体制に入りました。朝貢冊封体制とは中華としての中国を中心とした国際秩序です。中国の皇帝が周辺国の首長を王として、そこの領土を治めさせることを冊封といい、冊封を受けた国が特産物などの貢物を捧げることが朝貢です。この関係は帝国主義時代の植民地宗主国と被植民地国との関係とは全く異なります。

中国から冊封を受け、朝貢を捧げる国は、自律性をもって内政と外交を行い、中国からの干渉をうけることはあまりありませんでした。中国が朝貢された貢物以上に価値のある賜物を与えることもありました。この関係は近代帝国主義的植民地主義における侵略と収奪をする側と、略奪される側という関係性とは本質的に異なっていました。政治的、文化的な友好的同盟という性格が強かったのです。

中国は周辺の朝貢諸国を外の侵略からの緩衝地帯とし、朝貢国は中国の冊封を受けることで国内統治の正統性を確保し、中国を盾にして外国の侵略を防ぎ、安定を図ろうとしていました。朝貢冊封関係は一方的な上下関係ではなく、相互互恵的性格を有していたのです。

琉球の中山王武寧が一四〇四年に明から正式に冊封を受け、王冠や衣服が明の皇帝から授けられました。こうして琉球王国は明を媒介にしながら、東アジアにおける、海洋貿易小国家として自立していたのです。

その三年前の一四〇一年に室町幕府の三代将軍足利義満は明に遣使を送り、三年後の一四〇四年に勘合、すなわち明の正式な便船の割符が与えられています。それが日明貿易の始まりです。出家した足利義満は「日本国王」として明から冊封されてもいました。

一三八八年に朝鮮半島でクーデターを断行した李成桂は、九二年に王位に着き、翌年明の太祖洪武帝の裁可で、国号を朝鮮と定め、その翌年ソウルを都としました。三代目の大宗のときに、正式に明から「朝鮮国王」として冊封されています。

「沖縄」すなわち「琉球王国」を軸にして東アジアの歴史を見直したとき、「固有の領土」とは異なる、平和的な交易関係の可能性が見えてくるのです。琉球王国を取り巻く海は、明、朝鮮、琉球、日本が対等に貿易をし、漁業をする「共用の」「生活領域」だったことが見えてきます。

この安定した勘合貿易システムを壊したのは、織田信長の天下統一を引き継いだ豊富秀吉による、一五九二年の朝鮮出兵にほかなりません。朝鮮出兵にあたって秀吉は、島津義久を媒介に、琉球へ軍役負担を要請し、支配と被支配の体制に組み込もうとしたのです。

この路線を、関ヶ原の戦いに勝利し、一六〇三年に征夷大将軍に任ぜられた徳川家康が受け継いでしまいます。一六〇九年、島津家久は三千余名の軍勢で首里と那覇を攻撃し、琉球王国を島津家の一《いち》知行主にしてしまおうとしたのです。「共用の生活空間」を破壊し、暴力による支配に転換させてしまうのが戦争なのです。

第二次世界大戦において、大日本帝国本土の「捨て石」として、非戦闘員すべてを巻き込んだ地上戦となった沖縄戦の後、この地域はアメリカ軍の軍事基地にされ続けています。

八月五日に米空軍嘉手納基地所属のヘリコプターが宜野座村の米海兵隊キャンプで墜落炎上しました。大きな抗議行動が起きています。

比屋根氏は「沖縄が明治以降経験した歴史は、アジアの植民地体験と共通性を持つ」と述べています。独島（竹島）問題は、日清戦争と日露戦争という帝国主義戦争で、大日本帝国が欧米列強と「対等」になるために、独立国である朝鮮王国を軍事力で強制併合する過程と並行して発生しています。そうした歴史教育・歴史認識に基づく理解が、まず日本においてしっかりと形成されねばなりません。第二の観点は、帝国主義戦争と、植民地支配との関係を明確にして現在のアジアでの一つ一つの問題を再定義することです。

比屋根氏は「今沖縄は、オスプレイの配備阻止、米軍基地の多重負担に対する縮小、撤去を求めて、全島あげての抗議・運動を展開している。沖縄戦で四人に一人の犠牲者を出した悲惨な領土ナショナリズムの激突で戦火を巻き起こされるような事態は断固拒否する。大国主義・覇権主義をどのように克服すべきか、平和主義・王道主義を、この国際社会でどう実現するかが、日中双方に問われているのだ」とシンポジウムでの報告を結んでいます。

日米安保体制の歴史的変遷と現段階

第二の観点は、いわゆる「領土問題」がマス・メディアに煽動されることによって形成されている東アジアにおける領土ナショナリズムを、どのように制御を、その根を無くしていくのかという道筋だと思います。日中国交回復に反対し、中華人民共和国を敵視する発言をし続けてきた石原慎太郎という政治家によって、「尖閣諸島」問題の煽動がアメリカ合衆国を発火点にして行われ、日中関係が史上最悪の事態にされてしまったのが二〇一二年です。この年は、「沖縄復帰」四十周年であると同時に「日中国交回復」四十周年の年でもありました。二つの四十周年については、どちらも祝賀式典は行われませんでした。

沖縄返還協定がアメリカと日本の間で調印されたのが一九七一年六月十七日でした。その一ヶ月弱後の七月十五日にニクソン大統領の訪中が電撃的に発表されました。それはアメリカがベトナム戦争の敗北を認めベトナムから撤退することの表明として受けとめられました。そしてその一ヶ月後に金とドルの交換停止を発表し、アメリカはベトナム戦争の借金を踏みたおしたのです。これがいわゆるニクソンショックです。

五月十五日の「沖縄返還」後の一九七二年七月に首相となった田中角栄は、日本の頭越しのニクソンのやり方に対抗し、九日に大平正芳外相とともに周恩来主席と会談し、一気に日中国交回復を実現したのです。このとき、「尖閣諸島(釣魚島)問題」は、日中双方ともとりあげないという合意が形成されました。これがアメリカ側の怒りにふれ、田中角栄は一九七六年に、アメリカ側から暴露されたロッキード事件で失脚させられてしまうのです。「沖縄返還」と「日中国交回復」の直前までこの地域はアメリカの支配下にあったのです。日中の間に領土問題が起きたら、アメリカが沖縄に軍事基地を保持することが正当化できるという時限爆弾として、沖縄返還の際「尖閣諸島(釣魚島)」問題は曖昧化されたのです。

第三の観点は、あらゆる事象にアメリカの東アジア戦略と日米安全保障条約体制を読み込んで理解するということが大切だということです。あらためてここで、第二次安倍晋三政権が二〇一二年になって、ことさらに四月二十八日を「主権回復の日」として祝おうとしたのかということを考えておく必要があります。安倍政権はこの日が一九五一年九月八日に調印された「サンフランシスコ講和条約」が翌年の四月二十八日に発効したことの六〇周年を祝って、「主権回復の日」としたのです。その背後において、講和条約に調印した同じ日、吉田茂首相がサンフランシスコ郊外のアメリカ軍基地に連れていかれ、「旧日米安全保障条約」に調印させられたことを隠蔽しようとしたのです。何故「旧日米安全保障条約」と言うかといえば現在の日米安全保障条約は、安倍晋三の母方の祖父で、A級戦犯容疑者であった岸信介が首相だったときに改訂されたものだからです。

日本国憲法第九条二項に、「陸海空軍その他の戦力はこれを保持しない」という戦力不保持の規定があるにもかかわらず、「旧日米安保条約」の前文でアメリカは日本に「防衛力」を持つことを要求しました。一九五一年は朝鮮戦争のただ中でした。朝鮮民主主義人民共和国に対して軍事制裁を行っている、連合国軍としてのアメリカ軍は、日本を出撃基地として朝鮮戦争を遂行していたのですから、日本中の基地をアメリカ軍の使い放題にすることが一条と二条で決められ、第三条に基づき、その後日米行政協定（いわゆる「地位協定」）が結ばれることになります。これは植民地以下の不平等条約です。

また講和条約では、アメリカ軍の基地の島とする沖縄や小笠原の行政権はアメリカのものとなりました。ですから四月二十八日は、沖縄の人たちにとっては「屈辱の日」だったのであり、第二次安倍政権による「主権回復の日」制定に対して、一万人の人たちが抗議の集会に立ち上がったのは当然のことなのです。サンフランシスコ講和会議には朝鮮戦争を闘っていた朝鮮民主主義人民共和国、大韓民国、中華人民共和国、ソ連等は参加していません。このことが第二次世界大戦後の東アジアにおける「コモン」すなわち「民主」と「主権」の明確化を困難にした重要な原因の一つです。

日米安全保障条約体制こそ日本国憲法の下での日本の主権を侵犯しつづけて来たのです。この体制の中で、アメリカは憲法九条二項に違反する日本の再軍備を要求しつづけ、それが第二次世界大戦後の東アジアの「民主」と「主権」を脅しつづけてきたのです。

一九九〇年の「湾岸戦争」以来、アメリカは、日本の自衛隊がアメリカ軍と一緒に軍事行動を行えるようにすることを強く要求し続けています。

当時の海部俊樹自民党政権は、「湾岸戦争」に自衛隊を派遣する「国連平和協力法案」を国会に提出しました。このときの自民党幹事長が小沢一郎氏です。しかし、当時の工藤敦夫内閣法制局長は、「武力行使と一体化すると評価される参加は憲法上許されない」と国会で答弁し、この法案は廃案になりました。その結果、一九九一年一月一六日からの「湾岸戦争」に、日本の自衛隊は参加しませんでした。このことが世界中の人々に、日本国憲法九条の存在を知らしめることになったのです。そして日本国憲法九条二項で自衛隊は軍隊ではないと規定されていることが、やはり世界中に知られることになったのです。この「日本の自衛隊は軍隊ではない」、「日米安全保障条約に基づく、アメリカ軍との集団的自衛権の行使はできない」という憲法認識が、東アジアのごく普通の人々に共有されたことが、初めに述べた一九九〇年代以後の、東アジアの「コモン」を形成する上で重要な前提となりました。

この前提が大きく転倒されようとしたのが「九・一一」以後の小泉純一郎政権による、ジョージ・ブッシュ大統領の遂行する「テロとの戦争」への、自衛隊派遣による協力でした。二〇〇一年の「テロ対策特措法」により、海上自衛隊がインド洋でアフガニスタン攻撃に参加している国の艦船に給油活動を始めました。

そして二〇〇二年九月電撃的な小泉訪朝後、日本国内では「北朝鮮拉致家族」問題をめぐる、反北朝鮮大宣伝がマス・メディアによって行われ、北朝鮮や中国の脅威から身を守るためにはアメリカの軍事行動に協力しなければならないという国民的気分が形成されていきました。

「九条の会」発足からの市民の連帯

井上ひさし、梅原猛、大江健三郎、奥平康弘、小田実、加藤周一、澤地久枝、鶴見俊輔、三木睦子の九氏が、「九条の会」のアピールを出したのは二〇〇四年六月十日でした。小泉純一郎政権の下で、アメリカとイギリスによる、国連憲章違反の無法なイラク攻撃の後に、陸上自衛隊がサマーワに派遣されていたのが、この年であり、日本国憲法九条の解釈改憲が限界まで押し進められていた時でした。

「読売新聞」は毎年四月第一週に憲法世論調査を行って結果発表します。二〇〇四年四月においては、憲法を変えた方がいいとした人が六割を超え、憲法を変えない方がいいと答えた人は二割強でした。改憲派が護憲派の三倍だったのです。

四月下旬には自衛隊のイラク派遣に怒った現地の武装勢力が、高遠菜穂子さん、今井紀明さん、郡山総一郎さんらを人質にとるという事件が発生していました。三人の命を守るために全力をつくさねばならないはずの小泉政権は、危険なイラクへ渡航した者の「自己責任」だと突き放し、国費を使っての三人の帰国に対しては、ネット上で異常なまでのバッシングが行われていました。生涯一度も運動を呼びかけたことのなかった加藤周一氏は、最早一刻の猶予もないと判断され、呼びかけ文の原案を作成され、先の九人の呼びかけ人のアピールにより「九条の会」運動は始まったのです。そのときから、私は「九条の会」事務局長をつとめています。

「九条の会」の運動形態は、呼びかけ人一人ひとりが自らの言葉で、アピールの内容について、直接主権者である国民に呼びかける、全国の主要都市で講演会を開催するという形で始まりました。すべての講演会場に、客席の二倍三倍をこえる人々が集まりました。講演会に参加した多くの人が危機感を抱き、いったい自分達が今何をすればよいのかと問いかけ合ったのです。

「九条の会」アピールは、九条を持つ日本国憲法を改めて選び直し、主催者として日々行使していこうという抽象的な行動提起しかしていませんでした。私自身も講演会のたびごとに、「いったい私たちは何をすればいいのか、はっきりさせて下さい」と参加者につめ寄られることもありました。

そうした中で全国で自然発生的に、それぞれの地域、職場、学園で呼びかけ人を募って、「九条の会」を結成するという運動が始まっていったのです。二〇〇五年七月末に有明コロシアムで一万人講演会を開催したときには、全国で三〇〇〇の「九条の会」が結成されているという報告が事務局に入っていました。それぞれの活動領域で自発的な運動として、「九条の会」を作っていった中で、唯一の方針として、全国津々浦々に「九条の会」を結成していこうと、有明講演会でわたしが事務局長として提起することになりました。しかし三〇〇〇の「九条の会」の力では、小泉政権が九月に仕掛けた「郵政民営化イエスかノーか」という、突然の衆議院解散による劇場型選挙によって、有権者がだまされてしまうことを阻止することはできませんでした。自民党は二九六議席を獲得し大勝したのです。第三次小泉政権下の二〇一五年十月二十八日「自民党新憲法草案」が出され、九条二項を削除して、「自衛軍を保持」することが明記されました。同じ日の「ツープラス・ツー」(日米外務防衛閣僚会議) でアメリカ軍の海兵隊と日本の自衛軍が世界中に攻撃をしかけることが可能となる辺野古新基地建設計画が決定されたのです。自民と公明の与党で三分の二以上を衆議院で獲得していたのですから、参議院で三分二以上を獲得すれば明文改憲できる状況となったのでした。

八月十五日の靖国参拝を行い、中国や韓国との関係を悪化させた小泉政権は二〇〇六年九月、自民党総裁としての任期満了で総辞職し、自らの任期中に憲法を改正すると宣言した安倍晋三が自民党総裁となり、第一次安倍政権が成立したのです。そして安倍政権は憲法の改正の前に、「戦後レジームからの脱却」と称して一九四七年に制定された「教育基本法」の改悪を先行させていきました。この年「九条の会」は全国で四八〇〇となりましたが、この力では「教育基本法」の改悪は阻止することはできず、十二月十六日の強行採決によって改悪されてしまいました。教育基本法の改悪は、「戦争」をする国に不可欠な「愛国心」教育が導入される要因となっていきます。

二〇〇七年四月、国会で憲法を変えるための「国民投票法」が審議されているとき、「読売新聞」の憲法世論調査は、「三年続けて」憲法を変えた方がいいという人が減り続け、変えない方がいいという人が増え続け、双方が拮抗していると報道しました。その十日程後、当時の小沢一郎民主党代表は、「国民投票法」を審議していた衆議院特別委員会の民主党の理事を解任し、安倍晋三政権の改憲路線には協力しないという態度を鮮明にしました。結果として、二〇〇七年五月十四日、安倍政権は自民・公明の与党だけで「国民投票法」案を強行採決せざるをえなくなったのです。しかも、多くの附帯決議を付けられてしまうことにもなりました。

この後参議院選挙に向けて小沢民主党は、政策の在り方を国民の生活を第一にする方向に大きく転換していくことになります。他方与党は強行採決を連続させていきました。

そして七月の参議院選挙で野党が勝利し、いわゆる「ねじれ国会」となり、九月になって安倍晋三首相は突然辞任してしまいました。

二〇〇八年四月の読売の憲法世論調査は、「一五年ぶり」に憲法を変えない方がいいという人が多数派になったと報道しました。つまり一九九三年以来はじめて、憲法を変えるという人より、変えない方がいいという人が多くなったのです。九三年は「九条を変えて、国際貢献のできる日本を」と、自民党と社会党の九条論争を批判した新党が夏の総選挙で勝利し、反自民非共産の細川護熙政権が小沢一郎氏の政界再編でつくられた年です。

はじめに述べたように、はじめて野党に転落した自民党の総裁になった河野洋平内閣官房長官（宮澤喜一政権）は「従軍慰安婦」問題をめぐる談話を出したのです（一九九三年八月四日）。このとき世襲三世一年生議員になったのが安倍晋三という政治家です。第二次安倍政権は、こうした背景を持ちながら東アジアの「コモン」をことごとく破壊しようとしているのです。二〇〇七年「九条の会」は全国に六〇〇〇生まれていました。この力が「ねじれ国会」を出現させたのです。翌年リーマン・ブラザーズ・ショックのあおりで、日本全国ですさまじい派遣労働者の切り捨てが行われる中、「九条とともに二五条を守れ」を合言葉に、「反貧困」の運動に「九条の会」もとり組み、全国の運動を結ぶ形で、湯浅誠氏や宇都宮健児氏を中心に「反貧困ネットワーク」を結成し、年末には厚生労働省が目の前にある日比谷公園で、直接国に憲法二五条を守らせることを求めた「年越し派遣村」の運動につながっていったのです。こうしたいくつもの運動の力が重なり合い、絡みい合いながら二〇〇九年の「政権交代」選挙となっていくのです。

しかし、民主党政権が選挙の公約を裏切りつづけ、「三・一一」後の対応で国民の信頼を得られなかったことによって、多くの有権者が政党政治そのものに不信を抱くようになり、二〇一二年年末選挙以後の第二次安倍政権の長期安定政権になってしまったのです。この状況を突破するためには、全国で七五〇〇以上ある「九条の会」が、あらためてそれぞれの地域で、解釈改憲による「集団的自衛権」を許さない運動に一斉に取り組んで、世論を変えることです。世論とは抽象的なものではなく、私たちの住む地域の御近所の人々との対話の中で形成される憲法に対する意識の在り方なのです。日常的な対話活動の中で、多くの人々の意識を、憲法を守り生かしていく方向に変えていくことが重要なのです。今、全国の「九条の会」が、一斉に対話活動を始めています。「九条の会」の呼びかけ人は五月十七日に「九条の会のみなさんへ」という異例のアピールをはじめて出しました。「九六条改憲を突破口に、九条改憲につきすすむ」「安倍首相の真のねらい」を許さず、「草の根から改憲反対の世論をつくり」「ゆるぎない改憲反対の多数派の形成」を呼びかけています。ここに私たちが進む道筋があります。

第二次安倍晋三政権が成立して、八ヶ月以上経った時点でも、中華人民共和国の習近平主席とも、韓国の朴槿恵大統領とも首脳会談が行われませんでした。二十一世紀に入ってからの日中、日韓関係の歴史において、これは異常な事態であるといわざるをえません。安倍晋三首相の歴史認識の問題が、首脳会談の実現を阻んでいるのです。

おわりに

最後に、民間での対話によって、国や政府の在り方を変えていくことの重要性について確認したいと思います。

二〇一〇年八月十日、日本が一〇〇年に前韓国を強制併合して植民地化したことについて、菅直人首相によって総理大臣談話が発表されました。その内容は次のとおりです。

「政治的・軍事的背景の下、当時の韓国の人々は、その意に反して行われた植民地支配によって、国と文化を奪われ、民族の誇りを深く傷つけられました」「この植民地支配がもたらした多大な損害と苦痛に対し、ここに改めて痛切な反省と心からのお詫びの気持ちを表明いたします」。

このような植民地支配に対する明確な謝罪は、日本政府としては、はじめてのものです。この談話を出すにあたっては、この年の五月と七月に発表された、「韓国併合」一〇〇年日韓知識人共同声明が大きな役割を果たしています。この声明は次のように宣言しました。

「今日まで両国の歴史家は、日本による韓国併合が長期にわたる日本の侵略、数次にわたる日本軍の占領、王后の殺害と国王・政府要人への脅迫、そして朝鮮の人々の抵抗の圧殺の結果実現されたものであることを明らかにしている」と述べています。

日本側でこの声明に署名したのは一八八人にのぼり、その中には日韓歴史共同研究の日本側責任者三谷太一郎氏も入っています。日本の歴史学者の総意が政府を動かしたのです。本書を手に取られたみなさんの意志と行動が、日中韓の政府の在り方を変えていくことにつながることを願って、本論を終わります。

追記　二〇一二年末から二〇一八年にいたる東アジアの「コモン」に対する日本の状況

二〇一二年の年末、第二次安倍政権は、「国家安全保障会議設置法」と「特定機密保護法」を、強行採決で国会を通過させました。その直後、仲井真沖縄県知事に、辺野古への新基地建設を認めさせたうえで、靖国神社に参拝し、中国や韓国からはもとより、アメリカ政府からも厳しく批判されたのです。ここに安倍政権という政治家が主導する政治に内在する、根本的な矛盾があらわれています。

「国家安全保障会議設置法」と「特定機密保護法」は、第三次小泉政権が「自民党新憲法草案」を発表したのと同じ二〇〇五年十月二十八日に行われた外務防衛閣僚会議(ツー・プラス・ツー)で、アメリカ側から突きつけられた要求であり、この会議で、今日本で最大の政治問題の一つになっている辺野古新基地建設が決められたことを想い起こしておく必要があります。九条二項を削除して自衛隊を「日本自衛軍」にした段階で、アメリカ軍と一緒に世界のどこにでも先制攻撃をかけることができるように、アメリカ軍の海兵隊と共同使用を可能とした基地が、V字型(二本の)滑走路を持つ辺野古新基地にほかなりません。軍相互の共同行動を行うのであれば、軍事的決定をトップだけで行う「日本版NSC(ナショナル・セキュリティ・カウンシル)」(国家安全保障会議)と軍事機密保護法(特定機密保護法)は不可欠です。一刻も早くこれらをつくれとアメリカ側から圧力をかけられたのが、このときの内閣官房長官安倍晋三だったのです。第二次安倍政権は、このときの約束を果たすために全力をつくしたのです。

だから靖国参拝を許してもらえると思ったのかどうかはさだかではありませんが、アメリカ側の反発はきわめて強かったのです。駐日大使までが遺憾の意を表明しました。自衛隊を日本軍にすることは要求するが、かつての大日本帝国軍隊が天皇の命令の下で行った戦争を美化することは許さない、というのがアメリカ側の基本姿勢でした。

ですから第二次安倍政権は、自衛隊創設七十周年にあたる二〇一四年七月一日に、従来の歴代政権の憲法解釈を閣議決定だけで転換し、「集団的自衛権の行使の容認」に道を開いたのです。国民の大きな反対運動が高まる中、二〇一五年五月十四日に、戦争法制にほかならない「安全保障関連法案」も閣議決定しました。

これに対して、空前の運動が日本全国で組織され、衆議院の委員会と本会議で強行採決されようとしていた七月十四日から十七日にかけて、連日数万人の人々が国会を包囲しました。この運動を主導したのが、党派や政治思想、組合の全国組織を異にする人々の共同を実現した「戦争させない・9条壊すな！　総がかり行動実行委員会」です。ここが呼びかけた国会前十万、全国一〇〇万という八月三日の統一行動は、結果として国会前十二万、全国千箇所以上の行動に広がったのです。

こうした中で八月十四日に発表された安倍首相の「戦後七十年談話」では、論理的結合は完全に崩れていましたが、一九九五年の村山富一談話の四つのキーワード、「植民地支配」「侵略」「痛切な反省」「心からのお詫び」は入れざるをえませんでした。

二〇一五年九月十九日の参議院で、戦争法制は強行採決されてしまいましたが、立ち上がった日本の人々は、敗北感をまったく抱いていません。むしろ戦争法案を廃止するための新たな運動も立ち上がっています。

そうした中で二〇一五年の年末、「従軍慰安婦問題」で日本と韓国両政府の間における合意が実現しました。もちろん被害者であるハルモニたちにとっては、不当な「合意」であることは明らかですが、安倍政権でさえ歴史的事実を全否定することができないところまで追い込んだことは事実です。日本において真の「民主」と「主権」を実現する運動を進めることが、東アジアにおける「コモン」を実現することになるのです。

戦争法としての「安全保障関連法制」が施行される直前の二〇一六年二月、この憲法違反の法律を廃止する「二〇〇〇万人署名運動」に取り組んでいる市民が、廃止するための政府をつくることを野党各党に呼びかける「市民連合」をつくり、野党各党との政策協定を結びました。戦後日本政治において、特定の政策実現のために、野党と市民運動が政策協定を結んで共に運動をすることは初めてのことです。その運動は「共謀罪」に反対する運動とも結びつきながら、新しい市民と野党の共同をつくり出していきました。

国会本会議の議論もせずに「共謀罪」を強行採決した安倍政権は、九条改憲を一気に進めるために、二〇一七年九月、臨時国会を冒頭で解散するという暴挙に出ました。結果として改憲勢力が八割を衆院でしめる状況になりました。希望の党結成による民進党の分裂に抗して、市民が国会議員に呼びかけて「立憲民主党」が結成され、五十五議席を獲得し野党第一党となりました。安倍政権による憲法九条改憲を阻止する市民と野党の共同は今も確実に前に進められています。ここに東アジアの「コモン」に対する日本の市民運動の責任の取り方があらわれているのです。

2. 二十世紀中国史という視野における朝鮮戦争(1)

汪　暉（翻訳：倉重拓）

はじめに

朝鮮戦争停戦から六十周年を迎えるが、グローバル化やポスト冷戦と呼ばれる時代において、朝鮮半島の分断体制と台湾海峡の分離状態は依然として続いている。こうした分離状態は歴史的記憶の領域においても体現されており、韓国や北朝鮮、米国、日本、中国大陸、そして台湾にはそれぞれ異なる戦争記憶と歴史解釈が存在している。ソウルの戦争記念館とピョンヤンの祖国解放戦争勝利記念館を比べ、中国大陸における朝鮮戦争に関する叙述や、米国における故意に近い朝鮮戦争の忘却といった事情を考慮すると、朝鮮戦争の異なる様相をはっきりと見てとることができる。一九五〇年六月二十五日に勃発した朝鮮戦争の呼称は様々で、北朝鮮では「祖国解放戦争」、韓国では「六二五事変」または「韓国戦争」、また米国においては「Korean War」と呼ばれている。中国が参戦した一九五〇年十月八日には、仁川に上陸した米軍がすでに鴨緑江に迫っていた。この戦争が中国では「抗美援朝戦争」と称される所以である。命名における政治とはまた記憶における政治でもある。中国軍部隊が戦場で対峙したのは、韓国軍部隊を含む十六ヶ国軍隊によって編成された米国主導下の所謂「国連軍」であった。米国の朝鮮戦争に対する記憶はベトナム戦争のそれと比べぼんやりしており、それはむしろ意識的な忘却に近いと言える。[2]では日本は一体どうなのだろうか？『よみがえる日本海軍』という本によると、日本政府は秘密裏に船舶と人員を派遣し朝鮮戦争に参加しており、「一九五〇年一〇月二日から一二月一二日までの間に、四六隻の日本掃海艇、大型試航船（水圧機雷掃海用）及び一二〇〇名の旧海軍軍人は元山、群山、仁川、海城、鎮南浦の各掃海に従事して、三二七キロメートルの水道と六〇七平方マイル以上の泊地を掃海した」[3]。また米軍の後方支援以外にも、仁川上陸に上陸した計四十七艘の戦車揚陸艦のうち三十艘が日本人によって操縦されていたという。[4]よって日本を加えると国連軍に参加した国は十六ヶ国ではなく十七ヶ国となる。日本政府は二〇一三年七月の韓国における朝鮮戦争停戦六十周年記念式典への参加を表明したが、韓国側に拒否されている。一九五三年七月二十七日、朝鮮・中国と米国を代表とする国連軍の間で「朝鮮停戦協定」が結ばれた。しかし韓国の李承晩大統領は同年四月十二日の段階で停戦への反対と単独での北進決行を表明、四月二十一日には北進統一の決議を可決しており、停戦協定には署名していない。また米国の保護により生き延びていた蒋介石政権も停戦交渉への反対姿勢を明確にすると同時に、戦争継続を要求していた。現在こうした複雑な歴史背景が注目されることは少なく、むしろ毛沢東の「三八度線」越境が批判される傾向にある。

過去二十年間にわたり、朝鮮戦争関連の研究は中国史研究において最も活気ある分野の一つとなっている。ソ連と米国、そして中国の公文書の一部が公表され、また関係者の回想録が出版されるなか、現在の社会科学及び歴史研究では新たな規範に沿った朝鮮戦争研究が進んでおり、特に朝鮮戦争における中国参戦の経緯が注目されている。イデオロギー脱却という名分の下、「抗美援朝」の朝鮮戦争を冷戦史研究の枠組みに位置づけることがこの研究領域の主流となりつつある。国によって視点が異なるこうした研究も、一種の方法論上における民族主義という点に大まかに集約することができるのではないだろうか。つまり資本主義と社会主義、または帝国主義と国際主義という対立の範疇から朝鮮戦争研究が徐々に離れ、国家と国家の関係や国家の利益を軸に朝鮮戦争の歴史的意義を問い直すようになったということである。中国では抗美援朝戦争を支持する立場の学者たちが新中国にとってこの戦争が建国戦争であったことを強調する一方、批判的な学者たちはこの戦いの死傷者数が膨大な数に及び、中ソ同盟と米中対立に基づく冷戦構造の形成が加速されると同時に確立され、結果として台湾回復の機会が失われたことを指摘している。冷戦構造は様々な利益関係によって構成されており、その中では民族と国家という尺度が重要な位置を占めている。しかしそれはこの時代の熱戦と冷戦の動因及び動機が民族と国家の利益という尺度に還元できることを意味するわけではない。

本稿では朝鮮戦争に関する中国大陸の最新研究を組み合わせ、二十世紀中国史における革命と戦争の脈絡に改めて抗美援朝戦争を位置づけながら検証することにする。この「二十世紀中国史の革命と戦争の脈絡」によって一種の「内部的視野」が可能となり、朝鮮戦争に関する政治的決断とその形成過程を理解する上で大きな手がかりとなる。歴史的理解の内部に政治的決断を位置づける試みというのは、客観的地位に安住する社会科学者のあり方とは根本的に異なり、その時代において人々の行動を支配した原則や価値観、そして敵対的な政治を徹底的に排除するようなことはしない。東北アジアの内部で続く分断、分離また対立のプロセスの中から、このような構造を突き破る政治的エネルギーを探し出す必要があるのである。よって国家利益という範疇内だけで戦争を考察するのは不十分であり、政治的決断が形成される歴史的脈絡の中においてそのプロセスを探索する必要があるのである。

では二十世紀中国史における革命と戦争を振り返る際、特筆に値する経験と教訓とは一体何なのであろうか？

「中国、朝鮮、東側、そして世界に有利である」——抗美援朝戦争の歴史的条件

抗美援朝、保家衛国及び新中国の意義

機密解除された公文書及び当時の関係者の回想からは米中両国が朝鮮戦争の勃発に衝撃を受け、お互いに相手による策略だと疑っていたことが分かるが、これは朝鮮戦争が偶発的事件であったことを意味するわけではない。一九四九年十月から一九五〇年九月にかけて中国は当初戦争の準備はできていると公言していたが、新中国の成立からまだ一年も経過しておらず、国家の再建もようやく軌道に乗ったところで、中国共産党内部の主流意見は戦争に巻き込まれることに慎重であった。一九四九年における戦後再建の他に注目される出来事として、土匪残党の粛清、中国人民解放軍及び党内機関における迅速な転換機能、農村から都市部への政策重点のシフト、解放軍の正規化、文化教育の実施、すでに検討されていた民族区域問題などを挙げることができる。そして一九五〇年六月開催の中国人民政治協商会議第一期全国委員会第二回会議で繰り返し強調されたテーマは土地改革であった(5)。毛沢東は全党員に対して「四方に出撃してはならない」との訓戒を与えている(6)。朝鮮戦争の勃発時、中国人民解放軍の主力部隊は新疆とチベットに向かっており、また中国東南部では沿海島嶼の帰属問題をめぐって国民党と争っていた。つまり新中国では朝鮮戦争への参戦準備が整っていなかったのである。

しかし朝鮮戦争の発生が中国と全く無関係であったわけではない。日本植民地主義の統治下において、朝

鮮半島の抵抗勢力は早い時期から中国人民の民族解放戦争と密接な関係を保っていた。毛沢東は一九四九年五月、中国解放戦争に参加していた中国人民解放軍第四野戦軍所属の朝鮮三個師団を朝鮮側に引き渡すことに同意し、そのうち二個師団は同年七月に朝鮮半島に到着、残りの一個師団は一個師団と一個連隊に改編された上で一九五〇年三月から四月にかけて朝鮮側に引き渡された。(7)この例は中国革命と周辺地域との関係における歴史的な広がりを示すものだが、中国革命側による南北朝鮮の対立構造に対する実質的な対応とも言える。毛沢東は一九五〇年十月初旬に朝鮮戦争への参戦を決断するが、この決定は誰がこの戦争を引き起こしたのかという問題ではなく、戦争の進行過程及びそれが世界全体の構造に与える影響に対する判断に基づいている。毛沢東は当時ソ連にいた周恩来に電報を送り、参戦という積極的な政策を取るよう指示し、「中国、朝鮮、東側そして世界に極めて有利である」と伝えている。(8)

「抗美援朝、保家衛国」というスローガンは、中国の参戦が「中国と朝鮮にとって」極めて有利である理由を正確にまとめている。仁川に上陸した米軍が軍事面の優勢にかこつけ迅速に北進したことにより、中国の東北地方が脅かされ、北朝鮮側は軍事的崩壊の局面を迎えていた。中国が出兵し、北朝鮮を支持することは明白なことであった。米中央情報局の推測によれば、中国出兵の最も直接的な原因とは国連軍による東北地方への侵入、また水豊ダムなどの鴨緑江沿岸の電力施設が破壊されることへの懸念にあるとされていた。(9)一九五〇年十一月十日、国連にてフランスが中国軍に朝鮮から撤退するよう呼びかけるのと同時に、中朝国境が侵犯されないことを保証する決議案を提出した。この決議案はただちに米英等六ヶ国の支持を得たが、ソ連によって否決された。これらの事実は現代史の叙述に次のような材料を提供している。つまり中国は誤った情勢判断のもと、本決議案がソ連によって否決されたため朝鮮戦争に介入することになったというものである。米国側に中国進攻という計画が存在しなかったにもかかわらず、中国が朝鮮に出兵した場合、「保家衛国」の意義は一体どうなるのか？　ここではまず次の二つの解釈を見てみたい。一つ目は、米国の大統領または国務省の一、二本の電報文や米国の制御下にある国連で可決された一、二本の決議案によって戦争のプロセスを決定づけることはできないということである。帝国主義の戦争とは常に彼ら自身の「計画」から脱線していくものである。歴史的に見れば、日本による「九一八事変」［訳者註：満州事変］や「七七事変」［訳者註：盧溝橋事件］も天皇または内閣が直接命令を下したのではなく、前線の将校によって決定されており、またこれを理由に日本の戦争政策を弁解する者はなお存在する。ブルース・カミングスによれば、米国側の朝鮮戦争への関与や外交政策の決定は往々にして一つの「決定行列」（Matrix）から生じており、個別の人物による指示に基づくものではない。(10) 機密解除された公文書の中から一、二通の電報文または文書を選んで証拠とするだけでは、果たして米国が中国と一戦を交え、鴨緑江周辺まで圧力をかける意図があったのか否か判断することはできない。マッカーサーが北進を指揮していた当時有効な迎撃態勢が取られていなかった場合、中朝国境地帯における軍事情勢がどのような展開を迎えていたのかを予測することは不可能である。実際のところ、フランスの決議案が提出されて間もないうちに米軍による鴨緑江一帯の公道と橋梁に対する爆撃が十一月八日に始まっており、爆撃の際に米軍は「中国領空に侵入し、時には中国領内の町に対して爆撃及び機銃掃射を行った」(11) とされている。また米軍機はこれに先立ち同年八月二十七日以降何度も中朝国境を越え、中国領内の町村や港で機銃掃射や爆撃を行い財産への損害や死傷者を出していたほか、公海上では中国商船が米海軍による武力的な妨害行為を受けていた。中国政府が米国に抗議し国連安保理に控訴した後も、(12) 米軍機による侵入と襲撃行為は依然として続いたという。(13) 第二に、中国の最低ラインとは中国に直接進攻しないよう米国に要求することではなく、米軍による「三八度線」の越境を認めないことにあった。一九五〇年十月三日に周恩来はパニッカル・インド駐中国大使と面会し、米軍が「三八度線」を越えるようならば中国が朝鮮に出兵するであろうと米英両国に伝えるよう依頼していたが、明らかに米国は中国の最低ラインを認識できていなかった。安保理におけるソ連の否決が想定されることから米国の影響力のもとで十月七日に国連総会が直接召集され、米国主導による朝鮮北部占領に基づく朝鮮統一の決議案が可決され、その翌日に米軍は「三八度線」を越えている。毛沢東は「出兵しなければ、まず東北に不利である。全ての東北辺境防衛軍が釘付けとなり、満州南部の電力も支配されることになる」と強調したが、こうした判断の裏には、新中国に対する如何なる軍事的威嚇も認めないという決意が潜んでいる。

軍事面及び政治面における中国の最低ラインとは米軍の「三八度線」越境を認めないことにあったが、国内の水豊ダムなど発電施設の防衛だけが目的とされるほど事情は単純だったわけでもない。この最低ラインは米国の対朝鮮戦略とも一見重なっているようだが、両者においてその意味は異なってくる。事実上、毛沢東は「三八度線」を越境不可の境界線として位置づけたことはなく、参戦前における二回の戦役終了後にようやく「三八度線を越えなければいけない」と語っている。[14]一九五〇年十二月十三日には米英両国が中国軍に「三八度線」で停止するよう要求している。また義勇軍の平壌入城翌日にあたる十二月七日、前述のパニッカル・インド大使が前もって章漢夫外交部副部長に一通の備忘録を渡し、十三ヶ国に及ぶアジア・アフリカ諸国連合が「三八度線」での停戦を提唱していることを伝えている。しかし周恩来はこれに対し、あなた方は米軍が「三八度戦」を突破した時になぜ何も言わなかったのか、十三ヶ国は外国軍部隊の朝鮮からの撤退を求め、米国による朝鮮と中国の侵略を非難する公開声明をなぜ出さなかったのかと反問している。実際のところ十二月十四日に朝鮮戦争の当事者双方に軍事行動を停止するよう求める決議案が国連にて可決されたが、翌日には米国が戦争状態に突入したことをトルーマンが宣言している。米中両国は一九五〇年末にはすでに宣戦なき戦争状態に陥っており、それぞれ全国規模での戦争動員を始めていた。よって、毛沢東が

「三八度線」越境を決めた動機として次の二つを挙げることができる。一つ目は米英両国の決心を揺さぶることである。実際のところ四回目の戦役以降、米軍は再び「三八度線」を突破し、背側面から上陸することを画策する。軍事面から言えば「三八度線」が越えられない場合、国連軍を打ち負かし、特に米軍の戦闘意思を挫くことは困難であるため、進撃する敵に休息の機会を与えることになり、また攻撃が繰り返されることにより自身も休息できなくなってしまう。二つ目は、国連軍が敗退する状況において、米国が国連を利用して双方に「三八度線」における停戦を求める決議案を出させたことであり。毛沢東の立場から見れば、当時の国連は米国の支配下にあっただけでなく、交戦国の一方側に立つ「国際機関」に過ぎず、中国には国連の決議案や規定を受け入れる義務がなかったのである。この意味において、「三八度線」の突破とは米国のヘゲモニーが引いた境界線の承認を拒否するだけでなく、軍事的手段によって相手の政治的攻勢に対し反撃することも意味していた。一九五一年四月には、軍事的失敗を背景に中国本土爆撃や武装させた国民党軍の介入を提案したマッカーサーが、中国との全面戦争に発展することを懸念したトルーマンによって更迭される。こうした決定は米軍が朝鮮の戦場にて中国に苦しめられたことと密接に関係している。

中国は長年にわたる苦難を経つつも最終的に革命の勝利を収めることで、奴隷の如きアジア国家の命運から脱却することができた。それは通常の意味における強国ではなく、むしろ帝国主義時代の国家と大きく異なる国家の約束、歴史上における従来の国家や王朝とは異なる態勢の約束、また一人の人民が主人公となる民主的な社会主義国家の約束を表している。一九五〇年九月五日、毛沢東は「朝鮮戦局と我々の方針」にて中国革命と朝鮮戦争を明確に関連づけ、「中国革命は世界的な性質を帯びている。中国革命によって東側の世界人民は初めて教え導かれ、朝鮮戦争によって世界人民は再び教え導かれる」と語った。[15] 参戦一周年を迎えた一九五一年十月、毛沢東は全国政協第三回会議の開幕の辞にてことのほか朝鮮戦争を取り上げ次の三点について語った。第一に、この戦争は「保家衛国」のためであり、もし米軍が我々の台湾を占領せず、朝鮮民主主義人民共和国を侵略せず、我が国の東北辺境を攻撃しないのであれば、中国人民は米軍と交戦するつもりはないこと。第二に、米国の侵略者が我々に向かって進撃する以上、我々も反侵略という大旗を掲げざるを得ず、これは正義の戦争をもって非正義の戦争に反対するものであること。第三に、朝鮮問題は平和裏に解決されなければならず、米国政府が公平かつ合理的な基盤の上において問題を解決しようとさえすれば、朝鮮の停戦談判は成功できること。[16]毛沢東は一点目において、台湾問題と米国の朝鮮侵略の問題、そして米軍による中国辺境への威嚇といった問題が存在しなければ、中国が直接参戦することはないとわざわざ言及している。歴史学者が指摘しているように、もし釜山戦役の全面的展開以前に中国が参戦していた場合、米国は仁川上陸の機会を失っていた可能性がある。[17]こうした観点は、一九五〇年十月にマッカーサーがウェーク島にて中ソ両国出兵の可能性についてトルーマンと議論した際の観点と完全に一致している。つまり中国は最良の出兵機会を逃したために、出兵することはないだろうという論理である。こうした純粋な軍事観点に基づき戦争過程を判断する方法と毛沢東による戦争理解の間には大きな隔たりがある。

また新中国の揺ぎ無い姿勢そのものに、冷戦構造を乗り越える契機が含まれている。第一に、第一次世界大戦後、十月革命の砲声の中からソ連が誕生したが、ドイツ、イタリア、日本の帝国主義国家が世界のヘゲモニーを握ろうとした事実を阻止することができなかったことである。毛沢東は当時の情勢が全く異なることを認識し次のように語っている。「社会主義ソ連、中華人民共和国、そして人民民主主義諸国家の成立、中ソ両国という偉大な国家が友好と互助の同盟条約の基礎の上に立ち団結を強固にすること、そして全ての平和民主陣営の揺ぎない団結、また世界各国の多くの平和を愛する人民がこの偉大な陣営に対して深く且つ厚い共感を持つことによって、外国の帝国主義によって世界のヘゲモニーが握られる時代は永遠に終結するのだ。」[18]第二に、二十世紀中期に世界史上前例のない構造を持つ新しい世界体制が出現し、中国革命の勝利によって促進また鼓舞された反植民地主義プロセスがアジアにおいても徐々に展開されたことである。このプロセスの目標とは帝国主義への抵抗を通して平和を実現することであり、それゆえに「戦争が平和に転化し、平和が戦争に転化する」[19]と毛沢東が語ったように、平和実現の手段に戦争手段が含まれている。これは中国革命戦争から派生した戦略であり、毛沢東は抗日戦争が全面化する前にすでに戦争を消滅させる唯一の手段について「つまり、戦争をもって戦争に反対し、革命戦争をもって反革命戦争に反対し、民族革命戦争をもって民族反革命戦争に反対し、階級的革命戦争をもって階級的反革命戦争に反対することである」[20]と明確に指摘している。つまり朝鮮戦争とは侵略戦争に反侵略戦争をもって反対したものであり、これは正義と非正義の戦争という政治分野のことなのである。毛沢東から見れば、新中国の存在は「国内と国際の偉大な団結によるエネルギー」の凝集を前提としており、抗美援朝戦争がそれ以前の中国革命における全ての戦争と根本的に異なることを示すものである。抗美援朝における勝利がなければ、毛沢東が一九四九年十日一日に天安門楼上にて行った宣言は証明され得ないのである。

冷戦体制の確立と脱冷戦の契機

毛沢東は朝鮮戦争が勃発してすぐに「世界の出来事は各国人民の手に委ね、アジアの出来事はアジア人民の手に委ねるべきだ」と提言しているが、この考えは数年後のバンドン会議の原則において体現されることになる。これもまた、毛沢東が中国の抗美援朝を必要かつ正義の戦争と見なす政治的前提を指すものである。カイロ会談以降、米国はすでにアジア地域の異なる勢力をどのように連合させるか計画しており、戦後日本と国民党統治下の中国を使ってソ連を抑制することも検討されていた。ヨーロッパ戦線での戦闘終結後にヤルタ会談とポツダム会談が相次いで開催され、米ソ両国にとって戦後における勢力圏の確定という博打にも似た問題はすでに現実的課題となっていた。ここで思い起こさなければいけないのは、一九四五年八月の米国による日本への原子爆弾投下に込められていたソ連への威嚇が、結果としてソ連の迅速な対日宣戦につながり、ソ連による満洲及び朝鮮北部、サハリン南部、そして千島列島への進攻を招いたことである。米軍は一九四五年の夏にはすでに朝鮮半島に入っており、ソ連と勢力圏を争うためにまず軍事境界線を引いている。イラン危機の後の一九四六年三月、チャーチルは「鉄のカーテン」が下りたことを宣言、一九四七年七月のマーシャル・プランにソ連が含まれることはなかった。ソ連による金日成の南進支持にはバルカン半島と中東地域における米国の挑発行為への対応といった側面が強く、その中でも一九四九年四月から八月にかけて北大西洋条約機構（ＮＡＴＯ）が成立し、各国の批准手続が完了したことはソ連と東側ブロックを強く刺激した。またソ連が一九四九年八月に初の原子爆弾試験に成功することで、核抑止の構造が形成された。

朝鮮半島における分割統治の構造はヤルタ会談という枠組みにおいて初めて出現したが、国際的な信託統治という形式を取っていた。しかし朝鮮は戦争を始めた国でもなければ敗戦国でもなく、さらにその人民は自国の運命を決める重大事件に参加もできなかった。朝鮮の隣国である中国はこうした「国際的決定」には参加していない。ベルリン陥落後には米ソ両国が戦争の重点を極東にシフトし、ポツダム会談の主題の一つとして対日作戦が取り挙げられることで朝鮮占領の問題も両国の戦争プランに組み込まれ、ヤルタ会談における信託統治の計画もこの段階で潰れることとなった。一九四五年五月にトルーマンの特使がスターリンに面会した際、スターリンは依然としてヤルタ協定が確定した四ヶ国による朝鮮信託統治案を主張していたが、ポツダム会談以降にはソ連が対日宣戦を行い朝鮮に侵入し、朝鮮を分断する「三八度線」案が米国によって提出された。これは新中国成立前夜のことであり、朝鮮半島の情勢変化における重要事件である。

新中国が建国されたことに伴い、アジア地域における米国の新たな任務として新中国の抑制が加わり、新中国成立以前に中国共産党の指導者はすでにソ連と同盟し東側ブロックへ加わる方針を固めていた。北朝鮮の南進をめぐるスターリンの態度が反対から支持に転換する上でこうした情勢が果たした大きな役割を無視することはできない。現存する公開文書による限り、一九五〇年一月の段階においてスターリンは北朝鮮の南進を支持する方針を毛沢東に伝えていないが、新中国の成立及び中ソ友好同盟相互援助条約の締結がスターリンの態度変更を後押ししたという可能性も推定できる。よって朝鮮戦争とは一九五〇年の産物というよりも、上述した過程の発展と言うことができる。世界各国の出来事は各国の人民自身の手に、アジアの出来事はアジア人自身の手に任されるべきだという思想自体が、一九四五年のヤルタ会談、特にポツダム会談以降における運命を握られた弱小国家がヘゲモニー国家の勢力下に組み込まれるという国際情勢に対して向けられたものである。

すでに大挙して朝鮮に入ったソ連軍がソウルに迫った時、米軍はソ連による朝鮮全域の支配を防ぐため、日本人投降者の受け入れを分担する米ソ両国の軍事境界線として北緯三八度線を定めた。こうした視点から見れば、朝鮮戦争は民族統一への願望という点で中国内戦と類似しており、他者による侵入事件と見なすことはできない[21]。内乱であるとは言え、いかなる外部からの軍事干渉（特にヘゲモニー的戦略利益を基盤とする軍事干渉）は全て正当な理由を持たない。米軍は一九四五年九月に朝鮮南部で投降者を受け入れた後、韓国臨時政府と一定の矛盾を抱えた米国長期滞在者の李承晩をまず十月中旬に専用機で帰国させ、国民党政府の助成を受け[22]重慶に流れていた韓国臨時政府要員（右翼の金九、左翼の金奎植など）に対し個人の身分で帰国するよう命令した[23]。金九らは十一月五日に重慶から上海に到着してから十数日間過ごした後に、国民党政府と米軍の交渉を経てようやく米軍専用機で帰国している。金九は当時の韓国臨時政府の中心人物であり、その政見は同様に反共かつ親米であった。米国の韓国臨時政府の合法性に対する執拗な取締りの背景には、戦後のアジアにおける中国の影響力拡大を望まず、また朝鮮半島及びアジア全域における最大の権益を獲得し、ヘゲモニーを独占しようと考えた米国の思惑が存在している。[24]
一九四五年十二月、モスクワにて開催された米ソ英三ヶ国の外相会議において米ソ中英による期間五年の朝鮮信託統治を実施することが決定された。[25]結果として朝鮮南部において民衆の抗議が引き起こされ、米軍は故意にソウルの世論を誘導し、信託統治の協定はソ連の提唱によるものとして反信託統治運動の矛先を反ソ運動に向けさせようと試みた。[26]同時に朝鮮北部では土地改革が開始され、ソ連軍は朝鮮北部から大部分の駐留軍を引き上げた。一九四六年には米国占領軍の経済政策による深刻なインフレを受け、朝鮮南部では人民の抗争が発生、その中でも最大規模のものは九月のゼネストから「参加者三〇〇万人超のうち死者三〇〇人超、行方不明者三六〇〇人超、負傷者二六〇〇〇人超」を出した人民蜂起「十月民衆抗争」に発展した。[27]一九四七年十月、米国は国連を通じて一九四八年三月三十一日に南北朝鮮で同時に総選挙を実施し、統一政府を成立することを提案する。しかし朝鮮北部が総選挙への参加と承認を拒否する状況下において、米国コントロール下の国連決議案は朝鮮南部による単独選挙の実施を支持することに事実上等しかった。一九四八年二月十日には「韓国の国父」と称される金九が「三〇〇〇万の同胞に泣訴する」と題する声明を発表、韓国による単独の建国に反対したが失敗に終わった。[28]金九は南北協商による統一政府の樹立を提案、韓国の単独選挙を進める国連決議案に反対すると同時に、北朝鮮を訪問し金日成と会談を行った。[29]金九が南北協商統一をあくまで主張し、また金日成と接触したことにより、李承晩は米軍にとってより魅力的な人選となった。同年五月には総選挙が実施され、八月十五日には李承晩が大韓民国大統領就任を宣言、ただちに国連の承認を得た。

また朝鮮南部にて単独選挙が行われたことを前提に、同年九月九日には朝鮮北部で金日成が朝鮮民主主義人民共和国主席に選出され、東側ブロックの承認を得ている。また一九四八年末にはソ連軍が朝鮮半島から完全に撤退し、米軍も翌年の六月には大部分が朝鮮半島から撤退した。

米軍が撤退を進める一九四九年六月二十六日、金九は韓国陸軍少尉安斗熙によって暗殺された。米ソ両国が撤退した後、南北朝鮮の敵対状態は一触即発の状態となり、北部では戦争の準備が積極的に進められる一方、南部では米国による公然の武装化が進み、双方の間では争いごとが頻発した。フルシチョフの回想によれば、一九四九年末には金日成がスターリンに対して統一戦争を発動する意図があることを報告、その後に詳細な戦争計画が作成されスターリンの支持を得たという。朝鮮戦争開戦直前の一九五〇年六月十八日には米情報中央局（ＣＩＡ）のダレスが突然「三八度線」に出現し、東側ブロックには米国が戦争を発動するシグナルと受け止められたが、米国はその後偶発的な出来事であったと説明している。朝鮮戦争とはそれが偶然か否かを問わず、第二次世界大戦から発展したものであり、米ソ両国の戦略上における均衡及び不均衡の産物であることは明白である。よってこの戦争の動因について考察する際には、某勢力のある時期における動向だけを根拠とするのでは不十分であり、賭けをする双方の戦略が変動する過程から判断する必要があるのである。では一体誰が朝鮮半島分断という局面を作り上げ、南北双方によって可能であったはずの統一過程を破壊し、対立局面を作り上げた後に自己の必要から戦略上の均整をも打ち壊したのか？　朝鮮戦争の原因を問い詰める際、こうした問題は誰が第一砲を放ったのかという問題よりはるかに重要な問題である。「東側に有利」が中ソ同盟及び社会主義陣営の存在を物質的また理念的な前提としている以上、「世界に有利」はより広大な歴史過程の中において考察する必要がある。米軍は朝鮮戦争にて困難な戦局に直面するなか日本の再武装を試み、一九五一年夏季に日米協定の青写真を作り九月のサンフランシスコ調印が決まった。日米両国は日本の朝鮮戦争参戦について一切承認を拒んできたが、これには二つの原因があると考えられる。一つ目は、国際連合憲章の五十三条と七十七条、一〇七条の条項にて第二次世界大戦の枢軸国は「敵国」と称されており、日本が朝鮮戦争に参戦することで国際情勢がより複雑化する可能性があったためである。二つ目は、日米単独講和の下で日本を朝鮮戦争に介入させる動議が提出されるとすぐにインド、フィリピン、ミャンマー、インドネシア等の反対に直面し、民衆による大規模な抗議運動が起こったことである。吉田政権は憲法九条に抵触することを懸念し、秘密裏に行動するよう大久保武雄海上保安庁長官に命令している。講和条約締結前の敏感な時期であり、日本政府は日本再武装に対し懸念を表明せざるを得なかった。九月八日にはサンフランシスコ講和条約に続いて日米安保条約が同日に締結されたが、ソ連などの国々はサンフランシスコ講和条約への調印を拒否している。アイゼンハワーは一九五三年、朝鮮半島において戦争と談判が膠着状態にあるなか東南アジアの戦争に介入し、東南沿海から中国に圧力を加えることで朝鮮半島の中国兵力を牽制しようと試みている。しかし米国はベトナム戦争の際、朝鮮戦争における失敗の教訓つまり「三八度線」越境に対する中国の警告を重く受け止め、最後まで北ベトナムに対する攻撃を北緯十七度線（中国政府は同線が最低ラインであることを明確に米国へ表明していた）以北において展開することはなかった。これは朝鮮戦争における軍事上の失敗が米国を長期間にわたって束縛していたことを示すものである。こう見ると、失敗に終わった米国のベトナム戦争は朝鮮での挫折と関係があると言える。こうしたことから、軍事と政治、戦争と平和は相互転化の関係にあるが、平和を勝ち取る条件とは軍事上の勝利であり、軍事上の失敗や妥協ではないことが分かる。朝鮮戦争停戦後の一九五三年十二月末、周恩来はインド代表と会談した際に平和五原則を提出した。一九五四年四月に開催された朝鮮問題とインドシナ問題を主題とするジュネーブ会議では、中国、ソ連及び北朝鮮が全ての外国の軍隊を朝鮮半島から撤退させ、朝鮮全土にて自由選挙を実施するよう主張したが、米国はこれを拒絶、南朝鮮代表は中ソの反発が想定されるにもかかわらず大韓民国憲法に基づく選挙の実施を主張した。ジュネーブ会議における朝鮮戦争に関する国際談判は米国に誠意がないため失敗に終わったが、第二段階のインドシナ問題に関する談判は進展した。この一回の談判プロセスを通じて米国と英国及びその盟友諸国の同盟関係の間には局部的な変化が生じたが、これもまた一定の意味において毛沢東が一九七〇年代に唱えた「三つの世界」理論の政治的前提と関係している。一年後の一九五五年四月にアジア・アフリカ諸国の民族独立をテーマとしたバンドン会議が開催され、参加国は反植民主義及び民族解放を勝ち取る問題を幅広く提出し、またアジア・アフリカ等の被抑圧民族間の経済、文化、政治における協力を推進しただけでなく、国際関係問題においても国際関係を指導する十原則を提出した。この十原則は周恩来が一九五三年末に唱えた五原則をより深め拡大したものである。

朝鮮戦争とベトナム戦争、そして先述した政治プロセスが密接な関係にあることは、帝国主義戦争に反抗する軍事闘争が広大かつ複雑な政治プロセスを伴うことを明確に説明している。まさにこうしたプロセスにおいて、帝国主義ヘゲモニーの緩和と後退はまさに時代の趨勢となり、一九六〇年代から一九七〇年代にかけて脱植民地運動と民族解放運動はアジア、アフリカ、ラテンアメリカといった地域に拡大するだけでなく、米国など西側世界内部でも反戦運動や第三世界の民族解放を支持する運動がわき起こった。国連は一九五〇年代には米国の戦争を支持する政治機関と化していたが、依然として国際組織の運営形態を維持していた。ただ朝鮮戦争においてのみ、その帝国主義ヘゲモニーの傀儡的性質が充分に示されることとなり、その後の国連内部における政治闘争の先鞭を付けることとなった。抗美援朝戦争及びそれによって引き起こされた一連の結果が存在しなければ、一九六〇年代のアジア地域において徐々に高まる民族解放運動を形成するのは大変困難だったはずである。もし抗美援朝における軍事闘争、ジュネーブ会談における西側世界の内部における不一致、中越両国及びその他の国家間における同盟構築、バンドン会議にて表明された民族解放という新しい気運、そしてベトナム戦争における軍事闘争と政治的ギャンブルが結び付くならば、抗美援朝が熱戦の形式で平和の方式を促し、また全世界の被抑圧民族の統一戦線を推し進めたと断言する理由は十分あると言える。この意味において、新中国の成立、世界人民の団結、東側ブロックの出現そしてこれらを背景に爆発した民族解放運動が近代以来の歴史構造全体を打ち破ったと言うことができる。反帝国主義戦争の論理はすでにその後のアジア、南アメリカ、アフリカにおける植民地主義及び帝国主義のヘゲモニーに反対する脱植民運動と抗美援朝戦争を関連付けている。これは以前存在しなかった政治主体の出現によって形成された構造である。我々はこうした歴史プロセスから出発することによって初めて、毛沢東の言う「東側、世界に極めて有利」の意味を理解することができるのである。この意味は現在多くの歴史家によって意図的に覆い隠されてきたものであり、彼らは東側と世界をソ連に取り替えることによって、二十世紀中期に確かに存在した「東側ブロック」及び其の関係を単純な中ソ間の国家関係に置き換え、また抗美援朝戦争に内包された国際主義的な性質、より正確に言えば帝国主義の侵入とヘゲモニーに反対する民族解放運動が必然的に内包する国際的意義を徹底的に抹殺したのである。抗美援朝戦争の概念を米国人のKorean Warの概念に置き換えるのと同じで、こうした歴史研究におけるレトリックの変化がもたらす変動とは戦争の政治的意味である。「世界に有利」という判断から出発する場合、上述した広大な歴史過程から始めることによって、中国参戦の短期的な効果とは中ソ同盟の強化であったが、長期的な効果として冷戦下におけるヘゲモニー構造の解体も含まれることを更に証明することができるのである。

よって中国義勇兵の朝鮮出兵には、北朝鮮への支持、東北地方の防衛、米国の台湾海峡封鎖に対する反撃、国連の中国拒絶に対する抗議、そしてヘゲモニーが主導する世界構造への拒絶といった多重の意義があると言うことができる。これらの要素は一九五〇年六月二十八日に毛沢東が中央人民政府会議において唱えた「全世界の人民が団結し、米帝国主義を打ち破ろう」のスローガンに凝縮されていることが分かる。ヨーロッパにおいては一九四八年が冷戦体制確立の目安となっているが、アジアにおいてはこの一年が朝鮮半島統一の希望があった分治から南北が抵抗する戦争体制へと変わる転換点でもあった。一九五三年の朝鮮戦争停戦とは所謂停戦体制がより強化され、アジア冷戦構造の標となったことを示すものである。朝鮮戦争はこうした世界構造が形成される転換において発生したということになる。長期的視野から見れば、中国の朝鮮戦争参戦はその後の冷戦構造に重大な影響を与えているが、同時に冷戦体制を揺さぶる契機をも生み出していたのではないだろうか。

人民戦争から国際主義同盟戦争の転化における政治的意義

政治範疇としての人民戦争

中国人民義勇軍による朝鮮戦争参戦はそれまでの国内における人民戦争と異なるものである。前者の主な特徴としては、一つ目には国外戦争であったこと、二つ目には核抑止という世界規模の冷戦条件下における熱戦であったことが挙げられる。では国外戦争は「革命」の性質を具えているのだろうか、または民族の性質しか具えていないのか？　核抑止という状況の下でも、人民戦争の原則はまだ意味を持ちえるのか？　またはは朝鮮戦争と中国革命における人民戦争は一体どのような関係にあるのか？　こうした問題は、抗美援朝戦争が二十世紀中国史においてどのように位置づけられているかを理解する上で重要な意味を持っている。

この問題を説明するには人民戦争について理論的な解釈を行う必要がある。一点目には、人民戦争とは純粋な軍事概念ではなく、一つの政治範疇であることを挙げることができる。二十世紀における中国独特の条件の下、人民戦争とは新しい政治主体を創造する過程であると同時に、この政治主体に適応した政治構造とその主体の自己表現形式を創造する過程でもあった。人民戦争の過程においては、現代政党における代表の関係が根本的に転化され、農民を母体、農工連盟を政治的外殻とした人民という主体が誕生することで、一切の政治形式（例えば辺区政府、政党、農会及び工会等）の成立と変化が促進される。創建時の中国共産党はコミンテルン代表マーリンに小資産階級と称された知識分子らによって構成されていたが、彼らと農民及び工場労働者との関係は国民党のそれに劣るものであった。一九二五年から一九二六年にわたる国民党の連ソ容共政策［訳者註：ソ連と連帯し共産主義を容認する政策］により、国共両党は農民運動及び労働者運動に共同で取り組んでいた。毛沢東が指導した広州農民運動講習所もこうした農民運動の産物である。国民党は北伐期における政治刷新を次の二点に集中させている。一つ目は、旧軍閥体勢からの脱却と党軍の設立である。二つ目は、共産党とともに農民運動と労働運動に従事することで、大衆運動を北伐戦争に組み入れることである。党軍の概念とは武装革命をもって武装した反革命に反対することだが、最初の段階においては共産党の発明ではなく、革命段階において国際共産主義運動の影響を受けた国民党の創案であった。しかし一九二七年以降は国民党が徐々に社会運動から離れ、党と国の一体化が進むにつれて軍隊の政治性も大幅に後退することとなった。共産党に関しては、北伐失敗後徐々に展開された人民戦争から距離を取り、政党再編など想像もできないありさまであった。人員構成や社会基盤、また職業形態や革命政治の内容がどうであろうと、一九二一年に少数の知識分子によって成立された農民階級及び労働者階級と実質的な関係を持たない政党と、江西ソビエト区期の政党の間には大きな違いが存在する。大革命の失敗後、李立三や王明、瞿秋白が主導した都市暴動と労働者闘争は、農村によって都市を包囲する軍事戦略から徐々に発展していった人民戦争と異なる。政党は人民戦争において軍隊や赤色政権と結合するほか、土地革命を通して農民を主体とする大衆とも結合し、人民戦争において異なる政党と社会階級及びその政治代表との関係を変える。こうした事柄は、歴史上の政党と全く異なる政党モデルや歴史上の無産階級と根本的に異なる農民を主な構成員とする階級主体が人民戦争によって創造されたことを我々に教える。筆者はこのような政党そのものを超越する要素を持った政党を「超政党」と呼びたい。

二つ目には、人民戦争によって創造される独特な戦争形式が挙げられる。秋収起義と南昌起義に参加した部隊は井岡山にて合流し、江西ソビエト区の革命根拠地を建設したが、これは人民戦争の発展を示す一里塚と言える。根拠地における土地革命と武装闘争は政党政治を大衆運動へと転化させるための基本方式となり、このため井岡山の闘争における中心課題は革命戦争の条件下における土地改革及び政権樹立へとシフトした。党と軍隊の結合、党による軍隊を通しての農民運動と土地改革の結合、党指導下のソビエト政府による経済生活の管理、また民衆工作において党が展開した文化運動などは革命の具体的内容と中心任務を変質させただけでなく、政党及び軍隊、政権と農民運動などの多重な結合を通して完全に新しい革命的且つ政治的な主体を創造した。これが人民戦争の政治的基盤である。戦争中に展開される上述したような政治プロセスが人民戦争に与える特徴は他の戦争形式と異なる。毛沢東によると、兵と民は勝利の本であり、この命題には人民戦争の一般原則が含まれている。第一に、大衆に頼り動員を行うことによって初めて戦争遂行が可能となる。第二に、強大な正規軍だけでなく、地方の武装と民兵もまた必要となる。第三に、兵と民の範疇とは軍事闘争に密接に関連した土地改革と政権建設を主な内容とする政治プロセスを意味するようになる。

三つ目には、人民戦争における重大な成果の一つでもある割拠する赤色政権の確立を挙げることができる。

赤色政権の主な政治形式は辺区政府と辺区ソビエトに分かれる。辺区政府は日常生活における組織形式であり、よって国内外の過去における国家の経験も参考となるが、この政権形態は一般的意味における資産階級国家とは異なり、持続的な政治及び戦争による動員のなか覚醒した階級的な政治形態である。毛沢東は著名な論文「中国の赤色政権はなぜ存在することができるのか？」において次のように指摘している。中国は帝国主義国家でも、帝国主義に直接統治された植民地国家でもなく、国内内部で不均衡が発展し、帝国主義によって間接的に統治された国家である。こうした条件の下、軍閥が異なる帝国主義に依存することにより国家内部における分割局面が不可避となったが、まさにこうした状況が階級統治を弱めることになった。これが中国の赤色政権が存在可能となる外部条件である。大革命は失敗に終わったが、革命時期に形成された国内動員は火種のように燃え続け、大革命中に挫折したが幸運にも生き残った中国共産党は以前と異なる路線を探索せざるを得なくなった。共産党が戦争という条件下において独自に割拠する赤色政権の樹立を試みることで、政党及び軍隊、そして政権と大衆政治の相互結合を通した人民戦争による新しい政治が創造された。これが赤色政権が存在可能となる内部条件である。抗日戦争期においては中国共産党及びその政権が巨大な発展を遂げ、武装闘争、大衆路線そして統一戦線がその勝利を保障することとなった。解放戦争期においては抗日ゲリラ戦争が大規模な流動的進攻作戦となり、中心都市を奪取するに従って流動的進攻作戦と陣地戦がゲリラ戦に代わって戦争の主要形式となった。

四つ目には、人民戦争という条件の下に中国共産党と根拠地政府が処理した単純な軍事問題とは異なる日常生活の組織問題を挙げることができる。ここで政党と政府の大衆路線における問題が出てくるが、主な内容は次の二点である。第一に、最大数の大衆のための利益を考えるには、党の工作が出発点であると同時に終着点でもあることである。第二に、辺区政府とは大衆生活の組織者であることである。大衆の問題解決に尽力し、切実に大衆生活の改良に努めることで大衆の辺区政府に対する信頼を勝ち取り、大量の大衆を動員し紅軍の戦争に協力させることで包囲突破が可能となる。よって人民戦争は軍事手段を用いて効率よく敵を消滅させるだけではなく、土地や労働、生活必需品、婦女、学校、市場での売買そして貨幣金融など人民生活を構成する主要な問題も処理しなければならない。つまり軍事と日常生活の相互浸透と変化が人民戦争の核心問題となる。毛沢東は繰り返し共産党員に対して次のように指摘している。大衆の支持を得て彼らに生命を戦場に捧げるよう説きたいならば、大衆とともにあってその積極性を引き出し、彼らの苦しみに関心を持たなければいけない。誠心誠意を持って大衆のための利益を考え、彼らの生活、部屋、米、塩、衣服、出産などの問題の解決にあたらなければいけない(30)。大衆路線は人民戦争の基本的策略であると同時に、政党の政策でもありまた政党の形態をも構成する。組織が存在しなければ大衆がどこに存在するのか分からないが、大衆と一つにならない上に学ぶプロセスがなければ、大衆を凌駕する活力に富む構造に至ることはできない。広大だが未開発な農村において農民主体の政党が運動中に獲得する政治表現とは、この意味において正に人民戦争の条件下で政党及びその大衆路線によって創造された階級の自己表現であり、それゆえに政治的な階級が創造される。従来の政党は農民主体の無産階級を創造できなかったが、人民戦争を経て自己再建を果たした政党のみがこの使命を完成させることができるのである。政党と政党政治、ソビエト政府などが十九世紀ヨーロッパ及び二十世紀ロシアの政治現象に起源を持つのと異なり、人民戦争は中国革命の独自性を具える発明である。この意味において人民戦争を理解しなければ、中国革命の特質、革命における「党の建設」とそれ以前の政党政治との間の徹底的な違い、また大衆路線や統一戦線といった二十世紀の中国にて形成された独特な政治範疇の歴史的内容も把握できないのである。

国防戦争と国際主義戦争

二十世紀中国史において抗美援朝戦争とは人民戦争が発展したものだが、伝統的な人民戦争とは異なっている。抗美援朝戦争を紅軍時期の革命戦争、抗日戦争また解放戦争などの人民戦争の序列に位置づけ観察すると、この戦争のいくつかの特徴が見えてくる。第一に、抗美援朝戦争は新中国にとって初めての国外戦争であり、紅軍時期の革命戦争や抗日戦争の戦争主体は白色地域における赤色政権または敵後抗日根拠地であったが、抗美援朝戦争は新中国の成立を前提としている。これによって戦争形式は伝統的な人民戦争から国防を主な内容とする戦争形式へと変化した。中華人民共和国という陣地の喪失が許されないだけでなく、その主権及び領土に対するわずかな侵害も許されない。これは人民戦争から国防戦争への転換点と言える。抗美援朝戦争は義勇兵の形式で出現した国防軍と米軍を主体とする国連軍の間で行われた国外の死闘であり、その目的は国外における根拠地建設や人民戦争を通しての新しい政治的階級の創造にあったのではなく、新中国の防衛にあった。この戦争中において中国人民解放軍は新たな段階に入り、革命化及び正規化、また現代化を成し遂げた国防軍を作り上げた。過去においては革命軍隊であると同時に、農民の土地革命に参加する種まき機または宣伝隊であり、同時に武装革命をもって武装した反革命に対抗する暴力機器でもあったが、現在においては保家衛国を第一の責務とする正規部隊となっている。

第二に、抗美援朝戦争の最中に軍隊と国防建設、そして工業化の過程の間において深い関係が生じた。この時期はちょうど戦争動員のピークにあたり、都市工業化を軸とする新中国の第一次五ヶ年計画が順調に進んでいた。保家衛国のスローガンは全社会の政治的熱情を刺激し、前代未聞の社会動員を成し遂げた。これが戦後復興の主な動力となったのである。戦時中には同盟関係を通してソ連の大規模な援助を受けることで、中国工業化の基盤が形成された。(31) 朝鮮戦争はまた中国の核保有化を早める上で大きな役割を果たした。

第三に、国防の側面から見れば抗美援朝戦争における政治的な最低ラインとは米国による中国威嚇と北朝鮮の崩壊を認めないことであり、中国軍部隊が「三八度線」から退却ができなかったのもこれに起因する。一九五二年十月、米国は談判が進行中にもかかわらず休会を宣告し、その六日後には上甘嶺戦役を開始した。この攻防戦は双方にとって政治性の高いものであり、新任のクラーク米軍総司令官は米民主党の選挙運動を意識し、中国軍は陣地戦における「三八度線」からの退却不可を政治原則の最低ラインとしていた。また国外戦争であるため、抗美援朝戦争の基本形態である流動的進攻及び防衛を軸とする戦闘方式は祖国からの後方支援に頼らざるを得ず、義勇兵と朝鮮人民軍は肩を並べて戦闘にあたり、朝鮮民衆の支持の獲得に努めた。騒乱やゲリラ戦術も取られたが、戦争の基本形態は流動的進攻作戦及び陣地戦であった。

上述したような違いが存在するとしても、抗美援朝戦争は人民戦争のいくつかの特徴を受け継いでいる。第一に、国外で展開されたにもかかわらず、朝鮮戦争は中国戦史でも稀な全国規模の動員を前提としている。二十世紀中国において全国の人民が総動員された戦争は二回だけである。一つ目は抗日戦争であり、国民党が正面作戦と政治的枠組みを主導するという前提のもと、中国共産党は抗日統一戦線の形成を契機とする全国規模の動員を促進した。二つ目は抗美援朝戦争である。長期にわたる革命と戦争を経て、中国は台湾地区以外の全国統一を実現することによって、政治的かつ経済的、文化的であると同時に軍事的でもある普遍的且つ徹底した動員を行う条件を整えた。一九五〇年から一九五三年前後にかけて、毛沢東の懸念と最終的な決断とは、どれも全中国の人民がこの戦争を支持するか否かにかかわっていたのである。

第二に、国外戦争という条件の下、軍隊と人民の関係に重要な変化が生じたことである。人民戦争における軍隊と根拠地人民の間におけるような親密な関係の再現は困難であったが、義勇兵は朝鮮に渡った後に国境を越えた条件の下でこうした関係の構築を試みている。毛沢東は一九五〇年十月八日付の署名文「中国人民義勇兵の組織に関する命令」において「朝鮮人民及び朝鮮人民軍、朝鮮民主政府、朝鮮労働党そしてその他の民主党派及び朝鮮人民の指導者である金日成同志に対して友情をよせ、敬意をはらい、軍事紀律と政治紀律を厳守しなければならない。これは軍事的任務の完遂を保証するきわめて重要な政治的基礎である」と特別に指摘している。(32)この命令は中国共産党が国外戦争という特別な環境に対して冷静な認識を持っていたことを示すと同時に、義勇兵が国外においても中国革命にて培われた人民戦争の経験を柔軟に活用しようとしたことをも示している。

第三に、抗美援朝の国内における前提とは新中国の成立であり、国外における前提とは人民民主国家を主体とする東側ブロック及びそれを基礎とする国際的な団結であった。朝鮮戦争はもうかつての人民戦争ではなく、人民戦争の伝統が国境を越えた戦争条件の下で発展したものである。その中には統一戦線や大衆路線などの要素が同様に含まれていたが、基本的な環境の変化によってその意義も変化を余儀なくされた。戦争という条件の下、全世界人民民主国家（ソ連を含む）とアジア・アフリカ地域に出現した民族解放運動は共同で国際的な統一戦線を形成した。東側及び世界にとっての朝鮮戦争への中国参戦の意味について考えると、この戦争の深い政治性が朝鮮戦争と新世界情勢下における革命発展の問題との密接な関係において確かに体現されていることが分かる。抗美援朝や保家衛国における政治は東西陣営が対峙する状況下において発生するが、それによって戦争の政治性は一般的な国家間による戦争の意味を超えるのである。抗美援朝戦争のこうした政治性に含まれた意味を理解せずに、ただこの戦争を民族戦争または国家戦争と捉えるだけでは徹底した歴史的解釈を行うことはできない。こうした理由から、抗美援朝戦争には帝国主義に抵抗する国際主義戦争、そして民族戦争という二重の性質が具わっていることが分かる。武装闘争や大衆路線、統一戦線などの人民戦争の論理が国際分野において開拓されたことを言えば、抗美援朝戦争とはつまり二十世紀中国革命の延長なのである。

国外戦争の核心問題とは戦争の性質にあるが、それはつまり国際主義原則に基づく援助戦争なのか、それとも単純な国家利益に基づく民族戦争のどちらかということである。民族戦争を区別せずに否定するような全般的な論調では、民族戦争の政治的意味を明確にすることは不可能である。民族主義に関して言えば、抑圧民族と被抑圧民族の間における違い、帝国主義戦争と民族解放戦争の間における違い、旧世界の民族主義と新中国及びその他の民族による反帝国反植民の民族主義の間における違いが存在する。中国に関しては、抗美援朝戦争と抗美援越戦争はともに帝国主義と植民地主義に反対する戦争であるため国際主義の特徴を具えていたが、一九七九年のベトナムに対する「自衛反撃戦」にはこうした政治的性質がみられない。こうした意味において、「自衛反撃戦」は中国の「短い二十世紀」の内部には存在せず、むしろこの革命の世紀が閉幕する際に起きた戦争と言えよう。

核抑止という条件下における最初の戦争——戦争の勝敗を決めるのは人か、それとも物か？

朝鮮戦争は人類史上に核兵器が出現してから初めての大規模戦争となる。一九四五年に米国が広島と長崎に対して核爆撃を行った後、初めて冷戦の概念を使用したのは『一九八四年』の作者ジョージ・オーウェルである。ではなぜ「冷戦」なのか？ それは核兵器と核抑止が出現したためである。核抑止の戦略による均衡の下、戦争は冷戦の形式で出現する。中国が戦った朝鮮戦争とは、核攻撃を実施する能力を持つ帝国主義の超大国を相手とする軍事上極めて不均衡なものだったのである。第二次世界大戦の前には米国の核兵器開発及びその成功は予期できぬことだったが、朝鮮戦争に参戦した中国は核兵器を保有するヘゲモニー国家と戦うこととなった。核戦争の可能性を考えないことなどできたのであろうか？ こうした武器装備における極めて不均衡な戦争の出現とは、人民戦争の可能性を根本的に変えてしまったのだろうか？

米国は朝鮮戦争において具体的な核兵器使用計画を二度検討しているが、そのどれも日本再武装と台湾参戦の構想に関連している。一九四五年に開始されて以降、米国で核兵器の実用性に関する研究が途絶えたことはない。米軍が軍事的崩壊の局面を迎えた一九五〇年十一月末、マッカーサーは蔣介石に第五十二軍を派遣し朝鮮戦争を支援するよう電報で要求し、蔣介石は即答している。またマッカーサーはその前に中国軍部隊及び兵站に対して核攻撃を行う「遅延計画」も用意していた。マッカーサーが十二月三十日に米陸軍部に出した提案には、次の軍事的措置が含まれている。（一）中国の海岸封鎖、（二）海軍と空軍の火力による中国の戦争を支える工業設備の破壊、（三）台湾国民党軍部隊の支援の獲得、（四）国民党軍部隊への制限を撤廃することで中国軍部隊を牽制、こうすることによって中国大陸への反撃を発動させることも可能としている。[33]トルーマンも十一月三十日の記者会見にて核兵器使用に関する質問に対し、核兵器を含むあらゆる兵器を使用する用意があると明確に答えている。米国が二つの方面において核兵器使用の容認という最低ラインを超えたと受けとめられ、世界の輿論には激震が走った。一九五三年に米国大統領に就任したアイゼンハワーは古い手口を再び用い、核攻撃計画を再検討する一方、蔣介石の軍隊による中国大陸攻撃を策動した。

毛沢東は核兵器の威力を知っているにもかかわらず、動揺することはなかった。米国によって核兵器が使用された直後、毛沢東は一九四五年八月十三日に発表した「抗日戦争勝利後の時局と我々の方針」の中で核兵器について直接論じ、原子爆弾を所持するだけで人民の闘争が存在しない状況では戦争を終わらせることはできないと指摘している。単純な軍事上の観点から見れば、大衆から離れた官僚主義や個人主義、また唯武器論は核抑止下において出てきた思想面における変化ということができる。毛沢東は核恐怖症を患う同志たちについて、原子爆弾による戦争解決は不可能だと断言する英国の貴族マウントバッテン伯爵にも劣ると批評している。[34]また一九四六年八月に米国人記者アンナ・ルイス・ストロングの取材を受けた際には、原子爆弾は「ハリコの虎」だという有名な定理を提出している。[35]毛沢東はもちろん原子爆弾が凄まじい殺傷能力を持つ兵器であることを理解していたが、戦争の勝利を決定づけるのは人民であると最後まで信じていた。所謂「原子爆弾はハリコの虎」とは事実判断のことではなく、政治判断のことである。核抑止という条件の下で中国が朝鮮戦争において米国との勝負を避けていたとしたら、中国人民が屈辱を受ける歴史はすでに過去のものとなったと宣言し、また東側における十月革命、ソ連及び中華人民共和国等の人民民主国家の成立によって帝国主義が勝手に振舞える時代はすでに過去のものとなったと宣言しても、それは阿Qのような大言壮語に過ぎなかったことになる。もし中国が米国の侵入に対し有効に抵抗できていなければ、中華人民共和国成立の全ての歴史的意味が書き直されなければならず、東側世界の出現によって形成された世界構造でさえ書き直されなければいけなくなる。毛沢東の宣言には退くことのできない政治的性質が具わっている。

それでは戦争の勝敗を決するのは人間なのか、それとも武器なのか。この問題は人民戦争と帝国主義戦争の相違を考える上で鍵となる命題の一つである。米国はなぜ核兵器使用の計画をすぐに棚上げし、一転して朝鮮戦争における勝利を最終的な目標としない方針を認め、和平交渉への道を開いたのか？　これについては大量の公文書を調べて論証することもできるが、毛沢東がグローバルな政治及び軍事情勢に対する分析に拠って正確な軍事上の判断を下し、そして戦争の勝敗を決するのは人であり物ではないという人民戦争の論理が核抑止を梃子とした冷戦の論理に勝った事実を否定することはできない。人間の力に依拠する人民戦争の基本原理とは、人民の日常生活の動員を基礎とした上で、柔軟な戦略戦術及び強靭な戦闘意志によって敵を打ち破ることである。人間の力量を重視することは決して兵器の重要性を否定することではない。毛沢東は戦争初期に空軍出動及び武器装備、また技術面での支援をソ連に要請しており、また中国人民解放軍の現代化をとても重視したが、戦争過程及びその政治的性質に関する判断を変えることはなかった。毛沢東が一九五〇年に解放軍に文化を学ぶよう呼びかけることで、軍隊編成の正規化の歩調は明らかに加速したが、ゲリラ戦ではなく流動的進攻作戦及び陣地戦を主な戦法とする軍事思想や軍隊の正規化のどれも武器ではなく人間を中心とする人民戦争の理念を変えなかったのである。

抗美援朝は新中国軍にとって初の国外戦であり、人類史上においては核条件下における初の大規模戦争であり、また新中国成立後における初の国防戦争でもあった。これら三つの特性は次の問題につながる。これらの条件が揃った後に発生した戦争とは人民戦争なのか、それとも人民戦争ではないのか？　毛沢東は朝鮮出兵の際、戦争の勝敗は武器でなく人間で決まるという人民戦争の論理は核兵器の出現によっても揺らぐことはないと確信していると表明している。武器は戦争の重要な要素であるが、決定的要素ではない。戦争の決定的要素とは物でなく人に基づいており、戦争の勝敗とは双方の軍事、政治、経済また自然上の様々な客観的条件だけによって決まるのではなく、当事者双方の能力、意志、戦略また戦術等の主観的要素もまた戦争勝敗の根本的要因となり得るのである。毛沢東は「中国革命戦争の戦略問題」において、「軍事家には物質的条件のゆるす範囲をこえて戦争の勝利をはかることはできないが、物質条件のゆるす範囲内で戦争の勝利をたたかいとることはできる」と述べている。(36)これはつまり戦争における能動性の問題である。毛沢東によれば、自覚的な能動性とは人類の特色であり、人類は戦争においてこうした特色を強烈に表現する。よって戦争の勝敗は双方の政治経済の地位、戦争の性質、国際援助等の条件によって決まるが、これらは勝敗の可能性に関係しているだけで、勝敗の是非を決めるものではない。(37)能動的かつ主観的な政治とは中国革命政治の特色である。抗美援朝は革命時代の大衆路線を新中国という条件下における全面的な社会動員に転化させることで、政治的な能動性を示した。天津の民族資本家が朝鮮戦争を支持したことを受け、毛沢東は大変喜び安堵している。もし民族資産階級が全員動員され戦争を支持するならば、それは中国人民がすでに十分動員され、人民戦争と統一戦線の論理が完全に異なる条件下において再び重なったことを意味する。国際同盟や越境戦争を通じて、新中国は国内革命の統一戦線の論理を効果的に国際戦争に応用したのである。一九五一年に開城談判が決裂した後、米軍は優勢な空軍を用い所謂「オペレーション・ストラングル」を展開したが、新中国の全国民の支持と中国軍隊の全面的な動員を受けた義勇兵は極めて困難な条件下において破壊不可能な後方支援補給戦を形成した。

戦争とは政治の延長であり、人民戦争とは政治の最高形式である。抗美援朝戦争は政治の戦争であり、単なる技術の戦争ではない。戦争における高度な政治性こそが人民戦争の特色なのである。毛沢東は一九三六年、「中国革命戦争の戦略問題」において次のように指摘している。戦争は「民族と民族、国家と国家、階級と階級、政治集団と政治集団とのあいだ」の相互の闘争の最高形態であり、戦争にかんするすべての法則は、いずれも戦争をする民族、国家、階級、政治集団が自己の勝利をたたかいとるために使うものである。(38)こうした意味において、戦争及びそれに関係する条件を理解しないならば、その状態及び性質、他の事柄との関係、また戦争の指導方法が分からず、勝利することはできない。

武装闘争は大衆路線や統一路線、根拠地建設などの政治プロセスと歩調を合わせなければならず、これがつまり戦争の政治性の体現そのものである。戦争が政治的なものであり、戦争の決定的要素とは人間であるため、戦争は正義と非正義に区分される。帝国主義による世界分割の戦争には正義が存在せず、帝国主義のヘゲモニー及びその被抑圧民族を分割する戦争への反対には正義が存在する。要するにこうした判断は正義戦争の概念に基づいている。抗日戦争と抗美援朝は形態が異なるが、いずれも帝国主義による世界分割やヘゲモニー世界への抵抗姿勢である。武装革命をもって武装した反革命を撃退するのが中国革命の特色であり、国境を越えた抵抗戦争の形式で帝国主義の戦争に抵抗することは、新中国成立初期の平和防衛のために取った軍事的な政治手段（または政治的軍事手段）の一つである。

また抗美援朝とは、国内革命戦争や民族解放戦争といった人民戦争とは異なる正義戦争でもある。正義戦争という範疇には二種類の判断が含まれる。一つは平和を目標とするもの、もう一つは一般的な平和主義の超越を主張するもの、つまり戦争によって平和を促すものである。毛沢東は朝鮮戦争を背景に「持久戦を論ず」にて論じた平和と戦争の弁証法を再び取り上げ、核抑止によって形成された戦略均衡では平和は実現できないと指摘した。正義戦争の概念は帝国主義戦争の終結を訴える論理と密接に関係している。革命戦争及び正義戦争の最終目標とは永久の平和であるが、戦争及び平和の目標は敵の軍隊への有効な攻撃と関連しなければいけない。第二次世界大戦以降、米国は核兵器だけでなく、世界で最先端の航空機、軍艦、戦車及び大砲など様々な軽重武器を装備した強大な陸海空軍を保有している上、ヨーロッパとアジアでの戦火を経験したばかりで戦闘経験が豊富であった。米軍は朝鮮戦争において第一陸戦師団及び第一騎兵師団などの精鋭部隊を出動させただけでなく、制空権及び制海権を完全に確保していた。しかし驚くべきことに、重武器を十分に発揮できないゲリラ戦ではなく、流動的進攻作戦や陣地戦で対峙するという大兵団の戦闘に有利な条件においてですら米軍は勝利できなかった。こうした軍事上の失敗が慌しい戦争初期に止まっていたのなら、言い訳の理由もいくつか見つかったかもしれない。仮に戦争の中期或いは後期において米軍は義勇兵の後方支援を苦しめ兵站を断ち切ることで軍を立て直し、限定的な反撃を加えることができたが、全体的な退勢を覆すことはできなかった。こうした軍事上における失敗を通して、米軍の将校たちは中国軍部隊の死をも恐れぬ勇気と優れた戦術に敬意を表さざるを得なくなった。中国はもう過去の中国ではなく、中国軍部隊ももう過去の中国軍部隊でなくなったのである。第二次世界大戦以降、米国の中国認識は朝鮮戦争の失敗によって全面的に改められるようになった。あのような高所に居座り、人に指図するような学術的態度は比較的慎重に調整される必要があったのだろう。米国にとって朝鮮戦争と「ベトナム戦争」は軍事面と政治面における二重の意味での失敗であった。米国で「ベトナム戦争」の政治的失敗はより明確に意識されているが、その失敗は根本的に朝鮮戦争の失敗と関係している。

戦争と平和は相互転換が可能であると同時に、両者の間には弁証的関係が存在し、主なものは戦争の政治性によって決定されることである。また戦争における政治性とは敵対関係の確立及び転換においても体現される。戦争は敵との間に明確な境界線を前提とし、常に自己の保存と敵の消滅のために展開される。しかし戦争は政治の一種の形式であるため、政治範疇としての敵対関係は歴史条件の変動によって転化する。仮に戦場における敵対関係が他の条件下において非敵対関係に転ずる場合、敵は敵でなくなり、盟友に転じる可能性も生じる。敵対的矛盾は非敵対的矛盾となり、また闘争しながらも団結する関係に転化する。抗日戦争において民族的矛盾が主な矛盾まで高まるにつれ、労働者階級と農民階級、そして民族資産階級と地主階級の間における敵対関係が闘争しつつも徐々に団結するという二次的な矛盾に転化し、広範な民族統一戦線がこの矛盾の転化の内部において成立した。戦争とは政治における形式であり、また新しい政治のために切り開かれた道でもある。矛盾とその転化を理解せずして、新しい政治が展開される前提を理解することはできない。

結論に非ず——停戦体制、脱政治化という条件下における戦争

朝鮮戦争停戦から六十年の歳月を経た今も、半島にて停戦体制は依然として続いている。北朝鮮は孤立状

態にあり、核抑止は結果として朝鮮半島の核保有を促したが、朝鮮半島の核問題が米国による朝鮮半島への介入によって始まったことを決して忘れてはいけない。米国の所謂「アジア回帰」（一体いつ離れたことがあるというのか？）政策が進むにつれ、朝鮮半島の情勢は更に緊張し、中国と日本、韓国と日本、中国と東南アジア諸国、北朝鮮と韓国の間で矛盾と衝突は一層激しくなる傾向にある。矛盾と衝突の激しさにおいて現在が過去よりも危険であるとは言い難い。しかし現在において戦争の正義性と非正義性における明確な区別は日増しにあいまいとなっており、第三世界の弱小民族が団結したバンドン会議はすでに歴史的遺産と化し、ヘゲモニー体制に挑戦できる解放運動及び抵抗運動は早くも雲散している。ヘゲモニーと抑圧の構造はどこでも見られるが、この構造を変革する能動的なエネルギーを発見することは容易ではない。では一体どこから政治的なエネルギー、また正義の尺度を生み出すのか？　また冷戦構造を超えた新しい国際主義をどこに見出すのか？　筆者が抗美援朝戦争を二十世紀史のプロセスに位置づけて考察するようになったのも、全てこうした問題意識によるものである。

毛沢東は「持久戦を論ず」にて戦争とは政治の最高形式であることを論証しているが、政治範疇としての人民戦争が最も深くこの命題を体現していると言える。しかし二十世紀が終結するに従ってこの命題は次のように訂正される。つまり現在の条件下において、戦争は政治の最高形式というよりも、政治の失敗もしくは消失による結果としてみなされているということである。帝国主義が意味するものとは、戦争という命題は依然として正しいが、戦争によって引き起こされる革命はもはや現実的ではないということである。我々の時代において繰り返されるのは脱政治化された戦争形式であり、それは人間の決定的作用を体現できないばかりか、正義と非正義の区分をも不可能にする。こうして異なる国家そして集団の運動において、一九六〇年代において西洋社会の反戦運動とその他の地域の民族解放運動の間に見られた激しい運動や有力な支持のような状況を生み出すことは困難なのである。こうした状況においてこそ抗美援朝戦争の意義を振り返る必要があるのである。核抑止が現実化した後、抗美援朝戦争もその後のベトナム戦争もジョージ・オーウェルが構想したような冷戦とはならずに、熱戦の形式で平和を勝ち取るために戦う政治プロセスが展開された。早期の人民戦争と比べ技術は朝鮮戦争において未曾有の作用を発揮したが、戦争中における意志、戦争目標、指揮官の戦略戦術及び適応能力、戦闘員の士気、理念そして技術レベルが依然として勝敗の鍵を握っていたのである。ここで言う「人の作用」とは戦場における闘争だけでなく、次から次へと沸き起こる民族解放運動及び欧米内部で出現した反戦運動も指す。また国連内外における様々な外交闘争の一つ一つがこの広大な政治プロセスによって米国の戦争を袋小路に追いやり、このヘゲモニー国家をして軍事と政治という二つの戦線において同時に失敗せしめるに至ったのである。

では現在こうした問題を再び取り上げることには、どんな意味があるのか？　帝国主義はベトナム戦争以降も、フォークランド戦争、ユーゴスラビア紛争、二回にわたるイラク戦争、アフガニスタン戦争、リビア戦争そしてもう後には引けないシリア戦争など一連の侵略戦争を発動してきた。しかしこれらの戦争は二十世紀の人民戦争に類似した抵抗運動や社会革命を生み出していない。今日の戦争は性質において明らかに変化し、進んだ武器がなければ戦争に勝利することはできなくなってしまった。大国が自国の利益をめぐりヘゲモニーのギャンブルを行う以外、こうした武装闘争、大衆路線、統一戦線そして文化政治が相互に結合した深く且つ広い政治プロセスはもう存在しない。これは人民戦争の基本原則と戦争の政治的性質が徐々に消えていくことを意味するのか？　この問いには異なる回答が存在するが、筆者の答えは次のようなものである。つまり、戦争の性質が新型兵器の出現で変わったのではなく、政治的条件に変化が生じたことで人民戦争の論理が主導的地位を失ったということである。戦争における人の作用とは、人間と兵器の対比関係において現れるだけでなく、政治と非政治の区分においても展開される。つまるところ、戦争における人の要素とはつまり戦争の政治性のことである。

軍事領域においては、人民戦争及び人間を決定的要素とすることへの否定によって軍事技術の崇拝と脱政治化の理論背景がともに構成された。筆者が「去政治化的政治　覇権的多重構成与六〇年代的消逝」［訳者註：日本語訳は汪暉著、石井剛、羽根次郎訳『世界史のなかの中国　文革・琉球・チベット』（青土社、二〇一一年）の第一章「中国における一九六〇年代の消失――脱政治化の政治をめぐって」に一部収録］で論じたように、脱政治化のプロセスは戦争と軍事の範疇をはるかに超えており、「政党の国家化、政府の企業化、メディアの政党化、政客のメディア化」などの複雑な現象こそが正にこうした過程の表象である。こうした構造を変えるため、人々は二十世紀の歴史的遺産から教訓を汲み取ろうとしてきた。政治と理論の領域では、大衆路線を再び問題にすることが試みの一つとなっていた。しかし二十世紀と完全に異なる文脈において、人民戦争の産物としての大衆路線を再び取り上げることの適切な意味とは何なのか？　形成過程にある政治主体という意味で、大衆の誕生とは新たな政治形式の誕生を意味している。大衆路線に再び注目することは、ある時期の歴史への回帰というより、可能であると同時に不確定な未来の探索に近く、これは次の問題と不可避的に密接に関わることになる。我々は一体どのような政治エネルギーを創造し、どのような政治主体を鍛造し、またどのような政治的未来を目指す必要があるのか？

上記の議論はすでに朝鮮戦争の文脈から離れているが、この戦争をめぐり展開された現在の論争を理解する際には意味がある。一つの命題を再び述べてみよう。抗美援朝戦争及びその後に展開された抗美援越戦争は二十世紀中国の人民戦争の延長であると同時に、その終結でもある。平和の模索に関して、我々はすでにポスト人民戦争的であると同時に脱政治化された時代の文脈の中にいる。こうした新しい歴史の時代において帝国主義戦争を抑制すると同時に朝鮮半島と海峡両岸の分離体制を打破し、東アジア地域内における国家間の衝突を緩和することが可能な条件とはどこにあるのか？　人民戦争とは一つの政治範疇であると同時に、政治エネルギーを生み出すことができるプロセスでもある。ソ連の解体と東側ブロックの崩壊は多くの者を喜ばせたが、同時にイラク戦争やリビア戦争といった世界に全く憚ることのない米国のヘゲモニー時代の到来をもたらした。また二十世紀中国の政治刷新に関しては、多くの人が惜しみもなくその可能性を放棄している。だが現在の中国が一九四九年のように前例なき未来に向かう政治プロセスを代表するのかどうかはすでに自明の問題ではなくなっている。現在は人民戦争だけでなく、正義の戦争も存在しない。したがって戦争とは政治の終結を意味し、もはや政治の延長上にあるものではない。

この意味において二十世紀は終結し、新たな政治化が新時代の課題となっている。

注

（1）本稿は張翔による筆者への取材に基づいているが、現在の構成は数回に及ぶ訂正及び増補を経たものである。張翔は取材記録の整理及び一部の文献照合に協力してくれた。本稿の校正にあたっては高瑾が若干の注釈に関する事実確認と補充を行ってくれたほか、日本参戦に関する手がかりを調べる際には孫歌と倉重拓の協力を得た。ここに合わせて感謝の意を表したい。
（2）米軍は日本側に対し、朝鮮海域でこの任務につく掃海艇は国際信号E旗のみを掲げるよう命じていた。鈴木英隆「朝鮮海域に出撃した日本特別掃海隊：その光と影」、『朝鮮戦争と日本』（日本防衛省防衛研究所編、二〇一三年）、一一七頁を参照。鈴木論文の注釈二七に引用されている大久保武雄『海鳴りの日々――かくされた戦後史の断層』（海洋問題研究会、一九七八年）の二〇九頁を参照。〈http://www.nids.go.jp/publication/mh_tokushu/pdf/mh004.pdf〉（二〇

一三年一〇月二八日アクセス）
（3）ジェイムス・E・アワー著、妹尾作太郎訳『よみがえる日本海軍　海上自衛隊の創設・現状・問題点』（上）（時事通信社、一九七二年）、一二三頁。James E. Auer, *The postwar rearmament of Japanese maritime forces*, 1945-71 (New York: Praeger Publishers, 1973), p.66.
（4）Curtis A. Utz, "Assault from the Sea: The Amphibious Landing at Inchon", in *The U.S. Navy in the Korean War*, ed. Edward J. Maroldaed (Annapolis, MD: Naval Institute Press, 2007), p. 76.
（5）毛沢東「在全国政協一届二次会議上的講話」における閉会の辞を参照。『毛沢東文集』第六巻（人民出版社、一九九九年）、七九頁。
（6）毛沢東「不要四面出撃」、『毛沢東文集』第六巻、七三頁。
（7）金東吉「中国人民解放軍中的朝鮮師回朝鮮問題新探」、『歴史研究』二〇〇六年第六期、一〇三頁。
（8）毛沢東「中国人民志願軍応当和必須入朝参戦」、『毛沢東文集』第六巻、一〇三頁。
（9）「ウォルター・スミス米中央情報局長官による大統領宛の備忘録」（一九五〇年十一月一日）*FRUS, 1950. Korea*, Vol. VII, pp.1025-1026. 〈http://digital.library.wisc.edu/1711.dl/FRUS.FRUS1950v07〉（2013/11/17アクセス）
（10）Bruce Cumings, *China's Intervention in the Korean War and the Matrix of Decision in American Foreign Policy*, a paper for the conference 'China and the Cold War' in Bologna, Italy, September 16-18, 2007.
（11）軍事科学院軍事歴史研究所著『抗美援朝戦争史・修訂版』（上巻）（軍事科学出版社、二〇一一年）、三〇三頁。
（12）一九五〇年八月二七日付の「周恩来外長致美国国務卿艾奇遜電――厳重抗議美国侵略朝鮮軍隊的軍用飛機侵入我国領空并掃射我国人民」及び「周恩来外長致聯合国安理会主席馬立克及秘書長頼伊電――要求制裁美国侵略朝鮮軍隊的軍用飛機侵入我国領空的厳重罪行」を参照。『中美関係資料彙編』第二輯、（上冊）（世界知識出版社、一九六〇年）、一四六―一四九頁。
（13）伍修権による一九五〇年十一月二十八日の国連安保理における講話を参照。『中美関係資料彙編』第二輯、（上冊）（世界知識出版社、一九六〇年）、三〇九頁。

(14) 毛沢東「中国人民志願軍必須越過三八線作戦」、『毛沢東文集』第六巻、一一四頁。
(15) 『毛沢東文集』第六巻、九三頁。
(16) 『毛沢東文集』第六巻、一八二―一八六頁。
(17) 「仁川上陸前に中国部隊が後方防衛を行っていたら人民軍の主力は前線での勝利を確実なものにできたはずであり、仁川上陸後に中国部隊が三八度線に防衛線を引いていれば敵軍の北進を阻止できたはずである。しかし十月初旬に人民軍主力は壊滅状態にあり、さらに三八度線が突破された段階においては中国部隊が参戦する好機はすでに失われていた。」沈志華「難以作出的抉擇」、沈志華編『一個大国的崛起与崩壊』（下）（社会科学文献出版社、二〇〇九年）、八四五頁を参照。
(18) 毛沢東「在全国政協一届三次会議上的講話」、『毛沢東文集』第六巻、一八五頁。
(19) 毛沢東「在成都会議上講話」（一九五八年三月）、『毛沢東文集』第七巻、三七四頁。
(20) 毛沢東「中国革命的戦略問題」（一九三六年十二月）、『毛沢東選集』第一巻（北京、人民出版社、一九六八年）、一五八頁。『毛沢東選集』第一巻（日本語訳）（外文出版社、一九六八年）、二五五頁。
(21) *The Origins of the Korean War* (Princeton University Press, 1991) を出版して以降、ブルース・カミングスは朝鮮戦争に関する多くの著作を発表しており、この問題にも別の側面から触れている。最近の著作には *The Korean War: A History* (Modern Library Chronicles, 2010) がある。
(22) 「中国国民党秘書処向蒋介石呈文」（中国国民党党史会韓国档016-26-5）では、国民党の金九に対する特別援助、そして国民政府が朝鮮半島の政局に関与する際のチャンネルとして金九に期待を寄せていたことが明言されている。（石源華、蒋建忠編『韓国独立運動与中国関係編年史』（下）、一五〇五―一五〇六頁から再引用）。「韓国の全境を査べるに、美蘇分別して控制するの下に在り、其の国内の態勢、我が国従りて干預する無し。惟だ蘇聯と中共とは沆瀣一気にして、遂に延安扶植するの韓共分子をして、北韓に在りて勢力を占用するを為さしむ。反りて我が中央扶植するの金九の輩を観るに、南韓に入るの後、竟に未だ重大作用を起こす能わず。もし将来美蘇時を同じくして撤退すれば、則ち所有の南韓の民主勢力、其の北韓の赤潮の淹滅する所と為らざる者は幾ど希なり。」

（23）金九は『白凡逸志』にて、臨時政府の現状維持を望む立場から次のように述べている。「米国の主張によれば、ソウルではすでに米軍政府が成立しているため、帰国は個人名義でしか認められず、臨時政府の名義での帰国は許されなかった。我々はどうすることもできず、各自個人の資格で帰国することを決めた。」金九著、宣徳五、張明恵訳『白凡逸志』の附録「白凡金九先生年表」（重慶出版社、二〇〇六年）、二四九頁を参照。
（24）蔣介石がルーズベルトの提出した中国による琉球接収の問いに対して最終的に積極的な対応を取らなかったことも、米国の戦後秩序構想をはっきりと理解していたからであり、できるだけ米国との間で問題を引き起こさないよう望んでいたからである。拙著『東西之間的西藏問題（外二篇）』（北京、三聯書店、二〇一一年）の下篇、「琉球与区域秩序的両次巨変」を参照。
（25）*Foreign relations of the United States: diplomatic papers, 1945.* (The Far East, China), Volume VII, pp. 882-883. http://digital.library.wisc.edu/1711.dl/FRUS.FRUS1945v07（2013/10/24アクセス）
（26）曹中屏、張璉瑰等編著『当代韓国史　1945―2000』（南開大学出版社、二〇〇五年）、四二頁。
（27）姜万吉著、陳文寿、金英姫、金学賢訳『韓国現代史』（社会科学文献出版社、一九九七年）、一九四頁。
（28）『当代韓国史　一九四五～二〇〇〇』、六〇頁。
（29）金九著、宣徳五、張明恵訳『白凡逸志』の附録「白凡金九先生年表」（重慶出版社、二〇〇六年）、二七四頁を参照。
（30）毛沢東「関心大衆生活、注意工作方法」、『毛沢東選集』第一巻（人民出版社、一九六八年）、一二二―一二三頁。「大衆の生活に関心をよせ、活動方法に注意せよ」、『毛沢東選集』第一巻（日本語版）（外文出版社、一九六八年）、一九八頁。
（31）沈志華「新中国建立初期初期蘇聯対話経済援助的基本情況―来自中国和俄国的檔案材料」（上、下）（『俄羅斯研究』二〇〇一年一期：五三―六六頁、二期：四九―五八頁）にて提供された資料に基づき、温鉄軍は中国の第一次五カ年計画時期の工業化プロセスを「二大超大国の地縁戦略の調整によって制限されると同時に、戦略的な外資投入によって客観的に主導された中国工業化」とまとめている。「全面的ソ連化」とも称される工業化が、一九五二年に制定された第一次五ヶ年計画によってではなく、一九五〇年の朝鮮戦争勃発後におけるソ連の全面的な対中援助によって開始されたとしている。温鉄軍『八次危機』(東方出版社、二〇一三年)、一〇―四四頁を参照。
(32) 毛沢東「組成中国人民志願軍的命令」、『毛沢東文集』第六巻、一〇〇―一〇一頁。『毛沢東選集』第五巻(日本語版)(外文出版社、一九七七年)、四三頁。
(33)「極東軍司令官(マッカーサー)から米陸軍部宛」、*FRUS, 1950. Korea.* Vol. VII, pp. 1630-1633を参照。
(34)『毛沢東選集』第四巻(人民出版社、一九六八年)、一〇三二頁。『毛沢東選集』第四巻(日本語版)(外文出版社、一九六八年)、二〇頁。
(35)『毛沢東選集』第四巻、一〇九〇頁。『毛沢東選集』第四巻(日本語版)(外文出版社、一九六八年)、一二五頁。
(36)『毛沢東選集』第一巻(人民出版社、一九六八年)、一六六頁を参照。『毛沢東選集』第一巻(日本語版)(外文出版社、一九六八年)、二六七頁。
(37)『毛沢東選集』第二巻(人民出版社、一九六八年)、四四五頁。『毛沢東選集』第二巻(日本語版)(外文出版社、一九六八年)、一九七頁。
(38)『毛沢東選集』第一巻、一五五頁。『毛沢東選集』第一巻(日本語版)(外文出版社、一九六八年)、二六六―二六七頁。

訳者注

原題は汪暉「二十世紀中国歴史視野下的抗美援朝戦争」(『文化縦横』二〇一三年十二月号収録)

付記

本論はすでに『現代思想』二〇一四年十一月号に掲載され、その後、加筆されて汪暉著・丸川哲史編訳『世界史のなかの東アジア　台湾・朝鮮・日本』(青土社、二〇一五年十月)に収録された。この単行本収録版を完成バージョンとするが、ここでは、紙幅の関係上『現代思想』二〇一四年十一月号から転載している。その際、誤植や注の文献情報についての誤りは訂正した。

3. グローバリズムと漢字文化圏をめぐる文化政治

「ベトナム戦争」×「日韓国交正常化」という記憶装置から

高榮蘭

「英語」の侵犯をめぐる攻防

近年、「漢字文化圏」あるいは「漢文文化圏」[1]という言葉を耳にすることが多い。私がいわゆる「国文学‐日本文学」という領域と関わりを持っているからなのだろうか。「漢字文化圏」「漢文文化圏」をめぐる議論は「日本文学‐研究」への危機感から出現しているように見える。その最もわかりやすい例が、二〇一二年十二月の季刊『アナホリッシュ　國文学』の創刊号である。「アナホリッシュ」という名は、相次いで長期休刊に追い込まれた「国文学」関連の雑誌、学燈社『國文学』や至文堂『国文学　解釈と鑑賞』などの「復刊」ではなく、「國文学」「再生」への意思表示だという。その意味を込めて、創刊記念特集は「万葉集」をとりあげることにし、「座談会　漢字文化圏と古代日本――ユニバーサルな文化現象としての漢文訓読と万葉歌の書記」を最初のページに配置したようである。上記の座談会のタイトル「漢字文化圏」の副題は、古代日本をめぐる言説にありがちな日本独自の、日本固有の、日本の誇るべきなどではなく「ユニバーサルな文化現象」が使われている。

座談会の司会であった品田悦一による趣旨説明は、「二十世紀の末くらいから、日本文学、特に古典の研究が振るわなくなってしまいました。若手が育っていない――というより、そもそも人材がリクルートされてこない。これは研究が振るう、振るわない以前の問題で、世間の人たちが日本文学とか国文学という世界に関心を持たなくなってしまった」という嘆きから始まっている。その理由を、かつて万葉集の地位を支えていた「古典を日本文化の精髄と捉えて、日本人としてのアイデンティティーの拠り所を古典に求める、というような愛着の持ち方」が「グローバル化の進行する中で若い人たちに訴えなくなった」ところに求めている。このような状況を打開するための方法として「日本の古典全般についても、グローバルな視座から見直していく」必要があると述べながら、『アナホリッシュ　國文学』創刊号は「現代性」「国際性」を二つの柱にしていると紹介した。

ここで「グローバルな視座」の獲得のために求められているのは「東アジア」という空間的な想像力に他ならない。国民国家の境界に歴史というファクターを導入し、「漢字」を媒介とする文化空間の前景化からうかがえるのは、近代以前の東アジアの文化空間の「再生」が「國文学－古典」の再生につながるという考え方である。この座談に参加した、金文京、ディヴィッド・ルーリー、品田悦一に共通しているのは、東アジアにおける漢字の「普遍性」の忘却は、近代国民国家の出現以降の発想であるという考え方である。近代国民国家という制度、いや「近代」という言葉自体が、いわゆる「西洋」との交渉ぬきには語れないことを考えると、「國文学－古典」再生をめぐる議論が「近代」というベールを剝がすところから始められたのは当然のなりゆきともいえよう。

同様な方法で「漢字文化圏」という言葉は、英語を媒介とするグローバリズムの流れに経済的な側面だけではなく、日本の「文化的な伝統が圧迫されてしまう」[2]ことへの憂いから使われる場合もある。加藤周一と一海知義の対談「漢字文化圏の未来」で、加藤周一は「自分の国の文化的根幹、基礎、アイデンティティを守るためには、国際語の無制限な進出を、そのまま看過できない」と述べながら、国際語としての「英語」に対抗するために「中国と韓国と日本、東北アジアにおいては、少なくとも半分国際的な言葉であるところの、筆談可能な言語を復活させたほうがいいのではないか」と主張した。その代案というのが言うまでもなく、漢字文化圏構想である。岩波『世界』の二〇〇〇年六月号に掲載されたこの対談は、新たに到来した二十一世紀をめぐる企画と並ぶ形で位置づけられている。また、すでに存在する「漢字文化圏」を再確認するのではなく、漢字文化圏に入っていた「ヴェトナム」の記憶までをホー・チミンの『獄中日記』(一九四二―一九四三年)を媒介に呼び起こしながら、もはや魯迅が中国の自然科学の遅れの原因を漢字に求め、「漢字滅びずんば中国必ず亡びん」(一九三五年)と述べていた時代ではないことを強調している。

最初の『アナホリッシュ　国文学』の座談会でも、『世界』の対談でも、共通してみられるのは、「近代」抜きの「古代」と「現代」の往還、あるいは「近世」と「現代」の往還である。中国を中心に置きながら韓国や日本について語られる上記の対話の中で、「日本帝国」あるいは「植民地」という言葉が登場しないのは、ただの偶然だと言ってもよいだろうか。注目すべきは、「漢字文化圏」という言葉が「日本帝国」の記憶をどのようにとらえているかによって、温度差を伴う形で取捨選択の対象になっていることではないだろうか。

林少陽は、東アジアの漢字圏で共有しうる批評理論を模索した『「修辞」という思想』において、「「漢字文化圏」という用語を使わずに、「漢字圏」という言い方を採りたい」と述べた。「近代国民国家の制度としての近代的学問」形成過程で、「漢字圏思想史の革新概念であるはずの『文』と、その問題系にある『修辞』」が完全に消えてしまったことを厳しく批判している面においては、前掲の二つの雑誌で示された歴史的時間の問題と類似した構図を示しているようにみえる。しかし、林は「漢字文化圏」という言葉を使わなかった理由として、「東アジアという地域における微妙な差異に対する認識を隠蔽しかねないという危惧を意識しているから」だと述べつつ、この用語に内在している「排他的な欲望に対しても警戒しなければならない」と指摘している。林によって喚起されるのは「大東亜共栄圏」の記憶である(3)。

とはいえ、実際は「漢字文化奨励賞」が制定されるなど、「漢字文化圏」という枠組みの可能性を模索する動きは止まらない。岡島昭浩のように、「「漢字文化圏」のことを「同文同種・同種同文」という言い方でくくることが盛んに行われ」、「日本の植民地政策に利用されて」きたという過去の記憶を認識しながらも、それとは別のレベルで、「漢字文化圏」の可能性について考えようとする議論が多いのである(4)。だとすればそれは、同じ「漢字文化圏」に包摂されているはずの、韓国での「漢字」や「漢文」をめぐる記憶と、はたして、接続が可能な問題なのだろうか。

韓国近現代文学研究者である李恵鈴は「漢字語認識と近代語・文学のナショナリティ」について、日本での「同種同文」言説の屈折過程を詳細に調べた、Kazuki Sato の論文(5)を援用しながら、「アジアの覇権国家として君臨するようになった、日本の地位変動などが、中国に対する差別的かつ人種的な認識を誘発し、学校での「漢文」教育に対する批判と猛烈な反対を誘発した(6)」と指摘している。このように韓国の漢字、漢文、漢字文化圏をめぐる議論もやはり、「近代化」の問題を抜きには語れないのだが、そこには日本の植民地支配の記憶が深く刻まれているのである。しかも、日本による植民地支配が強化される過程で、漢字使用を制限しようとする動きが出たというのである。それに対し、日本での漢字文化圏をめぐる企画には、古代から近世までの記憶をいま・ここに召喚し、そこから二十一世紀のための、新たな枠組みを見出そうとするベクトルの方が強く見られる。そのズレをどのように考えればよいのだろうか。このようなズレを見落としたまま、グローバリズムの象徴として「英語」に対抗するための、アジアの「漢字文化圏」という考えが「東アジア」を束ねる媒介になりうるのだろうか。

そもそも「漢字文化圏」という言葉は、一九六三年から六六年にかけて刊行された、『日本語の歴史』(平凡社)の編者であった亀井孝の造語である。(7) 亀井が、『日本語の歴史』第二巻(一九六三年)に収録された河野六郎の論文のタイトル「〜漢文化圏」という言葉を「ひろがりゆく漢字文化圏」へと書き換え、河野自身も、同論文を単行本に収録する際に、そのまま使用したことに由来する。本稿では、日本で「漢字文化圏」という言葉が作り出され、流通していた時期に、現在「漢字文化圏」という想像の領土に包摂されているベトナム、韓国、中国との国交正常化が行われていたこと、しかも、ちょうどその時間の幅の間に、ベトナム戦争をめぐる議論が日本語の空間に溢れていたことに注目したい。「漢字文化圏」という造語が誕生していた時期の言説の力学を踏まえながら、この言葉が現在、二十一世紀以後という未来形で語られ、グローバリズムへの対抗の文脈で消費されていることの問題について考えてみたい。

「漢字文化圏」という造語の浮上

まず、はじめて「漢字文化圏」という言葉が使われたという河野六郎「ひろがりゆく漢字文化圏」に注目してみよう。ここで、漢字文化圏は「アジアの古代史にひときわ光彩を放つこのシナ文化が、〈漢字〉をともないながら周辺の諸民族に波及してゆく」ことによって形成されたと説明されている。すなわち、漢字文化は、古代中国、とりわけ「漢民族」の武力的な勢力拡張と軌を一にして広がっていったというのである。

このような「漢字文化圏」物語からは二つのパターンを見出すことが出来る。

一つ目は、「漢字文化」伝番の担い手としての「中国」を空白にしている点である。漢民族による絶対的な影響力が「侵略」という言葉に重ねあわせられ、前景化されているが、実際の「中国‐文化」の内容に関する説明はない。この空白性ゆえに、「シナ文化をたくみに利用して自己の文化をやしない、漢字をその土語に適合させ」、独自の文化の形成が出来た「日本」対「それが実現しえなかった他の漢字文化圏の国々」という位階の構図が出現するのである。この位階構図を作り上げる際に、いま・ここの「中国」という言葉は空白となり、文字として刻まれることはない。ベトナムや北朝鮮のように、漢字が廃止されている地域でさえ「核心には、深くシナ文化が根をおろして」いるのに対し、「日本語は、その表記に漢字を使う新しい方法をひらき、漢字をすっかり日本語に隷属させた」と記される。それによって、漢字への隷属からまぬがれた唯一の漢字文化圏の国として「日本」が浮き彫りになるのである。

二つ目は、歴史的な時間としての「近代＝日本帝国」の記憶を空白にしている点である。「古代」から「近代」以前に至るまでの、漢民族の武力による漢字文化圏の拡がりについては、詳細な記述が見られる。しかし、特定の地域における近代化の問題については触れないのである。例えば、北朝鮮については、一九四九年の漢字使用廃止以後を中心とする若干の言及があるだけであるが、同じように漢字使用が廃止されたベトナムについては、中国による支配から一八五八年の清・仏による天津条約へ、さらに、それが一八八五年六月の第二次天津条約以後の方に接続される。すなわち、ベトナムに対するフランスの植民地支配の問題が漢字文化に与えた影響を際立たせながらも、北朝鮮に対する日本の植民地支配が与えた影響には一切ふれないのである。一方、韓国については、日本帝国による植民地支配の問題は省略されたまま、一四〇〇年代の朝鮮の諺文《オンムン》（ハングル）に関する記述が、いきなり一九四八年十月のハングル専用法以後の問題系に接続されてしまう。

李恵鈴は「アジアを掌握しようとする日本の国語運動」が「漢字廃止を軸とする国字改革への欲望」をあらわにし「中国文明圏からの離脱に向かっていた」ことを踏まえながら、以下のように指摘した。

日帝植民時代に、ハングルを主人公とする語りには、同じプロットがあった。しかし、〈受難〉段階の悪役が漢字だけに担わされていた点は違っていた。〈ハングル〉の純正なナショナリティと近代語としての資格を保証する、否定的な参照項は、日本語ではなく漢字であった。(8)


このようにアジアにおける「漢字」使用の流れに生じた変化は、「中国＝漢字」の否定の上ですすめられた、日本帝国による侵略戦争や植民地支配の問題抜きには語れないのである。

しかし、河野六郎は、「日本」の漢字文化の歴史を語る際にも、日本が近代以後、漢民族の代わりに「漢字文化圏」の支配者として君臨していたことについてはふれない戦略をとっている。それによって、日本帝国の記憶抜きの「日本（語）の歴史」が編成されていく。河野が植民地朝鮮の京城帝国大学の教員であったこと、小倉進平とともに朝鮮の方言や朝鮮漢字音研究の土台を作ったことを考えると、彼自身の植民地での位置を空白に処理していると言わざるをえない。しかし、これは、ただ、河野の論だけの問題ではない。

編集の過程で、河野の「漢文化圏」を「漢字文化圏」に修正した亀井らによる『日本語の歴史』は一九六三年から六六年にかけて、全七巻＋付録の構成で刊行された。漢字文化圏という言葉を編み出したこのシリーズの「刊行のことば」で亀井は、「私たちが念願したことは日本語を日本民族のことばとして、正しく把握することにあった」と述べている。今は東アジアという領土への想像力を喚起させるものとして使われる「漢字文化圏」という言葉が、実際は「日本民族－日本－日本語」という内向きの思考の連鎖を編み出す過程で誕生したものだったと言わざるをえない。このような内向きの枠組みで書かれた『日本語の歴史』は大きな反響をよんだ。それは、このシリーズが、刊行からわずか二年も満たない間に九版まで増刷しているところからもうかがえる。また、河野の論から見られる二つの構図が藤堂明保「漢字文化圏の形成」(『岩波講座　世界歴史』第六巻、一九七一年一月)のような、同時代の他の「漢字文化圏」物語にもみられるなど、影響力を持ちはじめる。

このような「漢字文化圏」語りの構図を、ただ「日本語の歴史」という枠組みに限定すべきではない。この時期はベトナム戦争が本格化しており、ベトナムと日韓国交正常化の動きが同じ紙面に並ぶことが多かった。漢字文化圏という枠組みに包摂されているベトナム・日本・韓国などの言葉がすべて使用されるベトナム戦争をめぐる言説が「漢字文化圏」議論と同時代に出現し、交錯していたのである。だから両方の言説の力学を合わせて考えることは避けて通れないのである。

韓国の日本文化ブームとベトナム戦争

「漢字文化圏」について語る際、多くの論者は、「漢字」を媒介とするコミュニケーションの可能性、いわゆる「筆談」を肯定的に捉えている。しかし、意思疎通の手段という側面から考えるなら、日本帝国の支配から二十年も経っていない東アジアにおいて、わざわざ筆談という手段を選ぶ必要はない。なぜなら、もっとも力をもった共通言語の一つだった「日本語」の効力が残っていたからである。もちろん、それには支配の形態や支配期間による偏差が存在することを忘れてはならない。このような「日本語」の問題を不可視の

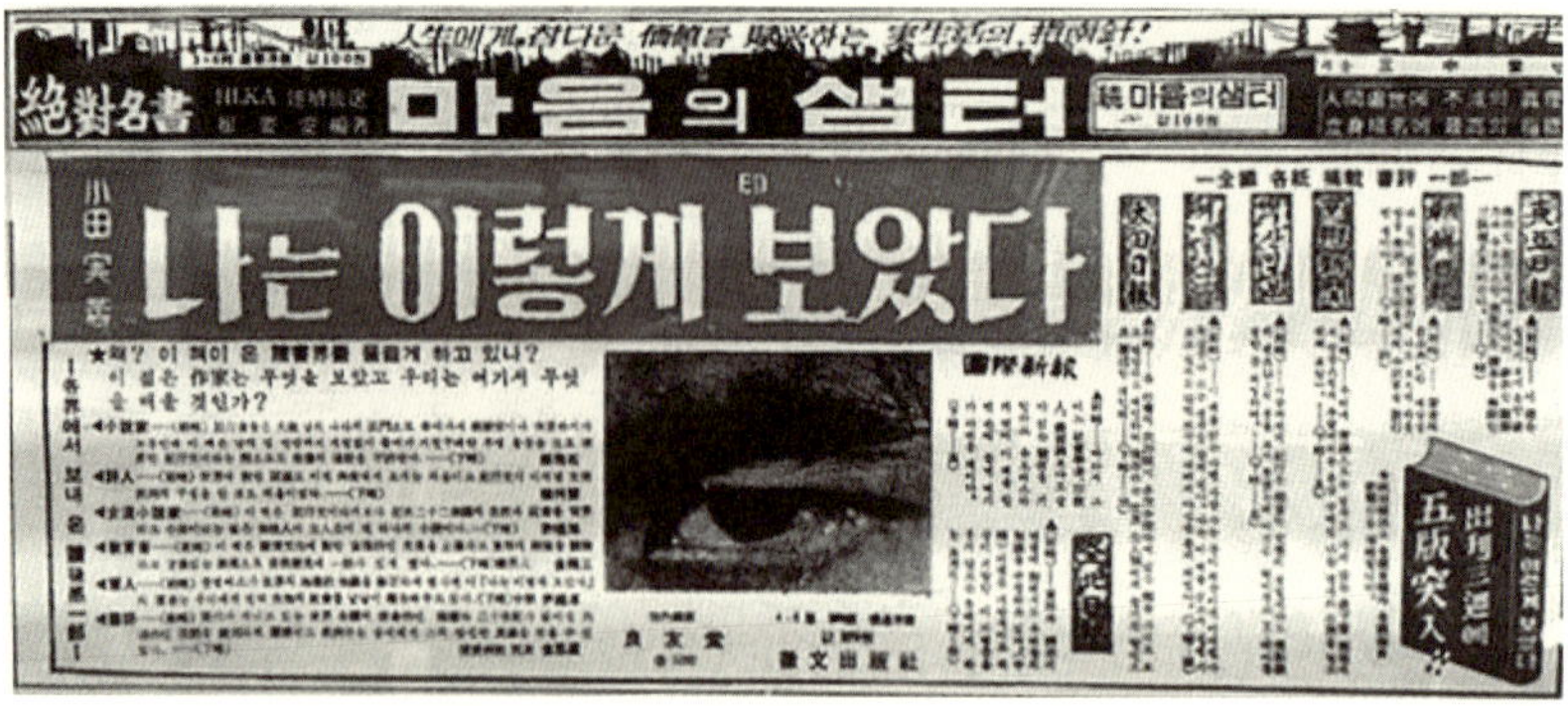

『何でも見てやろう』韓国語版の広告（『京郷新聞』1962年9月26日）

領域に追いやり、東アジアにおける音声言語による会話の難しさを強調し、「筆談」を打ち出すことは、先述した「日本民族－日本－日本語」の連鎖を強く意識した「漢字文化圏」の枠組みを補完することになる。しかし、問題はそれだけではない。

「漢字文化圏」が、一九六三年に造語された言葉であることをもう一度確認したい。同じ年、小田実は、韓国政府から「八月一五日式典」に招聘された。当時の韓国で小田実は、『何でも見てやろう』の著者として広く知られていた。小田は、一九五九年にフルブライト奨学金を得て、渡米した後、帰国用の航空券と二〇〇ドルで世界一周の旅行をしている。その時の経験をまとめた『何でも見てやろう』（河出書房新社）を一九六一年に出版し、大きな反響をよんだ。翌年（一九六二年）の八月には韓国でも刊行（フェモン出版）された。海賊出版であったが、出版直後から非小説部門の一位となり、刊行から二ヶ月後の『東亜日報』には、「最短で最高の売り上げを記録した」（「活気を取り戻した出版界」一九六二年十月十八日）本として紹介された。この記事には、「わずか二ヶ月で五版を重ね、六版に入った段階で二万部を売り上げているが、殺到する注文に対応できない状況」であると記されている。ちなみに、小説部門の一位は石坂洋次郎の『家庭教師』であった。当時、新聞の書籍総合ランキング欄には、「1、2位はすべて日本のもの」(『京郷新聞』一九六二年九月二十一日)、「再び勢いづいた日本語翻訳書」(『京郷新聞』一九六二年十月十五日)という見出しが踊っていた。小田の本は、一九六三年に入ってからも売れ続けた。

小田は、「〈軍事政権〉の招きに応じることは、私にとって一つの決意であった」と述べ、以下の条件付きで参加を受諾したと記している。


帰国後、私は見、聞き、思った通りのことを書き、述べるだろう。私はそんなふうに念を押した。もちろんけっこうです、という答が返って来た。十日間ののち、ひとりでぶらぶらしたい、いいか——よろしいです、と公報部の人は答えた。後者は実際その通りになった。十日間ののち、私は二十日、韓国にいて気ままなぶらぶら旅行を試みたが、一切の行動は完全に自由であった。

(「それを避けて通ることはできない——韓国・その現実と未来」、『中央公論』一九六三年十一月号)


一九六三年、韓国の独立記念式典に招聘された小田は、十日間の公式日程の後、二十日の間、「通訳」なしで、外国からの観光客がほとんど訪れることのない韓国の地方都市や農村などを旅行した。『中央公論』に掲載された「それを避けて通ることはできない——韓国・その現実と未来」は、その時の記録である。このエッセイは韓国語訳され、『京郷新聞』に「韓国も見た」というタイトルで、一九六三年十月二十四日から十一月十四日の間に、全九回にわたって掲載された。

このエッセイによると、一九三二年生まれの小田とほぼ同世代の三〇代、そして、その上の世代の多くが日本語での会話が出来た当時の韓国の状況は、彼にとって決して居心地のよいものではなかったようである。

「これだって、昔の総督府ですよ」それからしばらく、「昔の……」がつづいた。韓国の人も同じことばを使った。三十歳以上の韓国人はもちろん日本語を流暢に話すが、彼らと英語で話すときと日本語で話すときには、微妙な差異があった。一口に言うと、英語で話すときには「昔の……」が飛び出さないのだが、日本語での場合には、「昔の……」がそれこそ過去の重苦しい記憶、歴史の重みをぞろぞろとその背後にひきつれて現われ出て来るのだった。おそらく、母国語で話すとき、人は母国の歴史の文法に組み込まれてしまうのだろう。十日間の公式日程での「公式語」はわが混成チームとのかねあいもあって、英語だったが、ふつうなら相手が判るときには日本語で話すことを選ぶはずの私も、ときとして、英語で話すほうをありがたいと思うときさえあった。日本語ではちょっと言えないようなことも英語でなら平気で言える――私はその経験を生まれてはじめてもっとも痛切なかたちで味わった。つまり、英語で話すとき、「昔の……」を切り離したところで、問題を論じることができたのである。

（「それを避けて通ることはできない――韓国・その現実と未来」、前掲）

直接的な会話が可能な「日本語」に刻印された「過去」を切り離す方法として、「英語」が選ばれている。このような感覚が、「漢字文化圏」という造語が作られた一九六三年のものであることを確認しておきたい。大阪生まれ、「それも在日朝鮮人が多く住む地区のそば」で育ったという小田すらも「昔の……」という言葉に遭遇し、困惑するこの場面は、同じ時期のベトナム戦争をめぐる議論にみられる「韓国」対「ベトナム」、「日本」対「ベトナム」の線引きと類似した構図を持っていることに注意しなければならない。読売新聞の特派員であった日野啓三は『ベトナム報道』（現代ジャーナリズム出版会、一九六六年）で「たしかにここはアジアである。それも漢字、儒教、大乗仏教など、中国文明の同じ影響下にあった国として、日本、韓国、ベトナムはいわば中国文明圏に属する地域である」と述べている。よく知られている通り、植民地朝鮮で小中学校時代を過ごした日野は、読売特派員としてソウルに赴任し、一九六〇年「四・一九」学生運動などを取材した経験を持っている。一九六四年十二月、日本のメディアが本格的にベトナム報道体制作りに乗り出した時期にベトナムに渡った彼は、ベトナムと同じ「文明圏」に属していることが「日本人特派員の何よりの有利な条件」であったと述べていた。ベトナム人記者は、「日本人記者にはほとんど同族の親近感めいた感情をもっていたようだ」などの表現で、ベトナムと日本の親密さを強調している。一方、「韓国軍がサイゴン川に上陸して、歩武堂々と行進してくるのを眺めながら「外国人雇い兵どもめが」とぺっと地面に唾を吐いてみせた」逸話などを取り上げながら、ベトナムと韓国の間にある埋められない溝について言及している。

それは、ベトナム反戦活動を牽引していた媒体の一つである『週刊アンポ』の亀山旭「ベトナムの韓国兵」（第六号、一九七〇年一月二十六日）からも確認できる。「当時、日本人記者はアメリカ人記者や韓国人記者と違い、サイゴンでも地方でも、かなり自由に取材できた」が、特に「地方に出かけるときは車のフロントグラスにベトナム語で「報道」を意味する「BAOCHI」の標識とともに、日の丸をつけた」と述べている。ベトナムの戦場で「日の丸」がお守りとして機能していたことは、他の従軍記にも多くみられる。亀山が、ベトナム戦争が終わりを迎えていた一九七二年に、日本が「南ベトナムに派兵していないことを金科玉条のように思いこみ、ベトナム人が日本人を高く評価していると考えるのも、また思い上がりだった」（『ベトナム戦争――サイゴン・ソウル・東京』岩波新書）と述べているように、ベトナム戦争報道には日本帝国の記憶、とりわけ、侵略的占領に対する賠償すらも、肯定的に解釈する回路が作られていた。

開高健（『ベトナム戦記』朝日新聞社、一九六五年）[9]が、ダニム川をせきとめて賠償のアース・ダムをつくった日本工営の人から、NLPとの交渉の際に、「われわれは日本人である。賠償でダムをつくっている。ベトナム戦争には何の関係もない」と語り、ダム工事が「この国を益する」行為であると相手を納得させたという話を紹介している。それは、小田実の韓国旅行記とはかけ離れた構図である。小田は、「他の国では、中近東の物騒な田舎を歩いていたときでも、なんと言えばいいか、たとえばそこで暴動が起り、無政府状態となっても、「私は日本人だから」大丈夫だという意識があった。韓国では、逆だった。東海岸の三陟《サムチョク》では、日立の人たちが六十人ほど合宿生活をして発電所をつくっていたが、その人たちは、そうした恐怖感を口々に言った。「いつでも、みんなに監視されているような気がするのです」」と述べている。

「ベトナム」を媒介に、侵略戦争の主体である「アメリカ」やその「傭兵」である「韓国」とは違う「日本」、すなわち「ベトナム」と親密圏にある「日本」の前景化は、わずか二十年前には、日本帝国軍の兵士として、北ベトナムに上陸した可能性のある「植民地朝鮮出身の兵士－韓国軍」との記憶を後景に追いやることによって実現するものである。このような枠組みとパラレルな形で、ベトナム、韓国をはじめとする、アジアの国々との国交正常化は実現する。しかし、それが日本によるアジアへの新たな経済的な膨張をめぐる免罪符として機能していたことを見逃してはならない。「漢字文化圏」構想は、このような言説の力学が動いていた時期に浮上していたのである。

グローバリズムと「文化－文学」政治

日本語で「漢字文化圏」という造語が誕生した時期、植民地時代の記憶が生々しく残っていた韓国では、まさにそれゆえに、いわゆる「日本文化」「日本文学」が大流行していた。先述したように、小田実が韓国政府に招聘されたのは、彼の世界旅行記『何でも見てやろう』の海賊版がベストセラーになったからである。一九六五年九月二十六日『京郷新聞』には、日本語書籍の海賊版に関する批判的なコラムが掲載された。

読書の秋を迎えながら切実に感じることがある。日本書籍をまるで自分の創作であるかのようにそのまま書き写したり、原作者の著作権を侵害する出版を行う悪徳作家、悪徳業者に対する良心の喚起の問題である。それらを、いわば「海賊版」と呼んだりするが、今日われわれの中には、知性が麻痺した人々が多すぎる。（中略）日本人特派員の話を借りると小田実という日本作家は、一昨年韓国に来日した際、彼自身の本が「海賊版」として、もっとも売れていることに気づき、出版社を訪れ「厳重抗議」をした結果、いくらかの「海賊料」を受け取ることができたという。われわれの出版界は顔から火が出るほど恥ずかしい思いをしたのではないか。

このように、日本書籍をめぐる売り上げ競争だけではなく、日本書籍の剽窃や海賊版が盛んな現状を嘆いている。また、書き手側にも日本製であることを隠しながら剽窃を行う行為は、「日本」という商品の産出地の明記を超える形で、「日本文化－文学」の中身自体に読者の購買欲をそそる何かがあるという思いのあらわれである。ここでは、その代表的な被害の例として小田実の名前が使われている。
注目すべきは、上記のコラムが日韓国交正常化をめぐる激しい反対デモの最中に掲載されていることである。このコラムの二ヶ月前である七月十四日に「韓日条約批准同意案」が国会を通過し、八月二日には韓国の戦闘部隊の派兵が決定している。それ以来、韓日条約批准同意案をめぐる激しい反対デモが続き、このコラムの翌日には、ソウル市内に衛戍令が敷かれてしまう。恐怖政治のもとで、日韓国交正常化への反対運動は収束することになる。反対運動の流れの中で、「親日派」をめぐる記憶が浮上し、旧日本帝国への協力をめぐる本格的な研究がスタートする。その代表的な書物が林種國《イムジョンクック》『新日文学論』（平和出版社、一九六六年）である。

一九六五年日韓国交正常化交渉の後、日本文化を禁ずる措置が取られるまで、韓国は「日本文化‐文学」のお得意様であった。すなわち、「日本文化‐文学」の自発的な受容と「日本文化」が強制されていた過去の記憶の浮上は同じ土台の上で行われていたのである。日本で「漢字文化圏」という言葉が作られていた時期、韓国では「日本文化圏」とも言える事態が生じていたからである。両方のずれからもわかるようにいま・ここに出現している文化の領土性をめぐる議論に刻まれている歴史的文脈を不可視化する政治の力学を分析する必要がある。また、かりに「過去」に「漢字文化圏」の世界があったことを前提とする場合においても、そこに階層の問題が介在していることを見逃してはならないだろう。漢字のリテラシーを持っていたのは支配階級の周辺であり、漢字を軸とする歴史物語は、支配階級を頂点とする位階構図をそのまま内在化した議論になる危険がある。

本論の導入部で言及したように、文学研究という領域において、近年の漢字／漢文文化圏をめぐる議論は「日本文学‐研究」への危機感から出現する場合が多い。例えば、『アナホリッシュ國文学』の創刊号には「万葉集や、広く日本の古典全般についても、グローバルな視座から見直していくことが活況を取り戻す道になるのではないか」[10]などがそれである。だとすれば、ここで想定されている「日本の古典全般」をめぐるグローバルな視座のベクトルはどこに向かうべきなのだろうか。

グローバリズムあるいは東アジアが想定される際、その議論の宛先は、それぞれの国民国家の境界の外側になる場合が多い。しかし、グローバリズムはそのような境界に揺れをもたらし、異なる歴史的な記憶をもった人々の移動を誘発している。日本の外国人登録者数を見ると一九八〇年に七十八万二九一〇人であったのが、一九九五年には、一三六万二三七一人まで増えている。そのため、グローバリズムへの対抗策として、東アジアを強く意識した「漢字文化圏」構想が立ち上がる場合、「日本」という政治的な領土内には、自ずと言語をめぐる位階構図が出現する恐れがある。こういう議論を展開する場合、日本語をいかにやさしくするかというマジョリティー中心の思考を召喚する危険があるのだが、そのリスクを意識しながら、多様な対話のツールを探すための模索を続ける必要があるだろう。

注

(1)「《座談会》東アジア――漢文文化圏を読み直す」(『文学』隔月刊第六巻・第六号、岩波書店、二〇〇五年十一―十二月)、二頁。
(2)加藤周一の発言。加藤周一と一海知義の対談「漢字文化圏の未来」(『世界』岩波書店、二〇〇〇年六月)、一九〇頁。
(3)林少陽『「修辞」という思想』(現代書館、二〇〇九年)、一二頁を参照。
(4)岡島昭浩「「漢字文化圏」とは」(国際フォーラム「台湾における日本文学・日本語学の新たな可能性」セッション「漢字文化圏と〈古典〉」二〇〇四年十二月十二日)。
(5)Kazuki Sato, "Same Language, Same Race: The Dilemma of Kanbun in Modern Japan", ed. by Frank Dikotter, *The construction of Racial Identities in China and Japan*, Hawaii University Press, 1997, pp.118-135.
(6)李恵鈴『韓国小説と骨相学的他者たち』(韓国語、ソミョン出版、二〇〇七年)。
(7)亀井孝・田中克彦(インタビュアー)「国家語の系譜」(『現代思想』一九九四年八月号)。
(8)李恵鈴前掲書。
(9)NLP(National Liberation Front　民族解放戦線)のこと。当時の文献では、ベトコンあるいはVCと記されることが多い。
（10）金文京、ディビッド・ルーリー、品田悦一「座談会　漢字文化圏と古代日本——ユニバーサルな文化現象としての漢文訓読と万葉歌の書記」（『アナホリッシュ　國文学』創刊号、二〇一二年十二月号）。

4. 沖縄から開くアジア像
崎山多美の文学から

渡邊英理

再開発の「基地の街」で――路地裏の解体と文学的想像力

日本社会で、文学がもはや時代の全体性を代表しえないと言われてから久しい今日も、沖縄において、文学は重要な位置を占める表現活動としてあると言えるだろう。一六〇九年の薩摩藩による琉球侵攻、一八七九年の明治新政府による「琉球処分」を経て沖縄が積み重ねてきたのは、日本《ヤマト》（本土）との関係枠組みのなかで自己定義するよう強いられながら、同時にそこから疎外されるという経験であった。すなわち、沖縄における自己の「固有性」を問い返す試みは、概ね日本《ヤマト》（本土）を経由しなければなしえない構造におかれ、標準語《ヤマトグチ》（国語）で語る主体になる者として、語られる対象たる位置を余儀なくされる、いわば他者の言語体系の只中で追求されることとなった。そうした言語行為自体を問いながら、自らの「固有性」と、それを語る言葉を求めて紡ぎ出される。沖縄文学とは、その切実な自己表現の営みの総体のことである。

こうした沖縄がおかれた自己定義や表現の構図に、きわめて自覚的に、かつ批評的な強度で対峙するのが、崎山多美という作家である。[1] 標準語／沖縄方言、ヤマトグチ／ウチナーグチ、いずれとも異なる混交的かつ攪乱的な言語であり、同時に独自の文体とも言うべき特異なウチナー・ヤマトグチ。当てがわれた位置や立場をよしとせず、固定された磁場を軽やかにすり抜けながら、固有の言葉を創造しつづける崎山の小説は、規範化された「国語」の岸辺を侵食し、沖縄方言が負いがちな記号の連鎖も断ち切ろうとする水流の運動性の中にある。国家・民族・集団の歴史性が絡みつく所与の言語を異化しようとし、個別の声や文字が宿す固有の息遣いや肌触りを探し続ける。そのような崎山の小説世界が開示するのは、まずもって崎山という作家固有の、「わたし」をめぐる切実な自己表現だとひとまず言える。そうして、それが他なる者たちとの「重なりあう経験」(サイード)となり、「アジア」の時空が開かれる――そのような小説のひとつに、「孤島夢ドゥチュイムニ」はあるだろう。言わば、アジアの自他像を描く企てとして読まれうるこの小説の要にあるのが、ひとつの街である。

「孤島夢ドチュイムニ」は、文芸誌『すばる』二〇〇六年一月号に発表されている。小説の舞台は、「クジャ」と呼ばれる「マチ」である。「フェンス越し」に続く「昼寝中のヒト食い大虎ののけぞりを思わせるベースキャンプの広がり」を突っ切った「シマの内部」に位置する「クジャ」は、「戦後まもない占領時代のドサクサ、周辺の集落や離島やらからやって来て、半島の窪みに居着いたヒトビトが寄せ集まって出来上がった市《マチ》」である。「ゆったりのったりと流れるシマジマの歴史の記憶を暴力的に剝がされて成り上がった」この「マチ」の路地や路地裏《スージグア》には、かつては「戦場《イクサバ》を行ったり来たりするアメリカのヒータイターが」、「溢れかえ」っていた。こうした作中の「マチ」「クジャ」が携えるのは、現実の沖縄本島中部の街・コザの似姿だ。戦前の農村地帯から、戦後、アメリカ空軍・嘉手納基地と隣接する歓楽街として、一躍発展を果たしていく沖縄の「基地の街」、コザ。嘉手納基地の第二ゲート前から延びるゲート通りを回廊に開けた米軍基地の「門前町」が、コザだと言える。そのコザのあり方を、小説の中の「クジャ」は体現する。

それ以前、ほぼ三年近く新作の発表を行ってはいなかった崎山は、小説「孤島夢ドゥチュイムニ」を皮切りに、七篇の短編を断続的に発表している。(2) それらは、いずれも、コザと相似形と覚しき「マチ」を舞台とし、「クジャ連作集」と呼ぶべき緩やかなまとまりを持っている。事実、この七篇は、後に単行本『クジャ幻視行』（花書院、二〇一七年）の一冊にまとめられることにもなるのだが、嘱目すべきは、「クジャ連作集」の執筆が、現実のコザの姿を大きく変えた再開発の進行と期を逸にしていたことである。

嘉手納基地のゲートを基点とするゲート通りは国道三三〇号と交差する。コザの中心のひとつと言うべきその四つ辻は、胡屋十字路と呼ばれている。その十字路附近の再開発を図る「中の町・ミュージックタウン整備事業」と呼ばれる計画が、一九九五年に始動する。これは、沖縄米軍基地所在市町村活性化特別事業（通称・島田懇談会事業）を活用した「中の町A地区第一種市街地再開発事業」の計画で、総事業費七十一億円、十字路の一角に地上九階・地下一階のビルを建設することを中心におく。ビルは音楽広場を中核とする複合施設であり、現在、胡屋十字路のゲート側南角に建つ「コザミュージックタウン」が、それにあたる。二〇〇六年には、胡屋十字路に架かっていた歩道橋が撤去され、二〇〇七年には新たにスクランブル交差点が現れる。小説「孤島夢ドゥチュイムニ」が書かれたのは、ちょうど、その時期である。いままさに、かつてのコザの姿が失われるという時、小説家は自らの言葉でコザの記憶を掬い／救いとろうとし、言葉によって「マチ」を創出していく。まるで消しゴムで消すように路地を路地裏《スージグァ》を開発し消滅させようとする国家と資本の圧力に、崎山は文学的想像力で拮抗しようとした。こうした政治経済的圧政に抗う文字や声の歴史批判的可能性として「孤島夢ドゥチュイムニ」は読まれるだろう。

独り言《ドゥチュイムニ》の言葉の群れ——『人類館』と「孤島夢ドゥチュイムニ」

小説「孤島夢ドゥチュイムニ」（以下、「ドゥチュイムニ」と略記）から、まず読みとるべきは、沖縄がおかれ続けてきた構造への挑戦である。この小説に登場するのは一対の男女、二人である。「本土」の男と「オキナワ」の女。ただこの二人の対で展開されるこの小説で、地の文の「語り手」／視点人物となるのは一貫して男の側である。

男は、「風景」専門の「フリーの写真家」。「風景と風景が折り合わぬまま切り立つ場所」を「淵」と呼び、その「淵の風景」の「仕上げ」として「オキナワの北の端、辺戸岬」を撮ろうと、「本土」から「オキナワ」へとやってきた。しかしながら、乗り間違えたバスに運ばれ、男は当初の目的を外れた「クジャ」へと向かうこととなる。「クジャ」で初秋の雨に降られた男は、オーディオショップの軒先を借りる。そこで目にしたパンフレットに誘われ、男は「疲れ果てた路地のど真ん中」に「むっそりと立つアダルト専門の元映画館」へと辿り着く。廃墟のようなその建物の内部に、「劇団クジャ」の芝居小屋がある。男は、そこでオキナワの女——「高江洲マリヤ」の一人芝居を見ることになる。

男が目にしたパンフレットには、「覚えていますかあの時代を。憶い出してくださいあのマチをあのヒトを」のメッセージが記されていた。その言葉をなぞるように、オーディオショップから「アダルト専門の元映画館」へと至る男の道行きそのものが、音楽施設を備えたコザの現在から女たちの性の商品化と不可分な歓楽街としてあった過去へと遡行する時間旅行をやや劇画的な誇張を加えて示唆するものだが、後述するようにマリヤの一人芝居は、「クジャ」（コザ）という「マチ」の記憶を再なる複数性へと開いていく。

まず、ここでは男女二人の関係そのものが比喩する沖縄がおかれてきた構造を確認しておこう。「写真家」

という視ることそのものを職業とする男性は、視る主体・語る主体の本土《ヤマト》の代表としてあり、対して、視られ語られる側におかれ、女性化されてきた沖縄《ウチナー》としての「高江洲マリヤ」がいる。その構造は、「劇団クジャ」の芝居小屋にて徹底化される。演じ手の沖縄《ウチナー》の女は視られる側であり、本土《ヤマト》の男は、写真家という職業に加え、観衆という視る側に立つ。

「現実はカメラをもったハンターが追跡し、捕獲するエキゾチックな獲物である」――スーザン・ソンタグが言うように、「写真術はいつでも社会の高みとどん底に魅惑されてきた」。男がカメラを向ける沖縄は、「明る」さと「重」い「湿っぽさ」、「饒舌」と「だんまりの頑さ」、明と暗の両極に引き裂かれ、ソンタグが言うところの社会の「高み」と「どん底」を欲望の対象とするカメラの両義性そのものである。標準から隔たった「異」なる獲物を求めて、男は、カメラという銃を片手に狩りをする。「臆病心から」「人物を撮らない」という、写真家の男は、「逆に風景に見られている」と感じ、「被写体から拒まれていると感じながら撮る欲望を捨てることのできない」でいる。しかしながら、芝居小屋にて、男が、カメラを向けるや否や女に視ることを拒む抵抗に遭って、夢の中へと落ちこんでしまい、男は、ついぞシャッターを切ることができない。芝居後、男は、もはや「風景にカメラを向ける気は起きな」くなり、代わりに「劇団クジャ」が「最も盛況だったという時代」(一九七五年頃)の「団員十八名のモノクロの顔写真」から、「生身の彼ら」を感じたところで、小説は閉じられる。かくして、男にとって「風景」でしかなかった沖縄は、小説の最後、顔と身体を持った生身の「ヒト」の姿で立ち現れるに至るのだ。

風景から生身の「ヒト」へ。男にこうした「オキナワ」との出会い直しの契機を与えるのが、男が視るもの――劇と夢である。

劇と夢。この二つの視覚的対象は、この小説が孕む二つの間テクスト性の化身であるが、それはまた、男のまなざしに根本的な変化をもたらす触媒である。小説「ドゥチュイムニ」が引用し、変奏する二つのテクスト。そのひとつは、知念正真の戯曲『人類館』である。「一九七五年頃」に「最も盛況だった」「劇団クジャ」。こうした小説の「劇団クジャ」に読み手が想起するのは、沖縄の「日本復帰」直後にコザで活躍した演劇集団・創造であり、また、作中マリヤが演じる一人芝居とは、劇団・創造が演じた戯曲『人類館』の変奏であろう。「一九七五年の夏、国の内外から多くの要人や観光客を迎えて、いわゆる「日本復帰」後の最大のイベントとして県をあげて、むろん多くの批判もある中で催された沖縄海洋博が終わり、既に見越されていたとも言える宴の後の深刻な不況下の沖縄」[3]。そこで知念正真によって書かれ上演されたのが、戯曲『人類館』である。戯曲『人類館』は、実際の人類館事件をもとに作られている。一九〇三（明治三十六）年、三月から七月、大阪で開催された第五回内国勧業博覧会会場周辺に「学術人類館」と称する見世物小屋がたてられ、そこで、朝鮮、台湾高山、インド、ジャワ、トルコ、アフリカの人間とともに、琉球人の遊女《ジュリ》が、「学術資料」として展示された。これが、おおよその事件のあらましである。すなわち、「「琉球人」を含め様々な「土人」が陳列され」、「幾多の「異人種」たちを「奇観」として観察するという行為を通じて、高ヒエラルキーとしての「日本人」という主体を確定する装置として、「人類館」というパビリオンはあった」[4]。新城郁夫が論じるように、こうした「事件としての「人類館」からは絶対に聞き届けることのできな」い「言葉」を戯曲「人類館」は回復させている。すなわち、「失語的空白の中に置き去りにされていた人類館事件の当事者の中に、それぞれの現実を語るに相応しい言葉を蘇らすことの試み」として、この戯曲はある[5]。

崎山の小説「ドゥチュイムニ」は、こうした戯曲『人類館』の言葉の回復を継承している。しかしながら、戯曲『人類館』が、「調教師」、「男」、「女」から始発される三人劇であるのに対して、小説「ドゥチュイムニ」のマリヤが演じるのは女の一人芝居である。すなわち、男二人と女一人の三角形間の対話は、一人の女の独り言《ドゥチュイムニ》へと転じられる。この点で、小説「ドゥチュイムニ」は戯曲『人類館』に対し、ジェンダー的な差異を刻んでいると言えるだろう。

まず、小説「ドゥチュイムニ」で「失語的空白」に言葉が回復される「当事者」とは、「女」である。まさに学術人類館の展示の対象が琉球人の遊女《ジュリ》であったように、日本人という高ヒエラルヒーの対としての琉球人は女性ジェンダー化され他者化される。こうした琉球人を他者として女性ジェンダーするような表象の支配は、植民地主義の構造的暴力が、支配され収奪されるものとして女性の「性」を抑圧のシステムの中に組み入れていることと相似でありその証左である。「性の防波堤」として「性」を商品化することを余儀なくされた沖縄の女も登場させる戯曲「人類館」は、この植民地主義の暴力とともに、戦争と占領という構造的暴力が作動させる女性の「性」の支配と収奪を問題化していると言えるだろう。いずれも「調教師」という主体の位置につくことができる二人の「男」と他者化された「女」一人の三角形の図式において、戯曲『人類館』は、その抑圧のシステムをこそ現前化するものとも言える。

小説「ドゥチュイムニ」は、戯曲『人類館』が示す抑圧の構造で周縁化された女《イナグ》たちにより多くの声を与える。マリヤが語るのは、「フィリピン系アメリカ人米国軍人の落トゥシン子」である「アタシ」自身の記憶であり、また祖母・母・マリヤという三代の女《イナグ》たちの記憶である。「アメリカーのヒータイターを相手にイナグを調達する店の裏の貸家」で育ったマリヤの記憶は、苦難に満ちた母と祖母の生／性——「クジャ」の路地裏《スージグァ》で「アメリカのヒータイ」と交わって「マリヤ」を生みながら「マリヤ」を「捨てィホーリ」した「アタシの母親」の話《パヌス》と、「マチに出てきたばかりの頃に、ヤクザ男に掴まって男親のいない娘を一人生」み、その娘が「捨てィホーリ」したマリヤを女手一つで育てながら、「世替わり」で「突然強制され」た「道を渡るルール」を理解できずに車に轢かれて死んだ「オバァ」の話《パヌス》と絡み合いつつ語り明かされる。ベトナム戦争時、米兵が夜に「女ンチャーとタックァイムックァイする休憩地」たる路地裏《スージグァ》で育ったマリヤは、「オバァ」の死によって十三歳で「孤児」となる。当時、「オンナの子になったばかりの体」だったと語るマリヤの独り言《ドゥチュイムニ》の余白は、「孤児」となったマリヤが自らの「性」を商品化する行為と近しい場所で生き抜いてきたことも想像させる。さらに「マリヤ」は、レイプされた「姉ネー」の記憶も語っている。当時、四、五歳だった「マリヤ」は「口ではいうこともできないヒッドイ目」に遭い「ただ震えているだけのネェネェーの傍で一緒に座っていた」と言う。「国家の指令を受けたヒト殺しの請負人たち」が「乱闘をやらか」し「ひとりのイナグを奪いあったりうさばらしやら」する。米軍支配下で基地が建設され、冷戦の熱戦化に伴い、米軍の前線基地化された沖縄の「戦後」とは、戦争の継続に他ならなかった。「劇団クジャ」の一人芝居の主役とは、戦争という構造的暴力の痛ましい抑圧の中で支配され収奪される「性」としてある女たちの声である。

新城郁夫が指摘するように、戯曲「人類館」における「男」と「女」は、「「吐け!」という自白を強いる言葉と、「黙れ!」という沈黙を強いる言葉の両極に引き裂かれようとしながら、その間をくぐり抜けて」自らの生を言葉にしている。[6] こうした戯曲「人類館」で自らを語る男女の言葉の質は、山之口貘の詩「会話」を背後におくことで、より立体的に捉えることができる。ちょうど貘の詩「会話」で本土《ヤマト》の女の「お国は?」という問いに対する「沖縄人《ウチナーンチュ》」の男の「応答」が屈曲を帯びていくように、戯曲「人類館」の「男」「女」の言葉は予め答えが用意された「問い」として調教師が放つ「貴様は一体何者だ?」という「詰問」を攪乱していくからだ。[7] ゆえに、小説「ドゥチュイムニ」中の戯曲「人類館」の差異を交えた上演は、漠の詩「会話」を背景画にして行われる。作中の独り言を語る沖縄の「女」とそれを聞く本土の「男」の対は、問う本土の「女」と問われる・応答する沖縄の「男」という詩「会話」の構図のねじれを孕んだ反転である。煙草に火をつけ「すぱーすぱー」と煙を吐いて自らを語り始めるマリヤに対し、かつて「会話」の男は、「お国は?」の問いに「とにかく」「煙草に火をつけ」て言葉を絞り出したのだった。「会話」の男はマリヤの遠い祖先だ。小説「ドゥチュムニ」において、マリヤの言葉が独り言《ドゥチュイムニ》として発せられているかぎり、「答え」に先立つ「問い」そのものが、あらかじめ排除されている。マリヤは「詰問」されることも、「自白」を強要されることも、「沈黙」を強いられることもない。「饒舌のようでいて肝心な場面ではだんまりの頑なさを演じる」。何者かの言葉に従うことも、観客の歓心を引くこともせず、ただ一人自分のペースを守り自分のリズムでマリヤは語ろうとする。やめることも、話し続けることも、語ることも、語らないことも「女」の自由である。ただひとつ「女」自身の意志によってのみ紡がれる言葉。芝居を通じて「男」に、小説を通じて読み手に押し寄せるのは、その「女」の言葉の群れである。

夢の言葉の現実性――『孤島夢』と「孤島夢ドゥチュイムニ」

一方、小説におけるマリヤの劇は、夢の力とともに現れている。演じ手のマリヤが立つのは「二十四時間営業の漫画喫茶ふう」の「貧弱なセット」である。ゲーム台を前に抱え、そこにおくグラスのアイスコーヒーを飲みながら、マリヤは、煙草を吸って「すぱーすぱー」と煙を吐き、貧乏揺すりに片足を「ギッコン」「ギッコン」組み替える動作を繰り返す。マリヤの言葉が吐かれるのは、その「見当のつかぬ苛立つ動き」のあとのことだが、マリヤの動きは、男を、重く苦しい泥の夢へと拉致していく。

この夢という主題において浮上するのは、この小説が孕むいまひとつの間テクスト性であり、島尾敏雄の小説『孤島夢』の変奏であろう。

学徒兵として一九四四年十一月二十一日から翌年九月一日までの九ヶ月あまり、奄美の加計呂麻島に留まり、特攻隊長を務めた島尾敏雄。特攻に行きそびれ戦後も生きのびた島尾は、『死の棘』で描かれるような一九五四年秋以降に修羅場を演じた妻のミホとともに、一九五五年に奄美へ移住した。『孤島夢』（一九四六年）は、島尾の初期「夢もの」のうち最初期に書かれた三部作の一つに位置づけられるが、鈴木直子が言うように、この小説が「モダニズムとエキゾチズムの結婚」による「植民地主義の集積」を纏っていることは確かである。(8)視点人物は、島尾と相似形である「私」である。その「私」と島との邂逅は、「小型の戦闘戦で広い海原を航海」中に「南海にあるという孤島の島」にたどり着くといった、「ロビンソン・クルーソー」さながらの漂着の場面で始発される。「私」は、「あたかも大航海時代の船長のように、未開の島の発見者として、また珍しい風物・民俗・習慣の紹介者としてふるまいはじめ」「「ペンとカメラ」による地理的把握と命名への欲望」あらわに「未開」の土地を「発見」「開拓」し、名付け、「紹介」するといった植民地主義的な身振りを繰り返す。(9)「私」は、「島を訪れそして去っていく無責任な通りすがりの旅人」であり、島を支配する「超越者」である。(10)こうした「旅人」であり、「超越者」である島尾敏雄／「私」の姿は、崎山の「ドチュイムニ」の中に写真家の男として再来している。

「「タイチョウ」として君臨しながら同時に異空間に送り込まれた他者であり、下士官不足を補うためににわか教育で戦場に放り出された使い捨てのただの学徒兵でありながら同時に日本軍を背負わされた将校でもある、という二重の矛盾のなかで、死を待ちながら恋と文学に遊ぶほかなかったその日々(11)」。「加計呂麻でのあの九ヶ月の体験の、あまりの不可解さを、なんとか語り収めてしまわねば戦後という空間に一歩も足を踏み入れられなかった(12)」――奄美移住前の一九四六年当時、そんな島尾に必要とされたのが、夢であったと思われる。佐藤泉が言うように、「意識によっては接近不可能な真理を告げ知らせる場として」、「現実をより現実的に認識する作業として広義のリアリズム」に属する夢の方法を用いて、戦後の島尾は、その日々に迫っていくのだが、「性急すぎる戦争小説という側面」を有する小説『孤島夢』は、「不可解さを」「忘却の彼方」へと運ぶ「孤夢のまどろみ」であった。(13) その意味で、『孤島夢』の島尾において夢は見るものに他ならなかった。

対して、崎山の「ドチュイムニ」の夢とは、見るものではなく、男を襲うものである。それは、戦争という現実を忘却するのではなく、それを不断に想起させる、「広義のリアリズム」の媒介である。演じ手であるマリヤは、観衆である男を自らの眼差しで射貫き、自らの意思で言葉を紡ぎ、さらには泥の夢を介して熱戦の渦中に男を唆う。「咽返る暑気の中を泥水に足を捕られムッサイムッサイと湿地他を渡る影」「枯葉の積もる澱みをゆらゆらとうごめく影の行列」の泥の夢とは、「世界最強の帝国《テーコク》と貧乏《ヒンスー》アジアのゲリラ戦士が闘った泥沼のイクサ」の「ドブドロブッチャーのゲリラ戦」の形象化であろう。泥の夢の中において、その男は、紛うことなき「貧乏《ヒンスー》アジアのゲリラ戦士」の一人である。このとき男がたつことになる視られる位置、それは同時に撃たれる位置に他ならない。かくして、「本土《ヤマト》」の男は、自らが見る夢の中において、最も苛酷な視られる位置にたたされる。それは、すなわち、沖縄やベトナムが、そして「女」が置かれ続けてきた位置である。テクストの構造的論理に従えば、男を巻き込む泥の夢とは演じるマリヤの前におかれたアイスコーヒーのグラスの中であり、撃たれる位置とはマリヤが抱くゲーム台の中である。「そろそろゲームには飽きたさというように女は大アクビをかま」し、足を「ギッコンギッコン」組み替え始め、「白と黒褐色に分離したグラスの中の液体が女のぎくしゃくの動きに合わせて、どうんどうんと揺れた」。夢から覚める男が肌に感じる「水滴」とは夢の泥沼の「水滴」であり、アイスコーヒーの水滴でもあり、またオバァを亡くして泣き続けることで「フラー」（狂人）扱いされて以来、ただ「一滴」も垂らすことのなかったマリヤの涙の雫でもあろう。「水滴」は夢と現実《うつつ》の壁を破り、現在を薄皮一枚隔てた戦争へと接木する。

夢と「水滴」をめぐる、こうした小説の結構は、目取真俊の小説『水滴』の変奏として読むことができる。狭義の「リアリズム」をベースとするクリアーな文体で「現実をより現実的に認識する」「広義のリアリズム」としての夢を紡ぐ幻想譚の趣をも持つ目取真の『水滴』において、一人の老人が沖縄戦の記憶に向かい合う契機が「水滴」である。沖縄の老人・徳正の右足がある日突然腫れ上がり、足の親指の先から水が滴り出るようになる。やがて夜な夜な男たちの亡霊が現れ、徳正の足指に口をつけて水をすするが、彼らはみな兵隊だった。彼らは五〇年前の沖縄戦で、徳正が壕に置き去りにした負傷兵であった。毎夜の夢の中で徳正の足先から滴り落ちる「水滴」は兵隊たちの渇きを癒す。己の足先から滴る水を飲んで日々生気を取り戻していく戦友、石嶺を見て徳正はふと怒りを覚える。「この五〇年の哀れ、お前が分かるか」。それは紛れもなく過去を誤魔化し続けてきた自分自身に対する怒号である。だが石嶺は流暢な標準語で答える、「ありがとう。やっと渇きがとれたよ」。「水滴」は、徳正に置き去りにしてきた死者たちと出会い直させ、蓋をしてきた自分自身の後ろ暗い過去へ向かい合わせるのだった。

小説『水滴』の沖縄の老人が向かいあうのが自ら直接体験した沖縄戦の戦場であるのに対して、小説「ドゥチュイムニ」の本土の「男」が直面するのは、自らの加害者性に無自覚なまま加担していた戦争であり日常生活に潜む戦争である。小説「ドゥチュイムニ」の物語世界の現在は、ほぼ作品発表時である二〇〇六年前後と考えてよいが、その時点で三十九歳の「男」は一九六〇年代半ばの生まれと考えられる。すなわち、アメリカが全面的にベトナムに軍事介入をし、それに伴い沖縄の米軍基地がベトナム戦争の前線基地となり、コザが歓楽街として繁栄を極めていった時代に生まれたのが、この「男」である。日本の平和で豊かな戦後は、「アジア」の亀裂、分断、熱戦を相関項として成立し、戦後日本社会の経済的繁栄は、朝鮮戦争、ベトナム戦争など「アジア」の熱戦をばねとし達成された。そして、その「アジア」の熱戦の前線基地が、沖縄であった。しかしながら、そのような不均等な配置を「アジア」に敷いた「冷戦構造の受益者かつ主宰者」（丸川哲史）であった日本社会は、そうした自らが加担する戦争にも、不均等な構造にもおおよそにおいて無自覚で、その当事者性の自覚も欠落させた。[14] 小説「ドゥチュイムニ」の「水滴」が泥状態にあることは、戦争の渦の深奥をこそ現前させようとする小説の意思を表れであり、同時に「アジア」や沖縄との関係性を見えなくし、戦争を不可視化する無意識の壁の厚さを押し流すに足る力の大きさを形象化するものである。泥沼の「水滴」は、本土の「男」を「アジア」の戦場に拉致していくが、目取真の『水滴』ともつながるこのテクストにおいて、その戦場はまた沖縄戦のそれでもあるだろうし、アジア太平洋戦争におけるフィリピンやそのほかの「アジア」の戦場でもあるだろう。さらに精液の雨を浴びせる夢は、「男」を軍事基地の構造的暴力や戦時の性暴力に晒される女たちの位置にもおいている。くわえて小説テクストの時空をも迫り出すような泥の夢は、「男」とともに、この小説を読む読者をもその渦中に拉致していくだろう。泥の夢は、現在を過去の戦争との連続的な流れの中におきなおし、日常を戦争と地続きのものとする。

かくして泥の夢は、視る／視られる、「本土《ヤマト》」／沖縄《ウチナー》、男／女など、序列を伴う二元的な関係性を相互に乗り入れさせて、その境界線を溶き流す。支配的な二元構造の垣根を容易ではない形で乗り越え、決壊させ攪乱する泥の夢。現実を異化する媒介として、ねっとりと絡みつく泥の夢を小説は揺蕩わせている。

「混血」の女、赤毛の少女

戯曲『人類館』を下敷きにし、視ること／視られることが孕む権力構造を焦点化する小説「孤島夢ドゥチュイムニ」は、沖縄の女をめぐるステレオタイプを幾重にも逸脱し、脱臼させている。

まず、ベトナム戦争時、「フィリピン系アメリカ軍人」と「ウチナンチュー」の女が交わることで生まれた「フィリピーナー」のマリヤとは、「アメリカ」と「オキナワ」の「混血」である。後述するように、その混血性は時に差別や排除の対象となり得るものであり、「フィリピン系アメリカ軍人」の男を父親とする点で、その「混血」は、さらなる複雑性を帯びるのだが、この混ざり合う血は、まずもって、「土着」の「伝統性」によりかかった本質主義的な沖縄表象から、マリヤを遠ざけることに寄与しているとひとまず言える。

小説の現在、マリヤはすでに中年の齢である。「人生の疲れの溜まった緩んだ体を投げ出す」マリヤの「一見すさんだふぜい」は、「遠目には若く見え」るマリヤの「南方系のオーラ」に見出されがちなエキゾチズムとは相容れないものだろう。さらに、恨み節と悪態を隠すことのない中年の女の独り言《ドゥチュイムニ》は、マリヤを南の島の癒しの少女にも、にこにこ笑って、「辛くても、がんばってるよー」風な沖縄のやさしい老女《オバァ》にも落ち着かせない。沖縄をめぐるステレオタイプから、幾重にも遠ざけられたところに、マリヤはいる。

独り言《ドゥチュイムニ》という形でマリヤが遂行するのは、コザの女たちをめぐる証言の領域に関わる言語行為だと言える。こうしたマリヤの「証言」は、まず、歴史修正主義的言説へと対抗している。「大林あしのりの『スットコどっこいワッシズム』シリーズ」を背にして繰り出されるマリヤの声は、小林よしのりに代表される修正主義的言説への批判をはらむ。とりわけ小説「ドゥチュイムニ」の発表の二年前、二〇〇五年には小林よしのりが来沖し講演会が開催された。こうした現在性に対する文学的介入の意志を、この小説は携える。さらに作中のマリヤの証言は、グローバルな包囲網からの「脱漏」をも遂行する。[15]

グローバルな包囲網は、「商品化できる沖縄」と「できない沖縄」とを峻別し、多文化主義的な統合を行っていく。[16]やさしい老女《オバア》が暮らす、長寿の島、青い海と白い砂浜のリゾートの島など、多分に本質主義化された、観光に役立つ沖縄イメージ、それが「商品化できる沖縄」である。対して、基地や沖縄戦など、政治や歴史に関わる問題や記憶は、商品化できない。このような峻別のうえで、九〇年代後半以後、「商品化できる沖縄」、すなわち馴致できる、脱政治化された差異だけが消費の中に組み込まれ、多文化主義的に包摂されていくことになるのであった。

マリヤが示す「沖縄」とは、「商品化できない沖縄」であり、馴致に抗う差異である。それは、グローバルな網の目が覆い隠し、なかったことにしようとする「沖縄」である。支配の馴致に対する否である傷、痛み、怒り、悲しみの声ならざる声を、小説の言葉は掬い／救いだし、グローバルな包囲網から滲みでる声の脱漏を遂行する。こうして見れば、沖縄の「日本復帰後」の海洋博と基地に紐付く「開発」の時代に戯曲「人類館」が編まれたのに対し、小説「ドゥチュイムニ」は九〇年代以降の米軍再編とグローバル化がもたらす「再開発」の時代のテクストだと言える。

さらに、思想の観点から読むならば、この小説は沖縄の「固有性」のひとつを加害と被害の重層性において見い出し、それが鍛える思想性に賭けようとする方向性が示されている。小説において、その加害と被害の重層性を顕現させるのが、マリヤである。既に述べたように、マリヤは、米兵と沖縄の女の間に生まれた「アメリカ」と「沖縄」の「混血」だが、こうした存在が抱えることになるのは、けして小さいとは言えない生き辛さである。「ホラ、アタシはこのとおりの生まれだから、気がついた頃から世間の冷たい目ってのが今のメゲないアタシを育ててくれたって気はしてるけど」。

右のように語られるマリヤの生の軌跡の一端を、ここではひとつの歌、沖縄の「うたうたい」、Coccoの「Raining」という歌から辿ってみることとしよう。Coccoの「Raining」は、不朽の名盤と名高いアルバム

『クムイウタ』（一九九八年）に収められた一曲だが、それは、次のような歌詞を持つ。

『Raining』　作詞／作曲　こっこ
ママ譲りの赤毛を　2つに束ねて　みつあみ　揺れてた
なぜだったのだろうと
今も想うけれど　まだわからないよ
静かに席を立って　ハサミを握りしめて　おさげを切り落とした
それは　とても晴れた日で　未来なんていらないと想ってた
私は無力で　言葉を選べずに　帰り道のにおいだけ
優しかった　生きていける　そんな気がしていた
教室で誰かが笑ってた　それは　とても　晴れた日で　Tululu… woo…

髪がなくて今度は　腕を切ってみた　切れるだけ切った
温かさを感じた　血にまみれた腕で　踊っていたんだ
あなたがもういなくて　そこには何もなくて　太陽　眩しかった
それは　とても晴れた日で　泣くことさえできなくて　あまりにも
大地は果てしなく　全ては美しく　白い服で遠くから
行列に並べずに　少し歌ってた　今日みたく雨ならきっと泣けてた

それは　とても　晴れた日で　未来なんて　いらないと想ってた
私は無力で　言葉を選べずに　帰り道のにおいだけ
優しかった　生きていける　そんな気がしていた
教室で誰かが笑ってた　それは　とても　晴れた日で　Tululu… tululu…tululu…

この歌に登場するのは、一人の少女である。髪を二つにわけて、おさげにしていることから、中学生か高校生か、あるいは小学生か。「わたしの沖縄」を多くの歌にしてきたCoccoにおいて、それは、地元・沖縄で学校に通う少女であろう。沖縄のどこかの学校で教室にいた少女は、突然、はさみを手にとり、赤毛を切り落とす。それが一番で歌われる出来事だ。

この少女の髪の毛は、赤毛である。赤毛というのは、黒髪ではないということ、つまり外国人の血が流れている、ということが含意されている。沖縄において、その外国人とは、やはりアメリカ人と考えるのが自然である。「Raining」で歌われる少女のような赤毛の子供たちは、軍事要塞化された沖縄の中で、少なくない数生み出されてきたと言え、その一人が小説「ドゥチュイムニ」のマリヤである。

「Raining」の中の少女は、「ママ譲りの赤毛」を持つ。すなわち赤毛なのは、少女だけではない、その母親も、そうである。ならば、少女の母の父、つまり少女にとって祖父にあたる男が、アメリカ兵であったと推測される。すなわち、この少女は、いわゆる「クォーター」で、その母が、「ダブル」「ハーフ」である。少女にとっては祖母となる沖縄の女とアメリカ兵との間に生まれたのが、少女の母であり、その娘が、この赤毛の少女ということになるのだろう。

さらに想像をふくらませるならば、少女の祖母とアメリカ兵とは、どのような関係だったのか。もちろん、それは、純粋に自由な恋愛だったのかもしれない。しかし、もしかすると女は性をひさぐ職業で、生きるために、自らの性や身体を売り買いする仕事をしていたのかもしれない。すなわち、女とアメリカ兵とは、客と娼婦の関係だったのかもしれない。あるいは、もっと非合法で、もっと植民地的な関係だったかもしれない。すなわち、女は、米兵に合意のない関係を迫られた――つまり強姦《レイプ》されたかもしれない。米軍基地の集中する沖縄では、アメリカ兵が沖縄の女に性暴力を働く事件は後をたつことがなく、「Raining」が出された年の二年前、九五年にも、米兵による少女の暴行事件が起こっていた。祖母である女と米兵の関係もまた、それに類する望まない関係であったのかもしれない。

　こういった、いくつもの想像を赤毛の少女はかきたてる。赤毛の少女とは、すなわち「混血」の女であり、米軍基地が集中している沖縄のあり方、そして、そのような沖縄で生きる女たちの生のあり方を、いくつもの問いを吸引しつつ象徴している。

アジアへ

「Raining」の二番の歌詞で、少女は、自分の腕を切っている。いわゆるリストカットと呼ばれる自傷行為だが、少女は、血まみれになるぐらい腕を切り、自分自身を傷つけている。「髪がなくて今度は／腕を切ってみた／切れるだけ切った／温かさを感じた／血にまみれた腕で／踊っていたんだ」。

　なぜ、少女は、自分自身を傷つけてしまうのか。ここで参照すべきは、フランツ・ファノンが言う「内向する暴力」という考え方である。フランスの植民地・西インド諸島マルティニークに生まれ、同じフランスの植民地であったアルジェリアの独立運動に深く関わったファノン。思想家として、精神分析医として、そして革命家として、植民地状況におかれた人々のあり方を、誰よりも間近で、親身になって見つめ続けてきた者の一人として、ファノンの名前をあげることができる。「内向する暴力」とは、そのファノンが植民地状況におかれた人々を見ている中で気付いた一つの事実であるが、それは、植民地のような暴力に晒され続けた人たちが、非常に屈折した形で暴力を用いるというものであった。

植民地に生まれた人間は、支配者によるものをはじめ、常に遍在する暴力に囲まれている。そうした暴力にさらされている人間は、暴力を、けして外に向けることはできない。つねに外から強い圧力が自分に向けられているからである。では、その本来、外へ出るべき暴力は、どこへ向かうのか。それは、内側、すなわち自分の身近な人々や自分自身である。暴力にさらされている人間は、えてして強烈な自己否定に捉われてしまう。外へ向かうことができない暴力は、そのような、けして肯定することができない自分自身、あるいは、自分の身内や仲間といった身近にいる人たちへと、内へ内へと向かう。このように本来は自らを支配し従属させる力への対向関係、つまり「敵対性」に向けて行使されるべき暴力が内側へと向かう。これが、ファノンが言うところの「内向する暴力」である。(17)

「Raining」の中で、自らを傷つける赤毛の少女とは、まさにファノンのいう「内向する暴力」に苦しめられている。これが、女であり少女であるというところに、この歌の沖縄的なリアリティがあるだろう。軍隊、とりわけ世界最強の軍事力を持つアメリカの基地がおかれ、日常的に暴力にさらされている沖縄の中で、暴力は、最も弱いもの、最も儚い者へと向かってしまう。たとえば、レイプ事件の被害者が少女であるというように、ここでの少女とは、そうした最も傷つけられやすい、被傷性に満ちた存在としての少女だと言える。さらに赤毛の少女／「混血」の女は時に「パンパンの娘」と名指され同じ「沖縄人」からも排除や差別を被ることもあり、「白人」か、「フィリピーナ」か、「黒人」か、父親の「人種」「民族」によって序列化されつつ淫らな存在として蔑みと欲望のまなざしを一身に受けることもある。(18) このように沖縄内部で重層化する「内向する暴力」の連鎖に晒され、ひとつの「沖縄」という民族性と共同性の主体から零れ落ち、排除や差別の対象ともなる境界的で周辺的な存在が、赤毛の少女であり「混血」の女だと言える。

その意味で、赤血の少女＝「混血」の女というのは、沖縄の矛盾を輻輳的に背負わされた存在である。沖縄において重層化する加害と被害、非常に複雑な形で入り乱れる沖縄の矛盾そのものを、Coccoの「Raining」は、歌っているのだと言えよう。

「Raining」の赤毛の少女の困難は、小説「ドゥチュイムニ」のマリヤを見舞うものである。赤毛の少女は、オバァを喪い天涯孤独の身になった十三歳の頃のマリヤの姿と重なりあう。あるいは、赤毛の少女が生き延びた姿がマリヤにあるとも言える。連鎖する「内向する暴力」、そして重層化する加害と被害のなかで、マリヤが自らを語る声は、幾重にも疎外され、その言葉は幾重にも奪われている。マリヤの独り言は、そのような沖縄内部でも周縁化された声として聞き届けられねばならない。このように沖縄において非常に複雑な形で入り乱れる、交錯する敵対性、重層化する加害と被害がマリヤにおいて顕現する。

小説は、この矛盾そのものの存在であるマリヤを通じて、沖縄を、「アジア」という広がりの中におこうとしている。たとえば、「フィリピン系アメリカ軍人」の娘であり、ベトナム戦争の前線基地である沖縄の女としてのマリヤには、ベトナムや他のアジアへの加害者性が突きつけられている。と同時に、「経済的側面からベトナム景気といわれた時代は、女性の人権の側面からはまさに性的奴隷制度の時代であった」。その意味で、「フィリピーナー」である沖縄の女・マリヤは、むしろ、「世界最強の帝国《テーコク》」に侵されるベトナムの側へと近づいている。あるいは、「フィリピーナー」である沖縄の女としてのマリヤは、アジア太平洋戦争で日本が甚大な被害を与えたフィリピンの立場にも近づくものだろう。くわえて、米軍基地のある沖縄の女としての経験は、同じ米軍基地のある韓国やかつての（そして、米軍基地の撤去後、いまふたたび復活されようともしている）フィリピンなどとも重ねられる。強姦《レイプ》という性暴力を受け、また、それに怯えつづける沖縄の女たちの経験は、軍隊・軍事基地という同じ構造的暴力に苦しむ女たちの経験とつながり、さらには「慰安婦」「ハルモニ」として性暴力を受けた「アジア」の女たちともつながる余地が示されている。

「独り言《ドゥチュイムニ》」という形で遂行する、マリヤの証言。それは、北京で開催された第四回世界女性会議に参加した沖縄の女たちの証言と似る。九五年の北京での世界女性会議で、また、翌年のピース・キャラバンで、「家庭内、社会的、そして国家による構造的暴力」を受けながら、「沈黙させられていた」「多くの女性たちの生」を、「自分の体験を、母や祖母たちがくぐり抜けた苦しみを、今なお続く軍隊の性的攻撃を女性たちは語った」。崎山の小説「孤島夢ドゥチュイムニ」が開く、「アジア」とのつながりは、その北京世界女性会議のために沖縄の女たちが描いた地図の中に、示されている。その地図とは、「沖縄を起点にコンパスで円を描くと、東アジア地域の主要な都市が二千キロ以内にすっぽり入ってしまう「太平洋の要石」と捉えた地図」を、「沖縄からいのちあるものが互いに尊重し共生するアジア・世界への平和のメッセージが広がる波だとイメージ」し直し縫いあげた布、手作りの布の地図である。「軍事戦略的にとても都合のいい場所」という「押しつけられた位置づけ」ではなく、「私たちと相手とを結ぶ道」として「海」を捉え、「もっと人間が自由におたがいのちがいを理解しながら共に生きていける社会の、そういう要石になりたいという願いを込めて」、女たちは「五百キロ間隔に描いた輪を黄色の刺しゅう糸でチェーンステッチ」したのだった(19)。

グローバル化に対する「オルタ・グローバリゼーション」とは、まさに、こうした企てのことである。国家、植民地主義や冷戦、さらにはグローバル化する資本主義の暴力がもたらす抑圧や分断、資本と国家がその時々の都合で刻む境界、それら恣意的な力、戦争の暴力で、流された血と涙によって引かれた線に抗う思想。そして、自己の苦難や心配《しわ》を我執化せずに、他者と分有しようとする「共感共苦」の思想と実践。そうした他なる者とともにある思想を鍛え、培い、「別の選択肢」を企てつづけてきた場所、それが、ここでの沖縄だと言える。沖縄が厳しい状況の中で鍛え、また培って来た思想と伴走しながら、崎山の小説の言葉は、アジアへつながるための困難な道を歩み、地政学からは見えてこないアジアの時空を、開きつづけている。

注

（1）崎山多美は、沖縄県西表島生まれ。琉球大学法部学部卒業。一九七九年、小説「街の日に」で新沖縄文学賞佳作を受賞、一九八八年には、小説「水上往還」で九州芸術祭文学賞受賞。一九八九年には、小説「水上往還」で第一〇一回芥川賞候補になり、翌一九九〇年に、小説「シマ籠る」が第一〇四回の芥川賞の候補となっている。なお、九州芸術祭文学賞は、九州在住の作家の登竜門とも言うべき賞で、この賞を受賞した作品は、中央の文芸誌、文藝春秋社が発行する『文学界』に掲載される。
崎山の文学に対して、最もはやく、研究／批評の言葉で応答した研究者／批評家の一人である、花田俊典は、「わたしの文学は「沖縄」の文学などではない、この「わたし」の文学」としてある崎山文学の姿勢を指摘している。花田俊典『沖縄はゴジラか――反・オリエンタリズム／南島／ヤポネシア』（花書院、二〇〇六年）。
（2）「クジャ連作」は、以下の小説群である。
「孤島夢ドゥチュイムニ」（『すばる』二〇〇六年、第二八巻一号、二〇〇六年一月号）
「見えないマチからションカネーが」（『すばる』二〇〇六年、第二八巻五号、二〇〇六年五月号）
「アコウクロウ幻視行」（『すばる』二〇〇六年、第二八巻九号、二〇〇六年九月号）
「ピンギヒラ坂夜行」（『すばる』二〇〇七年、第二九巻一号、二〇〇七年一月号）

「ピグル風ヌ吹かば」（『すばる』二〇〇七年、第二九巻五号、二〇〇七年五月号）
「アピローマの月に立つ影は」（『すばる』二〇〇七年、第二九巻一一号、二〇〇七年十一月号）
「クジャ奇想曲変奏」（『すばる』二〇〇八年、第三〇巻三号、二〇〇八年三月号）
これら七篇を収めた単行本が花書院より刊行されている。なお小説「孤島夢ドゥチュイムニ」に関する本文中の引用は、すべて単行本に拠っている。
この「クジャ連作」を、「交感」を主概念に読み解いた、喜納育江は、本稿でも触れた、死者について、次のように述べている。「クジャに生きた女たちの物語は、淵の淵、死という異界に限りなく隣接した場所で営まれる生の証である。その物語を忘却から掬いあげ、それと共存し続けることは容易ではない。しかし、ひとつの生は、数珠つなぎになった無数の死に支えられている。つまり、ひとつの死は、死ではない。死者の声は、それに感応する他者の声へ潜り混むことによって再生し、死者の存在は、その記憶に取り込まれて生き永らえる。崎山の小説には、物語を欲望する書き手の意識へ潜り込んできたそんな無数の他者の声が共鳴している」（喜納育江「淵の他者を聴く言葉――崎山多美のクジャ連作集における記憶と交感」『水声通信』No.二四、二〇〇八年五／六月合併号（二〇〇八年六月）／喜納育江『故郷のトポロジー――場所と居場所の環境文学論（エコクリティシズム・コレクション）』（水声社、二〇一一年）。その無数の死者を携え、小説「孤島夢ドゥチュイムニ」の女たちの声は、アジアへと開かれている。
なお、論者は、崎山多美「孤島夢ドゥチュイムニ」について、すでに論文「夢の言葉の現実性《リアリティ》――崎山多美「孤島夢ドゥチュイムニ」」（一柳廣孝・吉田司雄編『幻想文学、近代の魔界へ』青弓社、二〇〇六年）、および、博士学位論文「路地と文学――中上健次における遍在化する路地と歴史の中で蠢く者たちの文化研究」（二〇一二年）の「第二部、第四章、夢の言葉の現実性――崎山多美「孤島夢ドゥチュイムニ」」において論じているが、本稿は、「孤島夢ドゥチュイムニ」を、「アジア」という視点から論じ直したものである。
（3）新城郁夫「言語的葛藤としての沖縄――知念正真『人類館』の射程」、『沖縄文学という企て――葛藤する言語・身体・記憶』（インパクト出版会、二〇〇五年）、六〇頁。本稿の劇団「創造」と戯曲「人類館」をめぐる記述は、「沖縄から日本へ発せられた差別の告発といった構図」に回収されがちであった戯曲「人類館」を、言語的葛藤を通じて「日本(人)-沖縄(人)という硬直した対立の磁場から自らを解いていく」試みへと開いていった、新城の論に多くを拠っている。

なお、演劇集団創造は、一九六一年に知念正真、中里友豪、幸喜良秀らが、沖縄の新しい演劇運動の創造を目指して、コザ(現沖縄市)で結成したアマチュア劇団で、その代表作として戯曲「人類館」がある。「人類館」は、知念正真原作で、一九七六年に発表された。翌年、沖縄の演劇集団「創造」によって上演され、台本が一九七六年『新沖縄文学』33号に掲載、翌一九七七年には全国誌である『テアトロ』に転載され、そして一九七八年、「岸田戯曲賞」を受賞している。
(4)新城前掲書、六二―三頁。
(5)新城前掲書、六六頁。
(6)新城前掲書、八二頁。
(7)新城前掲書、八一頁。
(8)鈴木直子「シマオタイチョウを探して――「ヤポネシア論」への視座」、高阪薫・西尾宣明『南島へ南島から――島尾敏雄研究』(和泉選書、二〇〇五年)。「過去として葬り去ったはずの「奄美の特攻隊長」という立ち位置の持っていた、そして現に持っている政治的意味に、奄美・沖縄の人々、そして島尾ミホのまなざしにさらされるなかで出会う軌跡」として、初期エッセイや小説があり、しかし、その探し求める「シマオタイチョウ」の姿に出会い損ねてしまった小説。そう島尾敏雄の小説『孤島夢』を位置づける鈴木の論に、本稿は、島尾の『孤島夢』をめぐる記述の多くを拠っている。
(9)鈴木前掲書、一六三―四頁。
(10)鈴木前掲書、一六四頁。
(11)鈴木前掲書、一六五頁。
(12)鈴木前掲書、一六五頁。
(13)佐藤泉「夢のリアリズム――島尾敏雄と脱植民地化の文体」(『文学』第六巻・第六号、二〇〇五年十一―十二月、岩波書店)。
(14) 丸川哲史『冷戦文化論——忘れられた曖昧な戦争の現在性』(双風社、二〇〇五年)。
(15) 宇野邦一「隠された生産の場に降りて行くこと」(『非対称化する世界——『〈帝国〉』の射程』西谷修、酒井隆史ほか、以文社、二〇〇五年)。
「くまなく包囲されている」からこそ、いたるところから水がもれ、マルチチュードのマグマが噴出するということだろうか。(一六五頁)「葛藤を孕んだジャングル」が、「リアルな潜勢力」をつちかう場所でもある可能性は十分あることになる。別の対抗的なグローバル化を創り出すことなのだ。(一六六頁)。
(16) 沖縄における多文化主義的統合を「商品化できる沖縄」「できない沖縄」という形で行った理論的な整理は、本浜秀彦「「オキナワの少女」というアイドルたち——安室奈美恵と汎アジア的身体」(アジア遊学六十六号『島唄の魅力』勉誠出版、二〇〇四年)で提出されている。
(17) フランツ・ファノン『地に呪われたる者』(鈴木道彦、浦野依子訳、『フランツ・ファノン著作集 三』みすず書房、一九六九年/Frantz Fanon, *LES DAMNÉS DE LA TERRE*, 1961)には、次のようにある。「植民地化された世界は、二つにたちきられた世界だ。その分割線、国境は、兵営と駐在所によって示される」。「資本主義国においては、被搾取者と権力のあいだに無数の道徳の教師たち、助言者たち、「道を迷わせる者たち」が入り込む。これに反して植民地では、憲兵と兵隊が常にすぐ目の前に姿を見せ、しばしば直接に介入して、原住民との接触を維持し、銃床とナパームを用いて、動いてはならぬと命令するのである」。「現地人が何より先に学ぶのは、自分の場所にとどまること、境界をこえてはならぬということだ。だからこそ現地人の夢は筋肉の夢、行動の夢、攻撃的な夢となる。私は跳躍し、泳ぎ、つっ走り、よじ上ることを夢見る。高らかに笑い、ひとまたぎに大河をこえ、多数の自動車に追跡されてもけっしてつかまらぬことを夢見る。植民地時代であっても、原住民は夜の九時から朝の六時まで、自己を解放することをやめはしないのだ」(二四—二五頁)。しかし「己の筋肉のあいだに沈潜するこの攻撃性を、原住民はまずその同胞に向かって発揮する」(二四—二五頁)。
(18) NHKのETV特集「熱き島を撮る 沖縄の写真家 石川真生」(二〇一七年十一月十一日放送)の中で、石川が創作写真で作る作品「大琉球絵巻」の一場面に登場する、米兵と沖縄の女との間に生まれたマリヤという一人の女性は、「パンパンのワラバー（子ども）」として蔑まれ、同時に性的なまなざしを受けてきた経験があり、そのために女性らしい服装を長く忌避してきたことを語っている。マリヤは、当時、「母の名誉を守りたい」気持ちとともに、「そうしないとやっていけなかった」男たち、母や自分を「馬鹿にする」ことで自分の立場を必死で保とうとしている沖縄《ウチナー》の男たちの「危うさ」や「恐怖」も感じていたと言う。またマリヤは、「黒や白じゃない、私の中にあるのは愛情だけ」「なのに、みんな色で分ける」「黒が10ドル、フィリピーナが7ドル、白が3ドル、小さい時の児童手当て」「白を生んだら、たいしたもん。パンパンにできる。高く売れる」という言葉で幼少期の記憶を絞りだすように語っている。
（19）高里鈴代『沖縄の女たち——女性の人権と基地・軍隊』（明石書店、一九九六年）。

付記

本稿は、JSPS科研費JP17K02448の助成による研究成果の一部である。

II

アジアを渡る

5. 章炳麟の「自主」に基づくアジア連帯の思想
日本の初期社会主義運動、日英同盟、印度独立運動との関連

林 少陽

本稿は中国の清末思想家、革命家章炳麟《しょうへいりん》（太炎、一八六九―一九三六）の、一八九七年から一九一七年までの二十年間におけるアジア連帯の思想を論じるものである。特に、そのアジア連帯思想における、「日本」の位置づけの変化、日本の初期社会主義者との関係、日英同盟の影響、印度独立運動との関連、「印度」の位置づけを通して、章炳麟の、「自主」に基づくアジア連帯思想の特質を見たい。

早期の章炳麟における日中主体のアジア連帯思想――黄禍論との関連

章炳麟の一八九八年の戊戌の変法前におけるアジア連帯の考えは、国家連帯というレベルに止まっており、理論的に帝国主義と専制主義を批判的に論じるにはまだ至っていない。一言で言えば、この時期の彼の思想

は独特だとは言いがたい。例えば、章炳麟は「アジアが自ら唇歯になるべきことを論ずる」（論亜洲宜自為唇歯）という論文において、フランスとロシアが連帯して南と北から中国を脅かしているため、日本には警戒心があるが、連帯するならば「黄人」に支えがあるようになり、「アジアも躓くことがない」と述べた（『時務報』第十八冊、一八九七年二月二十二日）。

これを見ればわかるように、この時期の章炳麟のアジア連帯の構想は日中を主体とする「黄人」共同体にほかならず、国の安全保障のようなレベルのものであり、ヨーロッパからの「人種」観念に基づいているものである。この時期の黄種人と白種人の対立意識は、欧米において盛んとなった黄禍論の影響であり、それが「黄種人」側のアイデンティティの強化をもたらしたことは無理もない。他方、このような黄白対立の意識と言説は、ヨーロッパを模倣しながら帝国主義の仲間入りをしようとする日本の拡張主義とアジア内部の抑圧関係をある程度隠蔽していることも事実であろう。

このような「黄禍論」の枠組みでは、同時期の章炳麟の「アジア」に印度が入らないであろうことも理解できる。戊戌の変法（一八九八年に清の光緒帝が康有為らとともに改革を試みようとしたが保守派によって弾圧された）前後の章炳麟の思想は、同時代のエリートと比べて学問的に清朝小学（文字の訓詁学と字書と韻書とに関する学問）の集大成と言えるが、思想的に独特だとは言い難い。しかし、これから論じるように、後に章炳麟は、「アジア」における「印度」を急劇に重要視するようになる。これは国際情勢の変化（日英同盟の調印や、日露戦争勃発など）と関わっている。そして、章炳麟本人が反清活動で一九〇三年から一九〇六年まで獄中に入れられた期間に、仏教哲学に対する研究などによって思想が深化されたこととも関わる。

同様の黄色人種連帯の考えは、戊戌の変法前の章炳麟の文章「学会が黄人に大いに益あり亟《すみ》やかに保護するべし」（「論學會有大益於黄人亟宜保護」一八九七年三月三日）においても見られている。この文章において章は、西洋の拡張の隠蔽にも繋がる「文明」対「野蛮」の二項対立的な言説に対して依然として無批判であり、進化論にある黄色人種のような言説もそのまま使っている。(1)このような章炳麟の思想は、一九〇三年以後、特に一九〇六年以後に一変した。一九〇六年以後になると、章炳麟の理論は「文明」の言説のイデオロギーを力強く批判するようになる。

「人種」のような枠組み内にあるアジア連帯の言説は、無論、当時の中国のみならず、日本においてもよく見られるものである。例えば、孫文が一八九七年においても「余は、支那の蒼生のためであることを固く信じ、アジアの黄種のためにも、世界人道のためにも、革命軍を興起し、天が必ずこれを助けることを固く信じている」と述べ、革命の意味を、中国にだけでなく、アジアの黄色人種のために、世界のためにも、と普遍化しようとした。(2)ここの「世界人道」と「天」との結託は、孫文の儒家的、普遍的政治志向が表われている。一九一三年になると、孫文は依然として似たようなアジア連体の思想について、「亜細亜なる者、亜細亜人の亜細亜である。中日両国人民は、互いに親交を為すべきである」、「亜細亜とは吾人の一家である」と述べ、日中連帯による東アジアないし世界の平和の意味を強調した。(3)この時の孫文の発言は依然として「種族」などの枠組み内にいることは明白である。一方で、一九二四年十一月の日本での演説になると、孫文は「王道」に基づく「大アジア主義」の概念で「欧米」の「覇道」に抵抗すべきことを強調しながら、「欧米」の「覇道」も「王道」の文化をもすでに身につけている日本が「これから西洋帝国主義の番犬となるのか、それとも東洋文明の干城となるのか」と厳しく問おうとした。(4)ここの孫文の「大アジア主義」の「大」の意味は、儒家的普遍的「大」の意味であり、ご都合的な「アジア主義」の「小」、ないし「覇道」(帝国主義)に暴走しようとする日本に対比するものである。この時の孫文はすでに人種などの言説と距離を置いているのである。

『民報』時期（一九〇六年六月〜一九〇八年一〇月）における章炳麟のアジア連帯の構想の変化
――亜洲和親会を中心に

章炳麟は『蘇報』において清の支配者を公に批判することで三年間入獄され（「蘇報案」）、一九〇六年六月二十九日に出獄した彼は、すぐに革命のリーダーである孫文、黄克強の派遣した代表によって海外革命基地である東京に迎えられた(5)。彼はまもなく革命組織同盟会の機関誌である『民報』の編集長となり、一九〇八年十月十日『民報』第二十四号まで務めた。これがいわゆる『民報』期の章である。一九〇五年十二月八日の『民報』創刊号から章の編集した二十四号までには次のような「主義」が掲載されている。

本社の主義は次のようである。一は現今の悪劣政府を転覆し、一は共和政体を建設する。一は世界の平和を維持し、一は土地を国有する。一は中国日本両国の国民の連帯を主張し、一は世界列国が中国の革新事業を賛成する。

しかし、なぜか章が編集をやめた後、最後の二号になると、この宗旨が消えた（汪精衛［汪兆銘、一八八三―一九四四］による編集）。
章炳麟は三年間牢獄にいる間、仏教唯識論などの研究に専念し、加えてその後、明治日本の学術と西洋学術に出会い、独自の思想を構築するようになった(6)。彼は日本で無政府主義者、社会主義者と付き合い、印度独立運動の活動家とも親しくなり、そのアジア連帯の思想に大きな変化が生じた。

章炳麟のアジア連帯の思想に変化がはっきりと見られたのは、一九〇七年四月に起草した「亜洲和親会規約」においてである。[7] 章炳麟は日本、印度の活動家とともに一九〇七年四月に東京青山で亜洲和親会を成立させた。亜洲和親会という名前の英訳はAsiatic Humanitarian Brotherhoodである。初期社会主義者の竹内善朔（一八八五―一九五二）は一九四八年に、「Humanitarian Brotherhoodと云う語に千鈞の重みがあった」、と回想した。[8] 竹内によれば、この規約は、中国語と英語の両面印刷であり、英文は「印度同志」の「起草」によるもので、主旨は中国語と同じだということである。亜洲和親会は中国、印度、ヴェトナム、ビルマ、フィリピン、マライ、朝鮮、日本などの志士を網羅しているが、竹内によれば、朝鮮の志士がいない。「それは日本人が出席するならば、われわれは出席しない、という建前を取っておったのであります」。[9] このような社会主義者の連帯であるにせよ、支配民族としての日本人と抑圧された民族としての朝鮮人との間の溝を乗り越えるのは難しいようである。一九〇二年の第一回日英同盟の調印や、一九〇五年の第二回日英同盟の調印など、日本が国際的レベルにおいて大韓帝国に対する絶対的支配体制の確立などを経て、亜洲和親会が成立された一九〇七年には、日本が朝鮮を合併することがすでに水面下に進行している。これが朝鮮の同士が参加しなかった背景の一つであろう。

中国側では、章炳麟以外に張継（一八八二―一九四七）、劉師培（一八八四―一九一九）、何震（殷震）などが参加し、その場にいた陶冶公（一八八六―一九六二）の回想によれば、ほかに文学者の蘇曼殊（子谷、一八八四―一九一八）、のちに中国共産党初代書記長となった陳独秀（一八七九―一九四二）、呂剣秋（復）、羅黒子（象陶）など数十人いたようである。[10] 竹内善朔の回想によれば、東京の青山に、六、七名の印度流亡志士が合宿するIndian Houseがあり、そこが会場となっている。しかし初回は、中国、印度、日本の参加者しかいなかった。日本の参加者には堺利彦（一八七〇―一九三三）、大杉栄（一八八五―一九二三）、後の日本共産党創立者の一人である山川均（一八八〇―一九五八）、明治三十三年に皇室の結婚を議論したことで「不敬罪」に問われて入獄三年の刑を受けた社会主義者守田有秋（一八八二―一九五四）、竹内本人がいた（幸徳秋水は欠席であった）。二回目はある教会で行われ、参加者に中国、印度、日本の活動家の外に、ヴェトナム、フィリピンの革命党が参加したが、「不幸にして朝鮮の人々は一人もいなかった」（竹内回想）[11]。日本側の参加者に大杉栄、堺利彦、竹内のほかに、社会主義者の森近運平（一八八一―一九一一）などがいる。当時のことを竹内は、「あの頃中国の革命党員の士気を昂揚鼓舞したのは、孫文の言説というよりも、むしろ章炳麟の筆力であったといまでも私が考えている次第です」と回想している[12]。

竹内がここで言及したIndian Houseには特別な意味がある。ここは、印度独立運動の急進派学生の海外拠点である。例えばロンドンの急進派学生の拠点もThe Indian Houseであり、一九一〇年に急進派学生領袖Tarak Nathがバンクーバーから追い出されたあとにも、米国のシアトルに「The United Indian House」を設け、毎週土曜日に二十五名の印度労働者に授業をしていたとある[13]。

〈亜洲和親会規約〉において章炳麟は次のように述べている。


むかし天山（西北にある天山山脈にの南北地域）の三十六国（漢代にあった）は、トルコ、ウイグルに攻撃され、その種族は全滅した。将来、中国、インド、ヴェトナム、ビルマ、フィリピンの諸国が三十六国の後を追うことがないとはいえまい。われらはこの事実にかんがみ、亜洲和親会を創建して、帝国主義に反対し自らわが民族を守る。将来異民族を駆逐して、林の如く相並んで自立し、東方、南方が結集し支援しあって、束ねたあしのように強固な勢いとなり、多数の種族の同盟を結んで、隔絶した旧来の友好を回復する。それによってわがバラモン教、仏教、孔子・老子の教を振興し、慈悲惻隠につとめて西方の旃陀羅《たんだら》の偽道徳を排斥し、アーリア（立派な人。または修道者）種の名称が白人に奪われず、無分別の学（仏教を指す）が形而下の学（西洋の科学）に屈服せぬようにする。わが親密なる種族は、数が多く、まだ全部結集していないため、まずインド、中国の二国を以て会を組織する。思うに東土の古国ではこの二国が大きく、二国が幸いにして独立を得ればアジア州を守る城壁となることができ、十数の隣国もこれによって侵略を受けないようになる。故にまず最初にこの二国で会を創設するのである。一切のアジア民族で独立主義を有する者は、共に盟約を結ぶため、どうかおいていただきたい。われらは香をたいて祈り、お迎えするものである。(14)

ここで見られているのは、亜洲和親会の主旨がほかならずアジアの弱小民族の独立を求める連帯であり、その反帝国主義の理念は、人種的色彩が薄れてゆく。ただ東西の二項対立は依然として明らかであり、これはすべてのアジア主義的言説に共通するものである。狭間直樹が指摘したように、「亜洲和親会の綱領の核心は帝国主義の反対ですが、他民族を滅ぼすという意味での帝国主義であり、レーニンのいう意味での帝国主義とはいささか違」う。(15)章炳麟などが亜洲和親会を発起した十年後に、レーニンが『資本主義最高階段としての帝国主義』を出版した（一九一七年）。レーニンは十九世紀末期以来の戦争、とりわけ一九一四年以来の戦争を背景に、これらはみんな帝国主義の戦争（すなわち、侵略的、掠奪的、強盗的戦争）であり、世界を二分し、植民地と金融資本の「勢力範囲」を分割と再分割をするために行われた戦争であることを指摘した。(16)レーニンによれば、資本の原理は再生産を拡大するために拡張することであり、帝国主義自体は拡張の結果であり、資本主義の最高と最後の階段である、と論じた。章炳麟の帝国主義の定義に多少レーニンと重なるところがあるが、資本主義的視点があるわけではない。

ここで見られるように、戊戌の変法失敗前後のアジア連帯の思想と変化したところは、まずそれまでの日中を主体とする連帯から中印連体を主幹とするものに変化した点である。

そして注目に値するのは、これは地政学的な連帯であるだけでなく、文化、伝統の角度から中国印度の悠久なる文化を母体とする文化的連帯でもある点である。

同時に、この文化的連帯は道徳に基づいていることの強調である。この点は章炳麟が引用した文中で、「わがバラモン教、仏教、孔子・老子の教を振興し、慈悲惻隠につとめて西方の旃陀羅《たんだら》の偽道徳を排斥」すると言った通りである。革命が道徳に基づかなければならないという考えは、章炳麟の一貫する立場である（例えば一九〇六年の「革命道徳論」もそうである）。これは、一九二四年に孫文が提起した「大アジア主義」概念における、「仁義に基づく王道で覇道に抵抗する」という考えに通じるところがある。しかし、章炳麟は道徳に基づいている点で儒家に通じるところがあるが、孫文の儒家的言説とは距離があることも明らかである。章炳麟は「慈悲惻隠」で、「西方の旃陀羅《たんだら》の偽道徳を排斥」すると述べているが、旃陀羅《たんだら》とはサンスクリットの *cāṇḍāla* 屠夫（屠殺業者）の音訳であり、仏教のなかの十悩乱の一つとして語源に「暴力」の意味があることで、「悪人」の意味である。[17]「旃陀羅」が表しているのは、孫文が批判した「覇道」とそれを隠蔽している「偽道徳」であり、帝国主義に相応する文化と理解できる。

他方、章炳麟の「道徳」が依拠するものに仏教があるのは、この時期の章炳麟が思想的に「宗教」概念に対する再定義と再構築をしていたことと無関係ではない。ここで章炳麟は、「わがバラモン教、仏教、孔子・老子の教」が「宗教」の中身を成し、そしてこの「宗教」に反帝国主義の使命を付与した。すなわち中国にもともとあった孔子、老子を主とする諸子の思想に印度から来た仏教とを融合して、「宗教」概念の中身にする、ということである。バラモン教とはIndo-Aryansの社会、文化、宗教体系の総括的な名であり、約五世紀あたりで土着の印度の人々の精神信仰と婆羅門とが融合され印度教（Hinduism）に発展したといわれてきた。[18]
ここからも、章炳麟のアジア連体の構想における「宗教」に対する期待と、「宗教」の世俗的色彩が窺い知れる。この世俗的色彩の印は、儒教が広い意味の「宗教」として見られている点である。例えば、前述した章の論文「革命道徳論」は、道徳に基づくからこそ死に向かう強い精神を養うことができる、という主旨である。同時期の論文の「郷願を思う」（思郷願）も、儒家において「狂」の概念こそ最高のレベルだと強調している。このような儒家を章炳麟は広い意味で「宗教」の一部にしただけでなく、老子・荘子の哲学をも「宗教」の一部として括った。他の論文でも、彼は主に仏教と荘子思想を融合しながら独自の政治思想を構築した（例えば一九〇七年の一連の論文「五無論」、「国家論」、一九〇八年七月の「四惑論」などがそうであり、その大著『齊物論釈』なども典型的である）。
章炳麟の亜洲和親会におけるアジア連帯の構想は、ピラミッド型の権力的階級・階層がなく、反帝国主義という理念での平等と連帯を強調している。これは「規約」において、「会の中に会長、幹事の職は無く、各会員にみな平均の利権がある。（中略）どこの国から来た会員であるかを問わず、すべて平権親睦を第一とする」とある通りである。[19]そして、反帝国主義の理念については、章炳麟が和親会の宗旨は「帝国主義に反抗し、アジア州のすでに主権を失った民族におのおのの独立を得させることにある」と明確に表示している通りである（同前、三四八頁）。
前にも論じたが、章炳麟の帝国主義批判は同時に文明批判である。この文明批判が矢先を向けるのは、戊戌の変法前の章炳麟は意識できなかった近代的な観念の一部である。たとえば、西洋出自の「人種」などの社会的ダーウィニズムの言説がもつ問題である。しかし、この時期の章炳麟は、このような「近代」に対する強い批判者として臨んでいるのである。彼が鋭く見抜いたのは、「進歩」「文明」「人種」などの近代的言説と帝国主義的、植民主義的行為との間の呼応関係である。この点は国内政治における章炳麟の革命と無関係ではない。章炳麟の主張する革命は文化的革命でもあり、そして復古を通して革新する革命だからである。この「復古」とは、中国の古代の文化自体に対する批判をも含んでいる。例えば、専制文化に対する批判であったり、章炳麟と康有為の論争における儒教批判であったり、唐の後の古代文学に対する批判であったりである。章の「宗教」再構築が「復古」を含んでいること、そして革命に直結していることは重要である。

日英同盟と亜洲和親会の成立

亜洲和親会の成立は、日露戦争と一九〇五年八月の第二次日英同盟の後の、一九〇七年である。ある意味では、日露戦争の結果として、第二次日英同盟後の国際情勢の変化が、アジア連帯運動を促したのであろう。日英同盟のアジア主義、アジア連帯思想に対する影響の大きさは無視できない。一九〇二年一月三十日に日英同盟が最初に調印されたが、性質上は軍事同盟であり、締約国の一方が二ヶ国以上と戦争状態に入る時、もう一方も参戦しなければならない。一九〇二年の日英同盟において、「両締約国の特別なる利益に鑑み、即ち其利益たる大不列顛国《ブリテン》に取りては主として清国に関し、又日本国に取りては其清国に於て有する利益に加ふるに韓国に於て政治上並に商業上及工業上格段に利益を有する」[20]ことを考慮するための、攻守同盟である。第二次日英同盟になると、明確に、「大不列顛国は印度国境の安全に繋る一切の事項に関し特殊利益を有するを以て日本国は前記国境の付近に於て大不列顛国か其の印度領地を擁護せむか為必要と認むる措置を執るの権利を承認す」、と新しい内容を付け加えたのである。[21]
第一次日英同盟の保障によって、日本はロシアとの戦争を敢行することができただけでなく、正式に西洋の列強クラブに仲間入りすることができた。第二次日英同盟が調印された際にはロシアの南拡による脅威はすでになくなっていた。すると今度は、イギリスが持つ印度での利益をドイツが睨むようになった。第二次日英同盟の主旨は、両国が、中国、朝鮮半島及びに印度に持つ既得利益を保障し合い、アジアにおけるロシア、ドイツ等の列強との競争がもっと有利になることを保障し合ったものなのである。日英同盟は中国のエリートに小くない衝撃を与えた。例えば梁啟超が第一次日英同盟が調印されたあとに「日英同盟論」というエッセイを『新民叢報』二号（一九〇二年二月）に発表し、日英同盟に「支那、高麗の独立主権及び其の土地を保全する」ような表現が梁は気になり、「人のものを保全するというのは、人の自由を侵すことであり、人が我がものを保全すると望むのは、自由を放棄することである」と、日英同盟を中国への脅威として批判した。[22]また、梁啟超は一九一〇年に「将来百論」において、日英同盟が日本外交の「莫大な成功であり、英露が世界争覇、アジア争覇で衝突しあい、英国が印、中などのアジアにおける既得利益を保全しようとする産物である」、と指摘した。[23]
他方、一九〇三年から一九〇八年にかけて英国の印度における支配も危機に直面した。それは印度独立運動の台頭である。運動の直接な起因は、英国印度植民地政府が一九〇三年にベンガルを二つに分割する（Partition of Bengal）政策を制定したことである。この政策の意図は、英国印度植民地総督のLord George Nathaniel Curzon（任期一八九八―一九〇五）の言葉で言えば、「カルカッタ」を「ベンガル全体の中心、いや、実際印度全体の中心としての王座から引き下ろしたい。国民大会の徒党はこの中心によって操られている。かなり成功している陰謀の中心として」、「ベンガル語の人口を分割しようとする」ことである。[24]一八八五年に成立した印度国民大会は世紀の転換期において急進派（the Extremists）と穏健派（the Moderates）に両分された。急進派は独立運動家ティラック（Bal Gangādhar Tilak, 1856-1920）によって指導されていた。穏健派と急進派は、ベンガル分割において手を組んでいた。ベンガル分割運動を抗議する運動の主な表現形式は、外国製品（とはいっても主にイギリスの製品）に対するボイコットと、それに関連する国産品愛用の運動である。これは歴史上「スワデッシ（Swadeshi）運動」と言われている（Swadeshiとは自給自足self-sufficiencyの意味である）。しかし、運動が広まるにつれて穏健派と急進派の分岐が大きくなった。急進派にとってベンガル分割の陰謀を解体すること自体は、すでに「すべての政治目標のなかでの、もっとも小さく、最も視野の狭い目標となった」ことである。[25] 急進派は規模的には運動を全国に広げようとしながら内容的には、外国製品だけでなく、植民政府とのすべての形式の協力の放棄、という、全国民的な不協力運動に拡大しようとしたが、それとは対照に、穏健派は運動を基本的にはベンガルに止めたいと考え、不協力を政府にまでに延久することに反対した。[26] 一言で言えば、急進派は事実上革命を通して印度の徹底的な独立を求めようとしているのである。イギリス政府が穏健派が主導する印度国民大会をたいしたことがないと思っていたのは、そもそも穏健派が弱く、大衆の基盤がなかったからである。印度総督のCurzonが一九〇四年になってもなお国民大会の代表に会うことを拒絶することで恥をかかせようとしたぐらいであった。[27] しかし、一九〇五年に急進派が圧倒的影響力を持つようになったことで、[28] 情況が大きく変った。

一九〇三年から〇八年までの印度独立運動と清末の中国とは、一見関係がないように見える。しかし、特に印度独立運動は海外の拠点を持つ形で広がったため、清末の知識人にも直接関わる運動として登場したのである。これはこの時期の章炳麟の著述においてはっきり表れている。もちろん、印度問題について近代の中国知識人が論及したのは章炳麟が初めてではない。改良派にとっても革命派にとっても、「印度」は中国の運命を表象する装置である。Rebecca Karlが気がついたように、阿片戦争（一八三九―一八四二）の後、清朝の学者魏源（一七九四―一八五七）がその『海国図誌』において「亜細亜」を枠組みに、中国と印度を同列させ、英国人が主導した阿片貿易に対する考察で、外国の来襲と商務における印度と中国の運命が似ていることを嘆いた。[29] Rebecca Karlが「印度」が戊戌の変法後に如何に中国人の「亡国」の象徴となっているかを論じた。[30] しかし、一九〇五年後になると、中国の知識人が東京で印度流亡者に会う機会を持つようになったことで、この「亡」(lost)の従属的イメージが一変し、「奴隷」からの革命という、可能性に満ちた「人民」のシンボルとなったのである。[31] 清末の文脈において章炳麟は正に新しい「印度」のイメージから革命の可能性を読みとった中国で初めての思想家である。この点において、革命派の章炳麟の「印度」とその対立側にいる改良派の康有為の「印度」が対照的であることが見えてくる。日本の中国研究者島田虔次（一九一七―二〇〇〇）が指摘したように、章炳麟の印度独立に対する同情と期待は、章の論敵である改良派の康有為の、印度の自立が不可能であるという言説とも関わっているのである。[32]
魏源の「亜細亜」は、一つの曖昧な地理的概念だとすれば、章炳麟時代の「アジア」は日本のそれと同じように、すでに文化的、政治的カテゴリとなっているのである。

章炳麟におけるアジア連帯思想の変化と日英同盟

章炳麟の「印度シヴァジー王記念会のことを記す」（『民報』第十三号）という文章は、一九〇七年四月二十日に東京で行ったシヴァジー王祭の記念集会についてである。文章の書き出しにおいて章炳麟は次のように述べている。
陽暦四月二十日、日本に遊学するインド人が、虎の門女学館においてシヴァジー王記念会を開いた。その領袖は法学士ブラーハン（鉢邏罕）氏である。はじめブラーハン氏は、アメリカから来て民報社に私を訪問した。イギリス政府のインド人に対する処遇は、かつての蒙古（ムガル帝国）よりもひどく、学問する者は政治・法律を研究することができず、他国へ行ってもなお研究を禁止される、ただアメリカでだけ自由が得られるので、法学士の称号を取得した、という。その友人ボース（保什）氏は日本語ができるので、二重に通訳して問答した。[33]
ロシアの中国南進に対する警告と、満洲族政権に対する批判を主調とする清末の新聞『警鐘日報』（一九〇四年五月二十一日）の文章「亡国の学生」によれば、当時、東京には印度学生が二十人いたという。[34]印度方面の資料によれば、一八九八年に日本にいる印度の留学生は二名しかいなく、一九〇三年には十五名、日露戦争のあとの一九〇六年には五十四名、[35]一九一〇から一九一一年までは百名を超える印度の留学生がいるようになり、同時に東京と神戸に多くの印度系の商人がいた。[36]印度側の学者の指摘によれば、早くも一九〇〇年に、日本が印度民族主義の重要基地となり、在日の印度学生が一九〇〇年に東方青年協会（Oriental Youngmen's Association）を創立し、これに対して英国駐日代表は「その政治意味に対して軽視した」が、英国印度植民地政府は「そのメンバーの日本メディアの反英言論に注意した」[37]。印度総督のカーゾン（Lord Curzon）は「印度学生の日本留学に強く反対した」のは、印度の学生が「容易に不満と不忠の情緒を教え込まれやすい」からであると述べている。[38]

章炳麟の言及した「ブラーハン（鉢邏罕）」は、近藤治の論考によればその表記がMuhammad（またはMohammed）Barkatullah（?—一九二八）とある。[39]また印度研究者の長崎暢子は、日本のアジア主義と印度の民族独立運動との関係をめぐる文章においてA. H. Mohammed Barkatullahという名前の印度急進派のリーダーに言及している。長崎によれば、彼は一九〇九年に来日し、東京外国語学校で印度のUrdu語を教える外国人教師となり、日本の政治家とも広く付き合い、同時に東京で反英の英文週報*Islamic Fraternity*を運営していた。のちに英国駐日大使館が東京外国語学校校長の村上直次郎（一八六八—一九六六）に圧力を掛け、休刊となったが、その後のBarkatullahも反英宣伝を続けたため、ついに一九一二年に東京外国語学校から除名され、一九一四年に離日した、とある。[40]似たような記述がほかの印度学者の研究にもあり（来日日期が一九〇九年二月であるが）、名字の表記はMaulavi Barkatullahであった。[41]これらの研究は概ね合致しているので、その人物が章の言及したブラーハン氏であると言えよう。また、ある印度学者の研究によれば、一九〇六年秋に印度人Lucas JoshiとMaulavi Barakatullahがニューヨークで、反英宣伝という政治的目的を持った組織The Pan-Aryan Association（泛雅利安協会）を創設したが、Barakatullahが一九〇九年二月に日本に赴いたため、Joshiもその後イギリスに行ってしまい、その協会も終ってしまったようだ。[42]
では、章炳麟のいう「ボース（保氏）」とは誰であろうか。印度急進派が溫哥華《バンクーバー》で創設した機関誌『自由印度報』（*The Free Hindusthan*）一九〇八年七月号の文章によれば、独立運動の活動家のSurendramohan Boseが最初に日本に行った印度革命者であり、一九〇六年に日本に着いたが、のちに東京の青山のGondwarmmachi17号の部屋を組織の拠点として借り、Indian Houseと名づけた、とある。[43]これは前述した竹内善朔の回想と合致するため、Surendramohan Boseがほかならず章炳麟のいう「保氏」だということが分かる。印度学者の指摘によれば、ボースと、もう一人の独立運動活動家のTaraknath Dasがアメリカで「美国印人会」（Indo-

American Association）を結成し、多くの人々に印度独立運動に対する理解と同情を求めようとした。そして、『自由印度報』もブラーハンとボースによって創設された、ということである。(44) 中国の革命組織同盟会の機関誌である『民報』は、二十号（一九〇七年四月二十五日）から章炳麟の執筆した印度独立についての文章を掲載しはじめ、第二十一号（同年六月十日）からは、印度独立派の『印度自由報』、『印度社会学報』（*Indian Sociologist*）などの印度独立派の雑誌から文章を選んで、翻訳して掲載するようになった。この印度に関する熱心さは、章炳麟が主催した二十四号（同年十月十日）まで続いていた。上の印度独立派の雑誌は、おそらく印度独立運動の活動家が章に献本したものだと推測している。

中国語圏で早い時期に章炳麟と、ガンジー（Indira Gandhi, 1917-1984）以前の印度独立運動との関連を注目していた丁則良が指摘するように、東京で章炳麟と付き合っている印度の友人はみな国民会議派（一八八五年に英領印度で知識人層の不満を吸収するための体制補完的団体）のものであり、そしてテイラックの指導下にあった急進派であろう。(45) これは『民報』で急進派の機関報《自由印度報》（*The Free Hindusthan*）の翻訳が掲載されているのを見れば分かる。『印度自由報』は一九〇八年三月にバンクーバーで隔月刊の機関誌として創刊されたが、一九〇八年秋にアメリカのシアトルに移り、一九一〇年十一月に休刊した。(46) 筆者が入手することのできた一九〇八年四月号がその創刊号のはずであり、この号のThe Free Hindusthanの刊名の下に、「自由の追求、政治・社会・宗教の改革を旨とする機関報（Organ of Freedom, and of Political, Social and Religious Reform）」と、この雑誌の性格に関する説明がある。さらにその下の一行は、大文字で雑誌の信条として「暴政に対する反抗こそ神に対する忠実である！（RESISTANCE TO TYRANNY IS OBEDIENCE TO GOD）」とある。(47) その独立派の色彩が濃厚であることは一目瞭然であろう。

章炳麟は「インド　シヴァジー王記念会の事を記す」（「記印度西婆耆王記念會軍丁未」）で、以下のように述べている。
シヴァジー王が蒙古に反対したことを見れば、今はイギリスに反対すべきであることが分る。会の客席に並んだ者は、心の中にその意を知らぬはずはなく、その意にしたがって賛成するのは人道の当然であろう。（中略）ブラーハン氏は私および同志数人を招待したが、日本人の参列者は百人以上あり、大隈伯（重信）が自ら出席して演説した。立派な車が門に到着し、笛や太鼓がにぎやかに奏されると、参席者はインドの滅亡を悲しまず、大隈伯のために拍手した。伯はイギリス紳士淑女の列席者を見ると、おじぎをし握手し、精一杯鄭重にする。私は著名なる政党がこんな態度を取ろうとは思わなかった。演説をはじめると、イギリス皇帝のインドを統治されるやたぐいなき至仁博愛、インド人には社会の改良をすすめると、他人を怨やむな、暴動をたくらむな、というのみであった。話が終ると、イギリス人某が登壇して演説した。イギリス人とインド人は骨肉同様に親しい、というのが大意である。弁舌なめらかでお世辞たらたらだ。（中略）イギリス人は論ずるに足りないが、私はただ、大隈伯が東方の英傑でありながら、こういう調子のいいご機嫌取りの言を吐いたことを怪しむ。老いぼれて気力が衰えたのか、それとも、〔日英〕同盟があるためインド人に手を貸したくなかったのか。政権担当者や在野政党の首領ならばそういべきなのだろうが、大隈伯はすでに引退して国政と無関係であり、それでもなおこんなことをいうとは、私はまことに理解できない。(48)

シヴァジー王（Chatrapati Shivājī,1627[1630]-1680）とは、印度西部にあるMaratha帝国（一六七四―一八一八）の創立者である。一六八一年にモンゴル系のムガール王朝が、シヴァジー王が亡くなったことを時機に

Marathaを侵入したが、一七〇七年にMarathaによって追い出された。Marathaは一八一八年に英国の侵略によって滅ぼされた。印度独立運動において、シヴァジー王を記念するシヴァジー祭は急進派のリーダーであるティラックによって西印度とベンガルに広がり、独立の理念を大衆に浸透させる宣伝に利用された。(49)

章炳麟はここで日本の政治家の大隈重信（一八三八―一九二二）がシヴァジー祭の演説において英国の印度に対する植民統治を美化し、印度の独立革命を支持しないことを批判した。大隈重信は一九〇七年に憲政本部総裁を辞めて早稲田大学の学長になり、学内で「印度学会」を創立したが、彼が講演の招待を受けたのはこの直後である。(50)章炳麟の不満もすでに民間の身となった大隈に対してのものである。日英同盟のアジア連帯思想に対する衝撃は、「同盟があるためインド人に手を貸したくなかったのか」という言葉からも窺える。実際、大隈重信は日英同盟締結における重要な人物であり、この同盟がアジア連帯の理念に影響を与えたことも想像できる。

章炳麟が大隈を通して日英同盟を批判することは、「印度人の日本観」（「印度人之觀日本」一九〇八年四月）にも見られる。


日本の無趾人《あとなしひと》大隈重信、嘗《かつ》て亜洲《アジア》の事を演説す。支那、印度の人皆な往きて聴く。無趾曰「亜洲の文明の国、今日本を以て第一と為す。次は即ち支那。巴比倫《バビロン》（西アジア）、印度の輩《たぐい》の若《ごと》きは、往日の文化観るべしと雖も、今は則ち比較するに足らず」と。支那人皆な喜び、印度人皆な怒る。暇日《かじつ》（休みの日）印度人帯氏余を過《おとず》れる。因りて〔余〕此の事を道《い》う。帯氏則ち哂《わら》って曰う「日露戦争自り以来、日本人傲睨《ごうげい》（尊大不遜）甚しく、以為東方の龍伯（伝説上の巨大人）、即ち已が族と為せり（中略）印度の日本に於けるや、事の相渉《あいわた》るや鮮《すくな》し。日英同盟は則ち惟《た》だ印度に光復（復興）する事有ることを恐る。醜言もて詆斥す（辛辣なことばで謗る）も、亦た人情なり。[51]
前述の「帯氏」（ミスター・デー）は、正に竹内善朔の回想に出てくる印度独立運動の活動家の名前と一緒であるため、同一人物であろう。竹内によれば、「ミスター・デー」は外国語学校で教えている。[52]ここで章が言及した「帯氏」は、中国語の発音から推測しても、前に言及した、独立運動の活動家のTaraknath Dasであることが推測される。大隈重信は一八八九年に国家主義組織である玄洋社のメンバーである来島恒喜によって爆弾攻撃され、右足が切断された。そのため「無趾人」という章の悪言があるのだろう。ここからも、章の大隈に対する憎悪が見いだせる。この集会について、大隈侯八十五年史会所編の『大隈侯八十五年史』（一九二六年）は、次のように描いている。「君は四十年四月、印度の愛国者シバジ・マハジャ祭で『印度の将来』を説き、翌年七月、印度人の自省を促した。シバジ祭は毎年本邦在留印度人のみで挙行したが、四十年には、日印協会及び同会に関係ある人々をも招待して開いた。君が演壇に起つと、印度人の眼は喜悦に輝いた」と。[53]これは章炳麟の筆下の中国、印度の革命派の参加者の反応とは大きく異なるものであることが分る。『大隈侯八十五年史』では、大隈が、イギリスの代表に同盟範囲を印度本土にまで拡大するよう、どうやって助言をしたのか、その経緯が描かれており、大隈の日英同盟の貢献を評価している。[54]
また、一九一一年の第三回日英同盟調印後、一九一五年二月十五日に、印度革命党はシンガポール駐在の印度籍の兵士（大半はイスラム教徒）を、英軍がシンガポールにあまりいないタイミングを狙って武装蜂起した。日本が英軍の要求を受け、軍艦対馬艦と海兵隊を派遣して、蜂起を弾圧した。大隈重信は事後に『日印協会会報』（二十一、一九一八年）においてこの事件における日本の軍艦の功績を称えた。[55]
以上から大隈の印度に対する両面が見られる。一方では新しい列強のメンバーとして、イギリスの植民者とともに、国際政治における印度に対する強者の立場を共有する大隈の態度が見てとれる。他方、アジアで唯一列強に侵略されたことのない立場、ないし列強と対等である立場として、同じアジアの一員である印度に対面するとき、日本は、アジアの盟主という意識がどうしても隠せないのであろう。これは無論、印度に対する大隈の矛盾する二面である。

文化的主体の構成するアジア連帯の思想——方法としての印度

章炳麟の「印度」とは、まず日本がアジア連帯を破壊したことに対する批判的方法としての「印度」であることを指摘しておきたい。これは「印度人の日本観」（一九〇八年四月）にも出ている。
帯氏又曰：「日本未だ興らざる時に当たりては、亜洲諸国、時時小釁《きん》（ささいな間隙、不和）有りと雖も、猶お平和に近かりし、今や是に反す。夫れ土耳其《トルコ》は亜洲において忮戾《しれい》（背反、損傷）を為すこと、仁恩無し（冷酷無残）。然して以て大勢を撓乱《どうらん》す（掻き乱す）に足らず。白人を引きて以て同類者を侮る者、則ち誰ぞや」、と。[56]
ここで章炳麟が印度知識人の口を借りて、「引白人以侮同類」の日本を批判した。これは明らかに日英同盟、とりわけ第二次同盟を指している。
章炳麟にとっての「方法」としての「印度」とは、「印度」を中国を批判する「方法」として使うというものである。この視点はもちろん印度を特権化し、単純化する恐れもありうる（この点について戦後日本の思想家の竹内好（一九一〇―一九七七）の「中国」に対する態度を想起させられよう。本稿の「方法」としての「印度」という表現はもちろん竹内好から借用したものである）。

このような態度は章炳麟の「印度中興の希望」（『民報』第十七号、一九〇七年十月十日）という文章にも見られる。この文章において章炳麟は印度独立の活動家との付き合いに言及しながら、印度人民の運命を同情し、印度が一日も早く独立することを願っている。同時に、章炳麟は日本で留学する印度知識人を鏡に、「余、印度人の日本に在る者を視るに、明允《めいいん》（明朗誠実）塙堅《かくけん》（剛健）、学を嗜《たしな》んで怠けず、漢人の如き惰馳なる者あらず」と、中国人留学生を批判した。[57] 章炳麟はまた言う。


嗚呼《ああ》、観《み》よ、其［印度知識人］の志行慷慨卓厲《たくれい》（激烈）なること此《か》くの如きを。而も学術を成就すること、又遠く震旦《しんたん》（中国）人の上に在り。茲自《これよ》り以往は、則ち印度の独立を期すべし。而して吾国は絶望に殆《ちか》し。（中略）今由《よ》り之を観れば、震旦と印度の異る者は（中略）試に一たび核実（実際の調査）をすれば、則ち印度に逮《およ》ばざること遠く甚し。詐偽して恥無きは一なり。縮朒《しゅくにく》（萎縮）して死を畏《おそ》れるは二なり。貪叨《どんとう》（貪欲）して利に罔《くら》き（目がない）は三なり。惰を偷すんでを廃学するは四なり。浮華にして相競うは五なり。猜疑《さいぎ》して相賊《そこな》うは六なり。是れ六なる者は皆な印度に無きところ、吾国の独有する所なり。（中略）迷いて返らず、比鄰（隣邦、すなわち印度）を視るに草昧窮荒（未開の荒れ野）の如くす。又西人の言に震い（びくびくし）、矜華靡而羞質野、其視印度、蓋與西羌《せいきょう》（タングート）、馬来《マレー》と相等し［不相応であるほどはなやかなものを求め、その印度を見ることはタングートやマレーを見おろすのと同じである］。是由り之を言わば、漢土の弟昆（同胞）、皆な賈豎《こじゅ》（商売人）の見（考え）のみ。

（読み下しは同前。一行目の［　］内のみは引用者による）

ここで章炳麟は印度と中国の長短優劣を比較し、中国人の印度に対する過大な自己評価に基づく無知、傲慢を批判した。彼によれば、事実はちょうど正反対である。かくして章炳麟は「印度」を借りて中国人が印度人より良くない点を挙げた。特に中国人の周辺国家である印度、タングート、マライなどに対する傲慢無知を批判する。この傲慢無知は同時に欧米に対するコンプレクスと表裏を成しているとも批判した。章炳麟から見れば、それは権勢や利益を重視する市井の徒（商売人の考え）に過ぎないと罵倒した。ここで「印度」は明らかに章炳麟の中国を批判する「方法」となっているのである。
章はその文章「印度人の国粋論」（『民報』第二十号、一九〇八年二月二十五日）において、印度を例に、学術における「国粋」を主張することで、反植民的主体性と反満種族革命との関係を論じた。

人に自覚無ければ、即ち他人に陵轢《りょうれき》（侮辱）され、以て自生すること無し。民族に自覚無ければ、即ち他民族に陵轢され、以て自存すること無し。然れば則ち国粋を抨弾《ひょうだん》（指弾）するは、正に人をして異種（異民族）役（奴隷）為らしめるのみ。（読み下しは同前、二一一頁）

ここから見るかぎりでは、章炳麟の「国粋」の主張することは、単に民族主義的排他性を解消するものと解釈することはできない。加えて、彼の反植民的反帝国主義的文脈においても理解しなければならない。文化帝国主義に対する章炳麟の警戒は、彼の「戦闘性のある文章」（魯迅の章に対する評価）の一面であり、彼は「国粋」を通してある種の主体的具体性を付与しようとした。ここにおいて印度の「国粋」を通して、「国民」的「自覚」を、章がどれほど求め、願っているかが窺い知れる。これはすなわち反帝国主義的、反植民主義的主体性を育成することに直結しているからである。実際、印度のイギリス製品のボイコットと国産品愛用の運動のもう一つの側面は、同時に「自主」(self-reliance or Atmasakti) を提唱することであり、印度の民族の尊厳、自尊及び自信を取り戻し、進んで郷村のレベルにおいて自助(self-help)によって農村地帯における経済と社会の新生を求めようとした。同時にこの「自主」(self-reliance or Atmasakti)計画は国民教育も含んでいる。[58]このような印度独立運動は章炳麟の復古を通した文化革命に通じるものがあり、ともに文化的革命の性質を有している。他方、章炳麟の革命と比べて、印度独立運動のほうがもっと広汎な大衆運動であるという違いがあることも指摘しなければならない。

最後に、章炳麟の「方法」としての「印度」は、ある種の「文化主体性」を構成する方法でもある。章炳麟は「支那印度連帯之法」(『民報』第二十号、一九〇八年四月二十五日)において「今日に居《あた》りて漢土を維持せんと欲すれば、亦た印度を藉りて西方の屛蔽《へいへい》(藩屛)と為り、以て西人南下之道を遏《とど》む。(中略) 連帯の道は、宜しく両国文化を以て相互に灌輸《かんゆ》(流通、伝授)すべし」と述べる。[59]ここで章炳麟は印度の独立が中国の独立に繋がっており、印度の独立は、西洋帝国主義の南進を止めることにおいて世界的意味を持っている、と強調した。両国の文化的交流は、政治的防衛線にもなるということである。

ここからはっきりと見えているのは、章炳麟の「印度」とは、種の文化的、政治的アイデンティティの表れである、という点である。章炳麟が中国と印度をともに文明古国として見ているのは、ある種の文化的アイデンティティの表れである。他方、章炳麟が中国と印度をともに帝国主義と植民主義的支配から完全に独立されていない国だと見て、特に印度の境遇に同情した。これはある種の政治的アイデンティティの表れである。この意味において章炳麟の方法としての「印度」は単に日本と中国を批判するほか「方法」のみならず、中国の革命者を激励するものでもある。

章炳麟は一九一七年三月四日に上海で「アジア古学会第一次大会」に参加し講演をした(60)。中国在住の日本人平川清風（一八九一―一九四〇、記者）、西本省三（一八七八―一九二八、東亜同文書院教師、当時上海で雑誌『上海』を編集している）、植村久吉（『上海日報』主筆）などが参加した(61)。前述の文章からも見られるように、一八九七年から一九一七年までの二十年間、章炳麟はずっとアジア連帯の思想を持っており、そしてこの連帯の思想は徐々に文化的学術的色彩を帯びていった。そして一ヶ月後に、第二次アジア古学会が上海の日本人クラブで行われた。章炳麟の発言の前に、柏田忠一が「アジアのルネサンス」という題の演説をしている(62)。章炳麟が仏教とアジア古学との関係などについて講演した。章炳麟は「アジア古学」の呼びかけにおいて仏教の役割を強調したが、彼の「宗教」とは世俗的なものであり、儒教と道家哲学などを融合したものであることは前述の通りである。紙幅の制限上、この二つの「アジア古学会」における文化的学術的なアジア連帯の呼びかけについての分析は割愛する。

国家を超える「アジアの自主」――結語に代わって

章炳麟は「印度人の国粋論」（「印度人之論国粋」一九〇八年四月）において、

帯氏は曰く。「今日はアジアの為に計るに、独立、其の先なり。生分（仲違い）を均平（仲直り）して、其の稍次《やや》なり。彼是《あれこれ》を玄同し（一体化し）、政法（体制）を泯絶（打破）して、其の最後なり。大同を百年以後に求めて、旦暮《たんぼ》の計（差し迫った計画）を為さざるは、斯《こ》れ則ち務めを為さざるを知らずとなすのみ」

と述べた[63]。すなわち民族主義は一時のアジェンダであり、一時の過程、手段にすぎない。この意味において、アジア主義とは章炳麟の民族主義の別の表現にすぎない。大同、という普遍的な倫理性を求めることこそ、最終的な目標である。
章炳麟は、印度独立運動と英国の支配下にいる印度の人民に対して多大な同情を注いだ。この同情は、自分の国の人民の運命に対する同情と重なるものである。例えば、章炳麟は「インドのブラーハン、ボース二君を送る序」（一九〇七年四月）において次のように述べている。

インドの法学士ブラーハンがアメリカから来て、その友人のボースと共に、東京に私を訪問した。（中略）両君に会うと、互いに意気投合することがうれしかった。後になると悲しみがおこって涙を流した。両君はインドの衰微の有様と志士の計画とを語ったが、ますます悲痛になり自ら耐えがたい程であった。また私に中国の近況を問うた。ああ、わが中国は異民族に蹂躙され、民はたよるところを失っており、友邦の君子に語る価値もない[64]。

章炳麟の印度に対する感情は、連帯の意識に基づいているものである。彼はのちに国民党の右派となった胡漢民（一八七九―一九三六）への文章「祐民に答える」（一九〇八年）において、「もしインドが先に独立すれば、必ず中国を支援すべきであり、もし中国が先に独立すれば、やはりインドを支援すべきだ」と述べている[65]。
Rebecca Karl が指出したように、亜洲和親会の組織形式で「アジア」を実体化することは、一方その前のグローバリズム（globalism）が後退していることの表現でもある。他方、このグローバリズムはすでに具体的な政治化の形式に転じたことをも表している。[66] いずれにせよ、亜洲和親会の成立によって象徴されたアジアの左翼活動家の連帯は、一つの運動としては必ずしも成功しているとは言い難い。本稿で述べてきた国際情勢の変化などの要素以外に、日本の対外的拡張と対内的専制化は、この運動に対して直接な影響を与えた。後者に関しては、例えば、一九〇八年一月十七日の「金曜日屋上演説事件」において、堺利彦、山川均、大杉栄、竹内善朔などの逮捕は、中国の張継がパリへ亡命する切っ掛けともなった。のちの一九一〇年の「大逆事件」で十二名の日本無政府主義者、社会主義者が処刑された。ある日本初期社会主義運動に対する研究で指摘されている通り、これらの弾圧事件こそ、章炳麟の主催した中国同盟会機関誌『民報』が休刊となり、章炳麟も罰金を支払わされ、劉師培・何震夫婦が無政府主義雑誌『天議』を休刊して日本を離れたことなどの重要な要因である。[67] 他方、われわれは一つの事実に注意すべきである。それは、短くない期間、強固なものとは言えないにしろ、東京がアジアの革命家の集結する中心地であったことである。このアジアの革命者の中心地は、一方、新興帝国としての明治日本の国家暴力にも直面している。他方、日英同盟はアジアの活動家を進んで連体させた要素ではあるが、日本政府が同盟国英国の立場に立ちながら印度独立運動を抑制した要素にもなっている。
章炳麟は一九〇七年の論文「五無論」において仏教と荘子思想を独自に融合した政治哲学から、無政府、無聚落、無人類、無衆生、無世界という「五無主義」を主張した。そのなかで彼は印度などの国とその関連にある民族主義に次のように論じた。

国家に執着する以上、民族主義に執着せざるをえない。しかし民族主義の中には広大なものがある。われわれが執着する対象は、漢族だけに限るのではない。その他の弱民族で、他の強民族に征服されて、その政権をぬすまれ、その人民を奴隷にされたものがいれば、もし余力があれば、必ず救って回復すべきである。ああ、インドとビルマはイギリスに滅ぼされ、ヴェトナムはフランスに滅ぼされて、弁舌・知恵のすぐれた温厚な種族が完全に滅亡した。それ故、わが種族は回復すべきであるが、わが種族でなくても、聖哲を生んだ古い国の遺民が奴隷に身をおとしていることに耐えられようか。民族主義を完璧なものにしようとすれば、わが真心をおしひろげて、あの同病の種族を救い、完全独立の地位に立たせるべきである。(68)

章炳麟の民族主義はかなり複雑であり、様々なる相を持っているため、決して単純に種族主義の枠組みで解釈できるものではない。国家の個人に対する抑圧の問題こそ、章炳麟政治学の中心である。辛亥革命の前でもあり、漢族中心の種族革命は確かに章炳麟民族主義の中の一つの問題である。しかし章炳麟のこの問題は、反満革命のための重要な宣伝戦略でもあったことを抜きにしては、歴史的事実とはいえない。(69)さらに重要なのは、章炳麟のアジア連帯が、国家間の連帯ではなく、異なる国家の革命者の連帯から、人民と人民との連帯へというプロセスのものであることである。章炳麟の民族主義には、専制制度下にある本国の人民と、弱い国の人民に対する深い同情がある。少なくともこれまでの議論から見られるように、彼のアジア連帯の思想は国際主義色彩のある「民族主義」である。彼から見れば、「完璧」な「民族主義」とは、「民族主義をものにしようとすれば、わが真心をおしひろげて、あの同病の種族を救い、完全独立の地位に立たせるべきである」。言い換えれば、「完璧な民族主義」とは、弱いものに対する同情に基づく国際主義の、別の表現でもあろう。
章炳麟に対する筆者の疑問は、朝鮮問題に対する言及の少なさである。印度独立の問題を中心に章炳麟が情熱的にアジア弱小民族の連帯を提唱した『民報』の文章シリーズの傍ら、確かに『民報』第二十一号において印度関連の文章の傍ら、「韓国人之露布」と付録「告韓僑檄文」において韓国に同情する文章を掲載している。しかし、基本的に『民報』の文章では朝鮮への言及は限られている。この点について想起させられたのは、石母田正（一九一二―一九八六）の幸徳秋水批判である。石母田は一九五三年の論文において、幸徳秋水の日本の帝国主義政策に対する批判や、中国などのアジア革命家の活動への積極的な参加、『資本論』の伝播、アナーキズム理論の展開、などを高く評価したが、他方で、濃厚な無政府主義的コスモポリタニズム思想・無政府主義的共産主義思想の持ち主であるがゆえに、中国、印度の革命家の民族独立の気持ちに対して冷淡であることを批判した。(70)似たような批判は章炳麟に当てはまるのかは定かではない。これは辛亥革命の海外基地、『民報』の所在地が東京にある点を思い出せば理解はできるかもしれない。畢竟、韓国の問題は帝国日本の核心利益だからである。しかし、理由は別として、事実関係で確実に言えるのは、章炳麟のような思想家ですら韓国問題への言及が少なかったということだ。

戊戌の変法失敗後に、改良派の梁啓超と革命派の章炳麟は共に印度に言及したが、両者の違いも明らかであろう。その違いとは、明らかに梁がネーション・ビルディングを中心とする民族主義（statist-nationalism、或いはstate-centered theory of nation）(71)であるのに対して、章炳麟は、時には種族主義をその宣伝の言説にしながら、反国家的民族主義者（Anti-statist-nationalism）でもある。後者に関しては章炳麟の論文「国家論」においてはっきりと見られてる。

一、国家の自性〔固有・不変の本体〕は仮有《けう》〔因縁により現象としてかりに存在〕であって、実有《じつう》〔真実に存在〕ではない。二、国家の作用は勢いやむをえず設たけのであって、道理の当然として設けたのではない。三、国家の事業はもっとも卑賤なものであって、もっとも神聖なものではない。（中略）要するに、団体は真であり、団体は幻である。[72]

章炳麟の政治哲学については、また別の機会に委ねたいが、簡単に指摘すれば、すなわち章炳麟が根本的に着目している点は、その政治哲学における最も重要な概念の一つとしての「自主」である。[73]この意味において、章炳麟の言う「アジア自主」とは、アジア民衆の「自主」でもある。「自主」自体は章炳麟の政治思想における重要なキーワードの一つである。[74]したがって彼のいうアジア連帯とは、革命者間の連帯から民衆の連帯へと発展するものであり、政府の間の連帯ではけっしてない。あるいは別の言い方で言えば、人間の個の自主があるからこそ、真の意味での国の「自主」があり、決してその反対ではない。これは章炳麟のアジア連帯思想を含む政治思想を理解するうえで、重要な点である。この意味において章炳麟は別類の民族主義革命者である、と言える。

やや皮肉な意味において本論は事実上二つのタイプの国際連帯を紹介してきた。日英同盟と、亜洲和親会などのアジア連帯、という二つである。しかし、両者は次のような本質的な違いがあろう。まず、日英同盟は帝国主義者、植民主義者の間の連合であるのに対して、章炳麟らのアジア連帯思想は帝国主義・植民主義に反対する連帯である。次に、前者は革命を反対する連帯であるのに対して、後者は革命者の連帯である。後者の連帯は、対外のための連帯だけでなく、対内的な専制主義反対の連帯でもあり、民主を求めようとする運動である。前者は軍事的、政治的連合であるのに対して、後者は政治的であると同時に、文化的連帯でもある。前者は国家、政府間の連合であるのに対して、後者は民衆、革命者の間の連帯として、国家を乗り越える側面を持っているのである。

注

（1）章炳麟を含む清末知識人と生物進化論言説との関連については、坂元ひろ子『中国民族主義の神話：人種・身体・ジェンダー』（東京：岩波書店、二〇〇四年）「第一章」、を参照されたい。
（2）「與宮崎寅藏平山周的談話」（一八九七年八月下旬）、中国社会科学院近代史研究所、中山大学歴史系、廣東省社会科学院合編『孫中山全集』第一巻（北京：中華書局、一九八三年）、一七四頁。
（3）「総理民初遊日在東亜同文会假華族会館歡迎席上演説詞之一節」、『孫中山全集』第二巻、一五一一六頁。
（4）『孫中山全集』第十一巻、四〇九頁。
（5）湯志鈞『章太炎年譜長編：1868―1918年』上巻（北京：中華書局、一九七九年）、二〇八頁。
（6）明治思想との関連については、小林武『章炳麟と明治思潮：もう一つの近代』（東京：研文社、二〇〇六年）を参照されたい。
（7）日付は朱維錚、姜義華編注『章太炎選集註釈本』（上海人民出版社、一九八一年）、四二七頁による。
（8）竹内善朔「明治末期日中革命運動の交流」、『中国研究』（中国研究所編、東京：日本評論社、一九四八年九月）、七六頁。
（9）同前、七四―九五頁。
（10）湯志鈞が陶冶公の旧藏である中国語抄稿から錄出したものである。湯志鈞『章太炎年譜長篇：一八六八―一九一八』、二四四頁。
（11）竹内前掲書、七八頁。
（12）竹内前掲書、八〇頁。
（13）Bipan Chandra, *India's Struggle For Independence 1857-1947*, New Deli: Viking (Penguin Books India Ltd.), 1988, p.147.
（14）西順蔵・近藤邦康編訳『章炳麟集：清末の民族革命の思想』（岩波文庫、二〇〇四年）、三四七―三四八頁。すこし調整がある。
（15）狭間直樹・松本健一「章炳麟と明治の「アジア主義」」、『知識』（世界平和教授アカデミー編、一九九〇年八月号、二四九頁。
(16) レーニン『帝国主義』宇高基輔訳、(東京：岩波書店、二〇〇九年)、一六頁(「フランス語及ドイツ語版序言」)。
(17) Charles Muller, *Digital Dictionary of Buddhism*, The University of Tokyo, 1995 (http://www.buddhism-dict.net/cgi-bin/xpr-ddb.pl?q=旃陀羅).
(18) 前掲 Charles Muller, *Digital Dictionary of Buddhism* (http://www.buddhism-dict.net/cgi-bin/search-ddb4.pl?Terms=%E5%A9%86%E7%BE%85%E9%96%80)
(19) 西順蔵・近藤邦康編訳『章炳麟集：清末の民族革命の思想』、三五〇頁。原訳の「平等」を原文の「平権」に戻した。
(20) 日本国外務省編纂『日本外国年表竝主要文書』上巻（東京：日本国際連帯協会、一九五五年）、二〇三頁。
(21) 同前、二四一頁。
(22) 梁啟超『飲冰室合集集外文』上冊（夏曉虹輯、北京：北京大学出版社、二〇〇五年）、八〇頁。
(23) 梁啟超『飲冰室合集』第三巻（北京：中華書局、二〇〇三年）、一八〇頁。
(24) 引用は以下より：Bipan Chandra, *India's Struggle For Independence 1857-1947*, p.125.
(25) Ibid., p.128.
(26) Ibid., p.138.
(27) Ibid., p.137.
(28) Ibid., p.138.
(29) Rebecca Karl, *Staging the World: Chinese Nationalism At the Turn of the Twentieth Century*, Durham and London: Duke University Press, 2007, p.12, p.155.　魏源『海国図誌』巻一。『魏源全集』第四冊（長沙：岳麓書社、二〇〇四年）、一二五頁。
(30) 前掲 Rebecca Karl, *Staging the World: Chinese Nationalism At the Turn of the Twentieth Century*.
(31) Ibid., pp..169-163.
(32) 島田虔次『中国革命の先駆者たち』（筑摩書房、一九六五年）、二六七頁。
(33) 西順蔵・近藤邦康編訳『章炳麟集：清末の民族革命の思想』、二三九―二四〇頁。

（34）引用は以下より：Rebecca Karl, P.267.
（35）Sant Nihal Singh, "Indian Student in Japan," *Indian Review*, September 1906, p.673.（引用は以下より:Birendra Prasad, *Indian Nationalism and Asia*, Delhi: B. R. Publishing Co., 1979, p.45.）
（36）Arun Coomer Bose, *Indian Revolutionaries Abroad1905-1922: In the Background of International Development*, Patna: Bharati Bhawan. 1971, P.66.
（37）J. B. Whitehead to W. Cunnigham, 28 June 1900. 轉引自：T.R. Sareen, *Indian Revolutionary Movement Abroad*（*1905-1920*）, New Delhi, Bangalore & Jullundur: Sterling Publishers PVT Ltd., 1979, p.145.
（38）Note by Curzon 31 July 1905. Foreign Department, Internal B, August 1905, No. 420. N.A.I. 轉引自：T.R. Sareen, *Indian Revolutionary Movement Abroad*（*1905-1920*）, p.145.
（39）小野川秀美はその表記を、疑問を込めながらPradhanと推測したこともある（小野川秀美編『民報索引』下巻、「歐漢訳名対照表」京都大学人文科学研究所、一九七〇—一九七二年、巻末六頁）。近藤治『東洋人のインド観』（汲古書院、二〇〇六年）、二二三頁。
（40）長崎暢子「日本のアジア主義とインドの民族運動」、大形孝平編『日本とインド』（三省堂、一九七八年）、七二頁。本後表記は、ムハンマド・バルカトゥラーとされた。
（41）Arun Coomer Bose, *Indian Revolutionaries Abroad1905-1922: In the Background of International Development*, P.67. もう一人の印度学者の表記もMaulavi Barakatullahであるが、東京大学で教えているという指摘は間違えであろう（T.R. Sareen, *Indian Revolutionaries, Japan and British Imperialism*, New Delhi: Anmol Publications, 1993, p.13. 以及：T.R. Sareen, *Indian Revolutionary Movement Abroad*（*1905-1920*）, p.146.）。
（42）Arun Coomer Bose, *Indian Revolutionaries Abroad1905-1922: In the Background of International Development*, pp.30-40.
（43）Free Hindusthan. July, 1908, J. & P. 4803 of 1911 with 275 vol. 1129 of 1912. 筆者は、Arun Coomer Bose, *Indian Revolutionaries Abroad1905-1922: In the Backgound of International Development*, P.67 から引用したものである。西順蔵、近藤邦康編訳『章炳麟集：清末革命の思想』においても印度の学者の研究に基づき似たような推測がある（岩波書店、二〇〇四年、二五

〇頁)。
(44) Arun Coomer Bose, *Indian Revolutionaries Abroad1905-1922: In the Background of International Development*, p.50.
(45) 丁則良「章炳麟與印度民族解放鬥争：兼論章氏対アジア民族解放鬥争的一些看法」(中国社会科学院歴史研究所『歴史研究』一九五七年第一期)、二十六頁。
(46) Arun Coomer Bose, *Indian Revolutionaries Abroad1905-1922: In the Background of International Development*, pp.50-51.
(47) *Free Hindusthan*, Vancouver B.C., April, 1908.
(48) 西順蔵・近藤邦康編訳『章炳麟集：清末の民族革命の思想』、二四〇―二四一頁。
(49) Bipan Chandra, *India's Struggle for Independence 1857-1947*, p.130.
(50) 内藤雅雄「近代日本の形成と英領インド」、大形孝平編『日本とインド』、六五頁。
(51) 読み下しは、近藤治『東洋人のインド観』、二〇七頁、による。
(52) 竹内前掲書、回憶文章、七十八頁。
(53) 大隈侯八十五年史会編『大隈侯八十五年史』(一九二六年)(東京：原書房、一九七〇年復刻、第二巻)、七〇三頁。
(54) 大隈侯八十五年史会編『大隈侯八十五年史』第二巻、四三九―四四〇頁。
(55) 引用は、長崎暢子「日本のアジア主義とインドの民族運動」(大形孝平編『日本とインド』)、七一頁からのものである。
(56) 読み下しは、近藤治『東洋人のインド観』、二〇九頁による。
(57) 読み下しは、近藤治『東洋人のインド観』、二〇四頁。
(58) Bipan Chandra, *India's Struggle For Independence 1857-1947*, p.130.
(59) 読み下しは、近藤治『東洋人のインド観』、二一四頁。ただしすこし調整もある。
(60) 湯志鈞『章太炎年譜長篇：一八六八―一九一八』、五五三頁。
(61) 同前、五五四頁。
(62) 同前、五五四頁。

(63) 念のためにこの読み下しの原文を付けておく。「今日為亜洲計、獨立、其先也；均平生分、其稍次也；玄同彼是、泯絶政法、其最後也。求大同于百年以後、而不為旦暮計者、斯則為不知務爾」。読み下しは、近藤治『東洋人のインド観』、二二一―二二三頁。
(64) 西順蔵・近藤邦康編訳『章炳麟集：清末の民族革命の思想』、二四五―二四六頁。
(65) 同前、四〇六―四〇七頁。
(66) Rebecca Karl前書、一五九頁。
(67) 原英樹「竹内善朔論：その生涯と思想」、『初期社会主義研究』創刊号［一号］（東京：隆弘社、一九八六年秋）、一〇六頁。
(68) 西順蔵・近藤邦康編訳『章炳麟集：清末の民族革命の思想』、二七一―二七二頁。
(69) この問題については、坂元ひろ子『中国民族主義の神話：人種・身体・ジェンダー』、七七―八二頁を参照されたい。
(70) 石母田正「幸徳秋水と中国」、石田母『続・歴史と民族の発見』（一九五三年初版）（東京大学出版会、一九六〇年）、三一九―三五四頁。
(71) 後者はRibecca Karlの言い方である。Karlは章をethno-nationalistと見たが、外れていると思われる。前掲Karl著作、p.142.
(72) 西順蔵・近藤邦康編訳『章炳麟集：清末の民族革命の思想』、三二四―三二五頁。
(73) 小林武は章炳麟の「自主」概念とショーペンハウアーとの関連について論じていた。小林武・佐藤豊著『清末功利思想と日本』（東京：研文出版、二〇一一年）、三二六―三三二頁。
(74) 「支那印度連帯之法」、『民報』第四巻、三一六三頁。

6．戦前・戦中の日本の「中国」および「東洋」に関する知識生産

橘樸を中心に

趙　京　華（翻訳：松原理佳）

戦前・戦中の日本の「中国」および「東洋」に関する知識生産と橘樸の位置

一つの時代における知識生産は、その時代の世界的な政治構造や社会構造の変動から大きな影響を受けるものであり、その中から想像の根源力を獲得する。逆に言えば、ある時代に人文学的な概念を経由して構築された社会知識は、その時代の激変、とりわけ主導的な権力政治やある特定の国家の権力意思を強く反映し、同時に、そこから多かれ少なかれ様々な制約を受けるものである。したがって、知識生産や概念の構築を過去にさかのぼって研究する際には、技術的側面に限定して考察するのではなく、知識と概念、時代と社会が複雑に交錯しあった関係構造を深く掘り下げることによって、その背景にある文化や政治を認識しなければならない。「東アジア近代の知識構築」について議論する場合は、なおのことである。

周知のように、一八七〇年代に世界が帝国主義時代およびグローバルな国際体制へと突入すると、従来の東アジア地域の構図に根本的な変化が起こった。日本は、明治維新と二度にわたる大規模な対外戦争を経て

一躍新興の帝国となり、地域の中心国家、すなわち東アジアの盟主の座に就いた。第一次世界大戦後、特に「満洲事変」後には徹底して「大陸経営」と対外拡張の路線をたどり、欧米に対抗することで世界を制圧しようと試みたのである。このような世界制圧の国家戦略の形成は、日本の人文社会科学の総体的な発展を強く刺激し、牽引するものであった。とりわけ、「中国」と「東洋」に関する知識生産の成果は顕著で、二十世紀前半には全盛期を迎えただけでなく、日本帝国の経済力と軍事力が浸透するにつれて、これらの植民地学的性格をもった知識が東アジア近代社会に対し強大な影響力を生み出すようになったのである。

近代日本における「中国」と「東洋」に関する知識構築は、明治維新以降四十年にわたるヨーロッパの知識および方法論の翻訳、吸収を経て、従来の中国儒学を中心とした知識体系の影響下から徐々に脱け出し、二十世紀初頭には独自の体系と規模を形成した。例として、「支那学」とも呼ばれた中国研究について見てみると、以下の三類型の論述が確認できた。第一には、政治家、外交官および国家戦略論者に代表される中国の政治や時局、革命運動に関する論述で、公的な色彩を強く帯びているものである。第二に、京都学派に代表されるような、近代ヨーロッパの学術、とりわけドイツ文献学の方法によって中国の歴史、文化を研究する講壇の支那学。さらに、中国を対象とした社会学研究があり、これが後にマルクス主義研究者を内包していく。第三が、帝国日本の対大陸拡張政策ならびに国民の政治、文化に対する関心の高まりに迎合して生まれた、いわゆる「支那通」。つまり、趣味本位の中国論である。この種の中国論の多くは日本の大陸浪人やジャーナリストによるもので、わりあい通俗的であり、なかには低俗なものさえあった。しかし、一般の国民が読むレベルにおいては広範な影響力を有していた。したがって、戦前・戦中の日本では、主として官、学、民の三つの力が結びついて「中国」に関する知識生産を担ったと言えよう。これらの三つの力の源泉は、それぞれ、新興帝国の大陸および東アジアに対する覇権戦略、ヨーロッパの洗礼を受けた知識界の自己と他者の関係を新たに解明したいという願望、そして一般の国民の周辺世界を知りたいという熱意にあった。しかし、こうした知識はもとよりある種の植民地学的な性格を帯びており、帝国日本が世界制圧と対外拡張という滅亡への道を歩む一九三〇年代以降には大陸経営の「国策」の内部へと吸収された。あるいは、国家主導の「大陸政策」や「大東亜共栄」論が、暗黙のうちにこうした知識生産の前提となっていたとも言えるかもしれない。「東洋」に関する知識構築についても、状況はおおよそ同じである。

前述の日本の中国研究者（第二カテゴリー）と東洋論者（第三カテゴリー）の間に位置し、長らく筆者の好奇と関心を引き続けて止まない二人の人物がいる。一人は『朝日新聞』特派員として一九三〇年代初頭に上海に滞在し、中国の左翼文化運動に積極的に身を投じて見聞を広めたことで中国問題専門家として名を馳せた、尾崎秀実《おざきほつみ》である。もう一人は、生涯の大半を中国で過ごし、ジャーナリストならびに中国問題評論家として名高い橘樸《たちばなしらき》である。両者とも講壇の支那学者とは異なる研究家であり、中国の社会および近代革命に対し、深い理解と同情を示していた。また、彼らの言論も、趣味本位の「支那通」をはるかに上回る卓越した水準に達するものであった。日中戦争開戦に前後して、彼らは日本に帰国する。帰国後は、国が主導する中国時局と大東亜建設に関する議論に参加して当時の論壇で影響力を持つようになり、やがて国策研究団体である昭和研究会のメンバーとなった。彼らは「民間」から「国家」へと向かったことで、その自由でみずみずしい思想に、制度とイデオロギーという枷をはめることとなってしまった。彼らの「中国」と「東洋」に関する論述は、特殊な緊張感を帯びている。つまり、国家に服従すると同時に、それにより形成された思想的緊張を乗り越えようとしているのである。しかしながら、最終的に彼らの考えが国に受け入れられることはなかった。共産主義者である尾崎秀実が処刑されたことは言を俟たないが、橘樸もまた日本の内務当局から密かに監視されることとなった(1)。

本論文では、橘樸（一八八一―一九四五）を研究対象とする。橘は、日本近代思想史上の位置づけが難しい人物である。その波瀾万丈な生涯と後期における「右傾化」のために、戦後日本の知識人の多くは、基本的に彼に対して否定もしくは黙殺といった態度を示している。橘樸は、一九三〇年代以降、関東軍の中国東北部における植民地経営にイデオロギーの面から積極的に関与したことから、「満洲国理論家」と見做されている。さらに、大戦期には日本の「国体」および「大東亜建設」等の政治方針に関しさかんに議論を行ったため、一般的に「右翼」の歴史人物に分類される。一九六三年に筑摩書房から出版された『現代日本思想大系』には、橘樸の文章は一本も収録されていない。また、吉本隆明や鶴見俊輔といった進歩的な批評家は、より直接的に彼を国粋主義者ないしは「超国家主義者」と見做し、批判している。(2)つまり、戦後日本の思想史の叙述において、橘樸は長らく周辺的な位置にあり、さほど関心を得ることはなかったのである。しかし、一九六六年に『橘樸著作集』（全三巻）が編纂、出版され、一九八一年に橘の生誕百周年を記念した活動が展開されるにしたがい、小規模ながらも彼の思想・人生を再評価するブームが起こり、一連の関連文献・資料等が出版された。(3)

二十一世紀に入ると、再び日本の研究界に橘樸に注目する傾向が生まれた。例えば、酒井哲也は、二〇〇七年に著書『近代日本の国際秩序論』のなかで、橘樸の「郷団自治論」に着目し、「アナーキズム的な大正社会主義の国民国家批判」の論理との関連性から、橘の中国社会の自律性に関する叙述には「主権的国民国家を超克する可能性」が内在しているとして、これを評価している。(4)また、思想史研究者である子安宣邦の近年における一連の論述は、日本の知識界から冷遇されてきた橘樸をめぐる状況に明らかな変化をもたらした。とりわけ論争の対象とされる橘樸の「満洲事変」以降の思想や言行について、子安宣邦は次のような課題を提出した。つまり、橘樸の「満洲」への荷担はたしかに危ない投企であったが、こうした果敢な行動が新たな思想的な地平を開いていった。今日のわたしたちが「これを一九三〇年代の「方向転換」者のアジア主義的な夢想として葬ってしまうかどうかは、二一世紀のわれわれが現に直面しているアジア的問題の文脈で橘樸を読むことができるかどうかにかかっている。少なくとも私は橘から、民衆自治的〈アジア再生〉のための大きな示唆を受け取る」[5]。

ここには、これまで多くの論争の的となってきた橘樸から、二十一世紀における主権国家を超越した地域社会の構築に資する「再生」知識を新たに掘り出そうとする日本の研究者の貴い努力が見て取れる。しかしながら、前述のように、橘の世代の日本知識人には、「国家」に対するある種の反逆意識はあったかもしれないが、最終的には「国家」による強力な封じ込めと束縛を乗り超えることはできなかった。「満洲建国」の青写真を含め、橘の中国研究と「東洋」に関する各々の叙述はすべて帝国日本の大陸政策、海外拡張戦略と密接に結びついていた。この点については、子安宣邦の他の著作に明確な論述がある[6]。あの激動の時代に、日本人である橘樸が中国を深く、なおかつ誠実に理解したことは、確かに敬服に値する。「満洲建国」における「王道自治」の理念や「東洋的共同社会」の論述もまた、一定の示唆的意義を有している。しかし、筆者にとって最も重要な課題は、橘樸の生涯における「中国」と「東洋」に関する知識構築、とりわけこうした知識の全体構造の特徴とその背後にある政治性を深く掘り下げて考察することにある。

本稿では、上述の二人の日本人研究者の議論を踏まえ、以下のような視座と論理に基づいて論述を行う。第一に、明治維新以降の日本における「中国」と「東洋」に関する知識構築の過程を横軸にとり、橘樸の中国研究におけるいくつかの独創的な概念の含意とその価値を検討する。第二に、「国家意識」を縦軸にとり、橘の「方向転換」後の「王道自治」や「東洋的共同社会」等の概念の生成過程および論理構成と、その内包する日本の大陸政策論的性格について見る。第三に、それらを歴史的な政治学の観点から批判し脱構築した上で、再度、橘樸の思想が今日の「近代東アジアの知識構築」においてどのような意義を持つのかを詳しく論じたい。

橘樸の中国研究の経路と方法論の特徴

橘樸が自らの中国研究を始めたのは、新聞記者として訪中してから十年後の一九一六年のことであった。十年間にわたる中国生活と現地観察は、書斎に引きこもる学者たちとは異なる豊富な経験と、立場上獲得することができた資料の蓄積を可能にした。同年には、不定期刊行物『支那研究資料』の編集および発行に携わり、自ら「半学究的生活」(7)に入ったとしている。後年に出版した『職域奉公論』の「序説」で述べているように、橘樸は一貫して自らが「支那学者」であるとは認めず、むしろ「中国社会を対象とする評論家」であることを強調し、その「中国評論の動機は物好きや知的欲求にあるのではなく、主として政治目的、即ち日華両民族の正しい関係の理論及び方法を探索することにあつた」としている。一九三一年に至るまで、彼は一貫して「傍観者の立場」(8)を維持した。仮に、彼の中国研究が、その「半学究的生活」によって当時の高尚な講壇の「支那学者」や趣味本位の「支那通」と差異化されたとするならば、「傍観者の立場」とは、橘が基本的に政治家や外交官、あるいは国家戦略論者とは異なる「民間」の位置を堅持し、意識的に「日本の国家」と距離を置いたことを意味している。このことが橘の中国研究の独創性と「在野」的性格を促したのである。言い換えれば、明治維新以来の日本国民の中国認識のなかの偏見に気付き、これに対抗していくまさにその過程において、橘は中国を観察する方法論的視座を獲得したのであった。また、それゆえに、彼の

「中国」観察は近代日本の知識生産のなかで特別な意義を有したのである。

すでに指摘があるように、明治維新以降、日本は中国文明の景仰からヨーロッパ崇拝へと転換し、文明と野蛮という二元論的な判断基準の下で「中国を蔑視する思想」が生まれた。日清戦争に勝利してからは、欧化主義と表裏一体のものとして、中国を、儒教的伝統を固守し改革を行おうとしない「固陋の国」と見做す風潮が発生した。さらに、この風潮は、文明論的なレベルから、中国における近代主権国家の統治能力の存在を否定するという政治的なレベルにまで発展していった[9]。明治前期における、「西洋の文明を目的と」し、旧習を墨守する中国と朝鮮を拒絶するという福澤諭吉の「脱亜論」の思想や、辛亥革命後に山路愛山、内田良平、内藤湖南等の「支那論」で提示された中国の近代国家統治能力に対する懐疑的な態度からは、こうした「中国蔑視」の風潮の変遷の軌跡が見て取れる。一方、辛亥革命後まもなく中国研究を始めた橘樸は、こうした日本国内の風潮とはまったく異なる方法で論を展開した。彼が最初に言及したように、中国人の思想の核心が伝統的な儒教ではなく「通俗道教」にあるとするならば、この視点が見据えているのは、中国を儒教的伝統を固守する専制国家と見做す、明治維新以降の一般的な風潮であろう。また、橘が、中国の下層社会に強大な自治能力を持つ「村落自治体」が存在していると強調したことは、中国に近代国家統治能力がないものと見做す大正期に流行的な見方を意識したものであった。この少し後に橘が展開した「官僚階級支配論」は、彼が自らの研究を中国社会の深部へとさらに深化させ、階級という観点から構造分析を行うことで得られた成果である。ここに橘樸の中国研究の漸次的な体系化と方法論上の成熟が見て取れる。

具体的な議論に入る前に、まず、橘樸が、日本人が中国を蔑視するという思想傾向をどのように批評していたのかを見ておこう。一九二四年に『月刊支那研究』創刊号に寄稿した「支那を識るの途」のなかで、橘はいわゆる「支那通」を例にとり、日本の一部の国民の中国に対する傲慢な無知と偏見を批判している。

中国知識の豊富な所有者を俗に支那通と呼び習はし、世人は一面に之を重宝がり他面に之を軽侮して居るのであるが、支那通の軽侮を受ける理由は、彼等の経済的及び道徳的欠陥を別とし、其の表芸たる中国知識の内容の非科学的な為であつて、（中略）彼等の持つ中国知識そのものが凡て断片的であつて其間に何等の統一又は連絡なく、必要に応じて兎の糞の様にポロリ〳〵と間に合せ的に出て来るに過ぎないのだから、全然とは言ひ得ない迄も、聴者の頭で適当に取捨及統一を与へぬ限り殆ど実際の役に立たぬのである。(10)

橘は、こうした中国認識の非科学性と非体系性には、より深い社会的根源があると考えた。それはすなわち、近代の日本国民に中国に対する常識的な理解が概して欠如していたこと。さらには、自民族の優越感からくる蔑視の心理である。それらは、以下の三つの点にあらわれているという。第一に、日本人が無反省のうちに、傲慢にも自分たちの方が中国よりも先進的であると考えたこと。第二に、日本人が中国を儒教国家であると当然のように考えたこと。第三に、これとは自己矛盾する形で、中国人をまったくもって道徳感情が欠如した民族であると見做したことである。橘は、日本人がこのように誤って中国人を認識した理由を、世の中に人間の善悪に関わる普遍的な基準が存在するという迷信からいまだに抜け出せていないことにあると考えた。そのため、橘は自らの中国研究においては、普遍主義の思想的障壁を突破し、できるだけ中国人の基準にたって中国を批評する立場をとると強調したのである。(11) 筆者はこの「中国人の立場」の意味を、相手の立場に立って共感し理解する態度であり、中国の歴史と現実を尊重しつつ客観的に中国を観察することであると考える。あるいは、ヨーロッパや日本を価値基準とする自己中心主義を否定することによって確立された、中国本位的な立場とも言えるだろう。一九二三年一月七日に橘樸が魯迅を探訪した際、「支那には支那の尺度がある」[12]と強調したことも、そうした立場を明確に示すものである。

「傍観者の立場」にせよ、「支那の尺度」にせよ、それらはすべて橘樸の「中国本位」的な政治的立場と学問的方法の表明であり、これによって一般的な学者とは異なる思考の方法を形成したのであった。橘樸はその生涯のほとんどを中国社会革命の逆巻く大波の中に漂泊し、決して一介の象牙の塔の学者となることをよしとしなかった。彼は一貫して中国の下層社会、とりわけ農民問題に関心を払い、継続的に社会調査と国共両党の社会改革方略の追跡を行った。また、孫文の民族革命から社会革命へ至るまでの思想の転換の軌跡を、非常に熱心に、かつ綿密に考察し、五・四新文化運動の思想的指導者たちの影響を虚心に受け入れていった。こうしたことが、中国社会の現実と革命の動向に密着した橘の「下向き」の観察視座を構成したのであり、彼が一般的な象牙の塔の学者のような「上向き」の抽象的な方法をとることはなかった。それゆえにこそ、東アジア地域の歴史的大変動の時代に生まれ合わせた橘樸が中国革命と日中関係の劇的な変動にたえず関心を持ち続けたのであったし、あるいは理論的厚みに欠けている彼の著述が、二十世紀前半における中国の政治、経済、社会の大変遷の「生きた」記録となりえたのである。

樸の中国論における三つの核心的概念

橘樸の思想および著述活動は、「満洲事変」を境として前後二つの時期にはっきりと分けることができる。前期は中国を主な考察対象としており、その著述は中国の歴史、社会、文化、思想の各方面に渉る。また、この時期に、橘独自の論述体系が確立された。一方、後期は、主として「満洲国建国」理念と東洋的共同社会に関わる理論構築に思考の中心が置かれている。そのなかには、思考が中国研究の領域から東アジアへと自然に発展した部分も確かにあったが、それに加えて橘の思想観念と政治的立場に重大な変化が起こっている。その変化とはすなわち「民間」の立場から「国家」に協力する方向への転換であり、ゆえに、彼の後期の思想や学問は明らかに植民地学的色彩を帯びるようになったのであった。

ここでは、まず、橘の中国研究を考察する。研究の内在的な論述の枠組みは、以下の三つの核心的概念で構成されている。

通俗道教説

橘樸の中国道教研究は一九一六年に始まる。橘は、まず、下層社会の調査と道教経典の解読の二つから着手し、老子思想や神仙方術、民間俗信の各方面から総合的な考察を行った。主として老子以下の経典に関心をおいた当時の一般的な道教研究との差別化を図って、橘は日本の民俗学者である中野江漢とともに「通俗道教」という概念を提唱し、自らの中国研究の基礎を築いた。二十世紀初頭以降、海外の中国研究家ならびに中国本土の研究者が道教の中国社会と文化伝統に占める重要な位置に関心をもつようになり、関連の論述も続々と登場した。しかし、橘樸の道教研究は、彼自身が「通俗道教」と定義しているように、とりわけ社会の下層に浸透した民間の道教に着目し、それを一般的な宗教信仰のレベルにまで引き上げることで分析を行うものであった。フィールド調査と人類学、社会学を結び合わせた橘の研究方法は、わたしたちが儒教以外の視点から中国人の生活や思想信仰を理解するための重要な手がかりであり、橘樸の中国研究における特色にもなっている。

橘樸は、中国文明の起源という大きな視野から出発し、儒教は宗教ではなく、道教こそは中国の民族宗教であるという見方を提示した。橘によれば、二千年前の「原始儒教」はたしかに「上帝」を本尊とする歴とした宗教であったが、後に統一的政治組織が出現したのに伴い、支配と被支配の関係が社会全体にまで行き渡った。その結果、単一の素朴な民族宗教にも階級の暗い影がおち、分裂が生じた。そのうち一部は支配階級に掌握されて儒教の源流となり、また一部の被支配階級の間に残った素朴な民族宗教は、徐々に道教へと変化したのである。原始儒教は周王朝の末期にはその宗教性を失い、国教、すなわち支配階級が被支配階級を支配するための政治上および道徳上の鋳型と化してしまった。[13]橘は「支那民族の政治思想」のなかで、次のように書いている。「中国には古くから思想上の二大潮流がある。一つは儒教で他の一つは道教である。（中略）一口に言へば儒教は治者の利益に立脚して組立てられた教義であり、道教は之と正反対に被治者の思想及感情を代表するものである。従つて中国民族全体の思想なり感情なりが二大教義の何れにより多く表はれて居るかと言ふと、申す迄もなく道教である」[14]。

次に、橘は、道教には迷信的要素があることを認めつつも、全体としては強い共感と肯定を示している。ヨーロッパの宣教師が中国にキリスト教を伝えるに当たり、道教によってこれを阻害されたために、ヨーロッパの基準によって中国人は非宗教的な民族であり、道教は非宗教的な迷信であると断定したことに着目し、橘はこれを完全な偏見であると考えた。「道教に夥しい迷信気分の結び付いて居る事は争はれぬ事実だが、其の教理の本源は中国民族の間に必然発生すべき性質を持つたところの所謂民族的宗教であつて、耶蘇教や仏教と肩を並べて人類に普遍的に妥当すると誇る訳には行かないが、而も其れが立派な且つ大規模な宗教の一つであると云ふ事だけは充分に主張し得られるものである」[15]。仮に、教義の厳密さや唯一神の存在、あるいは厳格な教会組織といった形式を要求せず、人々が限りある時間のなかで無限の神通力の摂取を追い求め、それによって一生の快楽を手に入れようとする一種の必然的な要求として宗教を広く定義するならば、道教は疑いもなく一つの宗教である。

第三に、橘は「理論的な道教」と「通俗道教」を明確に区別した上で、後者に思考の重心を置いた。『太上感応篇』や『陰隲文』等が通俗道教の経典であると見て、注釈の解読を通じてその教義と永生観の抽出を図ったのである。橘によれば、道教が映し出す中国人の宿命観と迷信思想は、伝統的な政治および社会組織による精神的抑圧と物質的抑圧からくるものであり、それゆえに、徹底的な社会改革によってのみ、道教の迷信的な宿命思想を打ち消すことができるのである。これは、橘樸が宗教信仰を観察する時の歴史主義的な態度を反映するものであり、同時に、後に彼が中国の政治改革に関心を持つ重要なきっかけともなった。

官僚階級支配論

橘樸は、早くから『官場現形記』等の小説や、『清国行政法』(日本臨時台湾旧慣調査会報告、一九一三年)といった公文書を閲読し、階級闘争史観等を手がかりとして、以下のような認識を形成した。つまり、中国の官僚は安定した統治集団として宋代以降徐々に形成されたもので、近代国家の官僚制度とはまったく異なり、また、西欧や日本の封建貴族、領主階級とも違い、中国社会の特殊な現象であるというものだ。官僚階級は「父老」や「郷紳」といった退職した官僚と現役の官僚が上下に結びついて存在したもので、彼らは農民階級に対する経済搾取と政治的抑圧を作り上げた。このような農村から広く搾取するという社会の構造は、官僚社会が長期的に存在する上での基礎となった。橘は、「中国の官僚群は国家又は民族なる全体社会の中に在つて、一つの部分社会を構成して居る(中略)ビューロクラシーの場合には文武官僚及び之に準ずる者を含むに止るが、社会階級としての官僚群は文武官僚及び之に準ずる者は勿論其の家族及家系をすらも併せて包含するものである。最後の意味に於ける官僚社会は、中国に特殊な現象であつて、之が中国の政治及び社会組織を他のあらゆる国家乃至民族と差別せしむる所の根本原因の一つである」[16]としている。
では、中国に特有の官僚階級とはどのようにして生まれたのだろうか。橘樸は中国の歴史的変遷のなかに二つの主な原因を発見した。第一に、宋代初期に支配階級が欠乏したことである。この欠乏を充たすために、宋朝は貴族時代に制定された官吏登用試験制度である科挙を積極的に採用し、原則としてはこれが官僚登用の唯一の源泉となった。もちろん、科挙によって成立した官僚群では、ただそれだけで階級を構成することにはならない。なぜなら、官僚の身分は、法律上世襲制が認められていなかったからだ。しかし、従来からの家族主義の伝統が色濃い中国では、官僚は、法律上では世襲身分として認められなかったものの、一つの社会身分としては容易に広く承認を得られた。そうして、官僚階級の支配は、宋代より千年もの間、中国の政治経済および社会構成の基本的な特徴となったのである。そして第二に、政治的搾取によって社会の富が官僚群に集中する傾向があったという事実は、社会の官僚に対する崇拝を招き、なおかつその身分の社会的世襲に対する承認を促したのである。[17]
これらの認識を基礎として、橘樸は独自の中国革命論を形成した。橘は、二千年余りにわたる中国の歴史において「四期の乱世」と三度の大規模な革命が発生しており、それらは社会的性質においても三種類の社会形態に対応していると考えた。それはすなわち、殷代から戦国末期までの古代社会、秦代から五代までの封建社会および宋代以降の半封建の商業資本主義社会である。三つ目の社会形態は「官僚階級支配」の社会であり、二十世紀まで続いてやがて中国近代革命の主な対象となった。こうした橘の分析は、中国共産党綱領の「半封建」論とも、マルクス主義の「アジア的生産様式」論とも異なる。彼が強調したのは、現代中国革命は必然的に官僚階級の打倒を任務としたという点と、社会下層にある多くの被抑圧者と長きにわたり飢餓状態にある農民の問題の解決、すなわち土地改革の実施を避けて通ることはできなかったという点であった。

村落自治体論

官僚階級支配の形成を分析する際、橘樸は官僚階級の存在を発見し、また同時にこれと対立する「村落自治共同体」を発見した。これが中国社会のもう一つの特有な現象である。彼は、中国の「官僚政治と民衆生活との乖離と云ふ支那特有の政治現象」(18)であり、こうした乖離が村落社会の自治組織および自衛能力の発達を導いたとしている。橘によれば、中国は十世紀以降、官僚は荘園貴族に替わり朝廷に仕える支配階級となったが、荘園制の崩壊が社会の混乱を招くと、農民は団結自衛を目的として家庭と親族を主体とした宗族の結びつきを強化し、これを基礎とした村落自治共同体を形成した。官僚組織の実際の統制はせいぜい知県、衙門に影響をおよぼす程度で、県レベル以下の行政管理については、事実上、下層民衆が掌握していた。民衆が官僚階級の搾取や土豪、地主による侵害、および自然災害に抗う過程で、様々な「団結自衛」の自治組織が形成されたのである。

官僚階級を代表とする中国上層社会が儒教思想を信仰していたとするならば、郷紳と多くの農民を主体とする下層社会、つまり村落自治共同体で通用していたのは、道教信仰と祖先崇拝の孝道である。この自治共同体は、経済上の相互扶助的性格を有しており、道教信仰は功利主義的な道徳基準を構成した。中国の村落自治共同体は、以下の三つの大小におよぶ単位で構成されている。まず一つは、最も基本的な家族単位、あるいはこれが拡大した宗族である。二つ目は、いくつかの家族が集まって形成された自然集落である。そして三つ目が、集落と集落とが結合してできた純粋な村落の自治世界である。自治とは国家の統治を離れ、下層民衆のなかで自然に生成した社会組織の形態である。橘によれば、「自治とは、消極的には、人民自らが団体の力を以て、その生存の保障を謀ることであり、積極的には、その福祉の増進を謀ることである」。これに基づき比較した上で、橘は、中国には自然発生的な伝統的自治能力が繁盛しており、この点においては西洋人とよく似ていると強調している。さらには、「たゞ独り日本人が甚だ幼稚であると思ふ。日本の市町村自治の如きは、官治の補助機関として、人民に作らせたるものにして、その趣を全く異にする」[19]と述べている。

二十世紀前半における日本の重要な中国問題専門家である橘樸の中国研究は、ここに列挙したものに留まらない。しかし、これらに限って見ても、その観察視点の幅広さと構造分析の奥深さは認めざるを得ないだろう。上述の三つの核心概念によって支えられた彼の中国に関する叙述の枠組みは、下層民衆の思想信仰や上層社会の階級関係、村落社会の自治組織までをその射程にとらえている。これは、社会や歴史の様々な側面に連接し、また現実とも密接に連関した体系であり、さらには動態的で開放的な叙述の効果が備わっている。この枠組みは、完結した所与の構造を指向するのではなく、下層と上層、歴史と現実の間を往復することで互いを解明しあう方法であり、このようにして橘樸は「中国」の全体描写を生み出すに至ったのである。これは、近代日本の中国に関する論述のなかでも特殊な知的価値を有するものであろう。

例えば、通俗道教説は、明治維新以来の「中国は門戸を閉ざし外部と行き来をしない伝統的儒教国家である」という固定観念を覆しただけでなく、「五四」前後に道教問題に関心を持った中国知識人との相互作用をも生み出した。一九二三年一月七日に橘樸が魯迅を訪ねた際、彼らの中心的な話題は道教信仰の問題であり、一貫して「中国の根底はすべて道教にあり」[20]と考えていた魯迅と積極的に対話した。同様に、村落自治体論は主権国家の枠組みの外部に中国の伝統社会の自治能力の発達を発見し、「中国人には近代国家を統治する能力がない」という偏見を打ち破った。橘樸の中国通俗道教および村落自治体に関する論述が、明治維新以降の日本支那学の知識生産の外部に新たな観察の視点を打ち立てたといってよいだろう。その意義は非常に重要である。

また、橘樸の官僚階級支配に関する論述は、一九二〇年代以降の「中国社会の性質」に関する議論の学術的文脈において特殊な意義を有している。周知のように、昭和初期には、アジア的生産様式および東洋的専制主義等の概念が中国革命との関連性において広い関心を集め、「村落共同体」の問題もこの文脈において改めて議論し直された。

当時、比較的流行していたのは、アメリカの学者K・A・ウィットフォーゲルがマルクスとウェーバーの理論に基づき提唱した「水力社会」論であった。彼は、大規模な農業灌漑の必要によって中国（東洋）式の官僚支配が生まれたと考えた。この官僚制は本質的に中央集権的で、ヨーロッパの「分権的封建社会」とは異なっており、最終的には「東洋的停滞」をもたらした。「水の理論」は一九二〇年代に日本の社会科学、とりわけマルクス主義研究者から注目を集め、中国停滞の原因の研究に用いられた。しかし、橘樸の官僚階級支配論および村落自治共同体論は、ウィットフォーゲルの論理とは異なっていた。橘は「アジア的生産様式」や「東洋的専制主義」といった見方には賛同せず、階級分析と富の占有形式といった視点から官僚階級支配の形成を分析した。橘は、官僚支配の絶対的な抑圧と搾取を批判すると同時に、こうした支配により対抗的な村落自治共同体が形成されたことにも着目し、これを積極的に評価した。つまり、橘の中国官僚階級支配論の論証は「中国の停滞」に帰結することはなく、官僚支配階級との闘争および土地改革の面から中国革命の必然性を説いた。これは、橘樸の中国研究が、当時の日本国内で主流をなしていた中国論と異なるもう一つの点である。

一九三六年に出版された『支那思想研究』と『支那社会研究』の二冊を見ると、社会経済および民族運動から中国を見るという橘樸の方法論的特徴が看取される。これにより、王朝興亡史と儒釈思想にしか関心を払わない日本の伝統的な支那学の方法論の限界を打破することができたのである。一九四五年に逝去する前、橘樸は次のように正確に予言していた。「中共軍は熱河、遼西、山東方面から必ず満洲に進出する。そして満洲を基礎として軍事的充実をはかり、やがて南下して関内に出撃して中国全土を制圧するであろう」[21]。こうした橘の鋭い観察能力は、まぎれもなく生涯にわたる中国見聞の堅実な蓄積によるものである。ある時期、魯迅が橘樸を高く評価して、彼は「僕たちよりも中国のことをよく知っている」[22]と言っていたことも、橘の中国研究が非凡であったことを裏付けるものであろう。

橘樸の「方向転換」とその「東洋」論の植民学的色彩

ここまで、筆者は橘樸の中国研究の非凡さを高く評価してきたが、同時に「満洲事変」勃発後の彼の「方向転換」にも注意を向けなければならない。つまり、「在野の」民間人から転身し日本「国家」へ身を投じたことにより、橘の思想理論上にもたらされた問題である。「国家」へ向かっての立場の転換を経て、彼は後に中国研究を基盤として「満洲国王道自治」論や「東洋的共同社会」論といった東アジア社会に関する知識構想を提唱する。そこには日本帝国の「大陸政策」に対する批判的要素があったものの、全体としては「国策」路線に沿って日本の植民・拡張行為に理論上の論拠を与えるものであった。橘は王道自治論のなかで「新国家」内部の各民族の平等と資本主義体制を超越する農民自治を主張したが、日本民族の指導者的地位を強調することも忘れなかった。同様に、大東亜戦争の勃発後に提唱した東洋的共同社会論のなかでも、インドと中国の文明の偉大さや、日本との平等な団結の必要を説いたが、一方では優秀な「国体奉公」思想と尚武の精神を有する日本人が、東洋の各文明を融和し、まったく新しい地域共同社会を構築する上で、必ず指導者的役割を発揮するだろうと確信していた。また、そのために、反資本主義的社会とヨーロッパ的な覇道の論理を持ちあわせた東洋的共同社会論は、一種の文明論の等級化という構造的矛盾を内包せざるを得なかったのである。
まず、橘樸の自らの「方向転換」に関する説明を見てみよう。「満洲事変」後、彼は自ら関東軍参謀の板垣征四郎と石原莞爾に会見に行き、「満洲国」建国に協力、参与する意向を示した。三年後には「満洲事変と私の方向転換」を発表し、自らの「右傾」化を認めると同時に、これもまた思想上の進歩であることを強調している。

東拓楼上の感慨は、実に斯くの如く脆弱な自身の立場に対する反省の機会を私に与へた。この反省を全面的に回顧する事は勿論本文の目的ではない。私はこの反省の結果、自由主義と資本家民主主義とに訣別し、新たに勤労者民主主義――満洲建国の為には特に農民民主主義を取上げて、これを培養し鼓吹することに最も深い興味を覚えること、なった。即ち将校団の現在の指導精神とは其の基調を異にするが、併し或る地点までの頼もしい同行者として、この新勢力に期待するところ頗る深いものがある。[23]

ひとまず橘樸と関東軍青年将校との間にどのような「指導精神」上の違いがあったのかは論じないこととするが、「満洲事変」それ自体が帝国主義が武力に依って遂行した植民行為であり、さらに後に登場するいわゆる「王道楽土」という独立国家建設案も、日本が「生命線」を確保し世界を覇する上での建前であった。

この根本的な事実をなぜ橘は見過ごしたのかという点に、問題の核心がある。一九三三年二月、国際連盟は反対四十二票対賛成一票（日本）という絶対的多数によって「満洲国不承認決議」案を可決し、当時すでに帝国主義的行為を承認する国が一つとしてないということを表明していた。日本国内で「事変」に対し鋭い疑念を突きつけた人物がいるとすれば、例えば、石橋湛山は中国民衆の反帝愛国の心情に同情的であり、関東軍青年将校のいわゆる理想国家建設という幻想にも疑念を呈していた。「此頃満洲に在る軍部の新人等々の中には、往々にして検討不十分な空想を恣にし、此際満蒙を一の理想国家に仕上げんなどと、真面目に奔走せる者があると伝えらるることである。所謂理想国家とは何んなものか知らないが、日本の国内にさえも実現出来ぬ理想を、支那人の住地たる満蒙に何うして之を求め得ようか」。それにもかかわらず、「左様の見当違いの考えを抱く日本人が満洲に勢力を占むる所以は、つまり日本人の間に、満蒙乃至支那に対する正しき認識が欠けているからである。満蒙乃至支那は、結局支那人の住地たる外ないと見定むれば、到底そんな空想は湧き来らぬ筈だからだ」[24]。しかし、橘樸は、この帝国主義的な武力争奪を基盤とした「満洲新国家」建設事業に、むしろ積極的に自らの理想を投影していくのである。このことは、その後の彼の理論思考が避けがたく「国家」的色彩、植民地政策学的色彩を帯びることを、決定的なものとした。橘の「満洲国」王道自治論とその少し後の「大東亜建設」をめぐって提唱された東洋的共同社会論についても、まずこのような政治的視点から理解を試みる必要がある。

王道自治論

一九三一年十一月に橘樸が関東軍「自治指導部」で行った演説「王道の実践としての自治」は、王道自治論の基本的な内容を反映している。これは明らかに橘樸が従来の中国村落自治に関する思考に、「東洋」的色彩を備えた「王道」説と反資本主義国家の民本的傾向をもった「自治」論を組み合わせて形成した「新国家」建設理念である。橘は『礼記』を援用し、王道社会はすなわち「大同の世」であり、この大同の世を構成する主要条件は三つあるのだと説明している。一つ目は、すべての人民の生活を保障すること。二つ目は、富をつくりだしその私有化を避けること。三つ目は、労働力を社会のために用いることである。橘は『孟子』の中に王道社会を実現する方法論があると考え、それはすなわち一種の恵民的な経済政策であると結論している。しかし、王道社会の実現の道は人民の「自治」にこそあるのであって、農民自治から小康国家へ向かい、最終的には大同社会となるのだという。

ここで橘樸が論じているのは「満洲国」建国の理念であるが、同時にしばしば「王道社会」の論法を用いている。「国家」と「社会」の間に揺らぎがあるのか、あるいは自覚的に「社会」を用いることで「国家」を覆い隠す意図があるのかもしれない。これはおそらく橘樸の思想的矛盾を反映するものであるが、彼の以前の言論に比べても「国家」意識が強くなっていることは火を見るより明らかである。「満洲事変」後、日本人は、中国東北部の占領地においてどのようにして植民地支配を行うかという問題に直面した。橘樸の王道自治論は、事実として「政策論」的色彩が濃く、日本国家の「大陸政策」とも直接的に関連していた。橘は、古来の「王道」説は一種の経済政策であると強調していたが、このことはその要点が主権的自治にはなかったことの反映である。後に東洋的共同社会を論じる際、彼が日本民族の指導的地位をたえず強調したのと同様に、植民地経営と日本の「大東亜」建設を承認する帝国意志の下では、真の意味で「国家」と資本主義制度を超越する人民自治の理論を提出できるはずがなかった。そのため、彼の「王道自治」の提唱も最終的にはこのような帰結をみるにすぎなかった。

王道は王が人民の生活を保障する。自治は人民自らの団体の力によりて自己の生活を保障する。孟子の王道が経済政策を主体とした如く、吾等の自治も経済的施設を主としなければならない。かの社会及び行政部門は経済政策を完成する為にのみ意味もあれば価値もある。(25)

橘樸の王道自治論は、たしかにある程度は反国家的社会主義の傾向ないしは農本主義的傾向を備えていた。しかしながら、より重要なのは、日本人のみを「新国家」の創立者とする蠟山政道の考えや、蠟山が公然と主張した「独裁統治論」(26)に賛同することはなかったとはいえ、橘も決して日本人の植民地経営者あるいは宗主国としての指導的地位を堅持することを忘れてはいなかったということだ。これついては、しばらく後に書かれた「協和会と民族政策」（一九三九年）の文中により直接的な記述がある。

指導民族は必ずしも一元的たるを要せぬが、東洋復興運動、従つて又其の一部たる満洲建国工作の過程には、事実上日本のみが其の地位に座る外ない。固より容易ならぬ責任ではあるが、便宜な場合も決して少なくないであろう。但し日本が一元的な指導者たる地位に就いたといつたところで、他の諸民族の持つ特徴を無視していいと主張するのでは決してない。事実は其の正反対で、各民族が隔意なく其の特徴を発揮し、それによりて益々強力多彩な国家を構成するやう努力せねばらぬ。(27)

このように、特定の民族を指導者とする「王道自治」論では、真の意味での各民族が平等に共生する新世界を建設できるはずがなく、それは強者が弱者を抑圧し支配する覇道世界にしかなりえないだろう。なぜならば、このような王道自治の背後には十九世紀に誕生した植民地主義の「文明等級論」的な論理構造があるからだ。また、一九三一年以降の日本の東アジア地域における行為もこれを実証している。ここで、近代中国の二人の思想家と革命家の観点を援用することで、被抑圧者の視点から橘樸の「王道自治」論という幻想を反証したい。

孫中山は、民族の自然形成と国家の武力構築の違いに言及した際に、王道と覇道という伝統的概念を用いたことがあった。中国で王道といえば「自然に順う」ことである。いいかえれば、自然力が王道なのである。王道によってつくられた団体が民族なのである。武力は覇道で、覇道によってつくられた団体が国家なのである。孫中山は民族主義による中国の救済を主張し、武力の覇道には反対したが、そこには当然ながら近代以降の帝国主義による植民の血なまぐさい歴史への思いがあった。孫は、香港やインドがイギリス人によって征服された歴史を列挙し、痛恨の思いでこのように述べている。「このように大きなイギリスの領土は、覇道によって形成されなかったところは一カ所もないのである」[28]。

また、魯迅は、満洲事変後に日本の通俗小説家である中里介山の『日本の一平民として支那及支那国民に与ふる書』を読み、その中に、中国人は強者の王道しか信じないとあることに触れて次のように反論している。「その侵略が国家を安からしむ力があり、民生を保護するの実がありさへすれば、即ち支那の人民の渇望するところの王道である」。また、魯迅は次のように明言している。「支那には実を言へば、王道と云ふものは徹底的になかつた」。歴史上、王道を唱えたものは多くいたが、それは覇道が横行したがゆえのことであった。「支那に於ける王道は、覇道と対立して居る様に見えるけれども、実は兄弟らしいものなので、其先或は其後に屹度覇道がやつて来るに違ひない。人民の謳歌するのは覇道の薄くなり或は濃くならない様に望む為である」[29]。

東洋的共同社会

日本帝国が東アジア地域に対する拡張をさらに加速させ、ついには太平洋戦争を開戦させたことに伴い、橘樸の「満洲国」王道自治論も新たな展開を迎えた。一九四一年に著した「東洋社会の創造」において橘は正式に「東洋社会」の理念を提出し、さらには一九四三年の「東洋枢軸論」でこれを「東洋的共同社会」として具体化した。この理念には以下の内容が含まれる。
一、東洋社会の範囲。「少くともわれわれ東洋人は、図們江口からペルシヤ湾口に引いた線以南の大陸及び島嶼、そこに平和な農業社会を営むところの諸民族、これを一括して東洋と呼び、これらの諸民族を開放して渾然たる東洋社会を創造し、何れにせよ対等の関係で、西洋社会と雁行しつゝ、平和にして光輝ある世界社会の建設に従事したいと念願する次第である」。これは橘が「東洋社会」として引いた地理的な境界線であり、同時に「西洋社会」に対応する（ないしは対抗可能な）文明論上の境界線でもある。この東洋社会の範囲と日本帝国の「大東亜共栄圏」は少し異なっている。橘は「東亜」の概念をより伝統的な含みのある「東洋」へと置き換え、前者が内包していた豪州を排除してインドをその中に組み入れたのである。
二、東洋社会の民族構成。すなわち、三大主要民族で構成された金字塔式の等級構造である。「物質文明が拡布した今日だから、過去に於て東洋の諸民族を宿命的に隔離して居た地理的障碍は除かれ、放つて置いても経済的及び文化的な交通が行はれ、その結果自然に西洋なみに統一された東洋社会は出来るであらうが、それでは単に時間を要するばかりでなく、西洋の拘束からの解放といふ最も肝要な目的を遂げることは出来ない」。したがって、「矢張り一定の目標を立て、それに従つて実践しなくてはならない。この場合最も能率的な方法は、或る特定の民族に中心的指導的地位を認め、他の諸民族はその馬首の向ふところに従うといふことである」。ここでは傑出した三つの民族として、インド、中国、日本が挙げられている。しかし、そのなかでただ「日本民族のみは著しい例外をなし、中国の儒教及び印度の仏教を継承して完全にこれを消化し、後に記すように、部分的とはいへ兎に角、東洋社会創造の先駆となることが出来た次第である。[30]」と述べている。日本文化の精髄はまさにその国体思想および奉公尚武の精神にある。
三、「東洋社会」から「東洋的共同社会」へ。一九四三年の著作「東洋枢軸論」では、さらに踏み込んで「東洋社会」を「西洋利益社会」と区別して、「東洋的共同社会」と定義した。橘は次のように解説している。「岡倉天心はアジアを一なりと云ひ、私も亦敢て東洋は一なりと主張する。それは何を根拠とするかと云へば、天心は恐らく文化の共通を見、私は精神生活と同時に物質生活の中にも著しい類似のあることを認めるものである。……兎に角東洋諸民族は右の如き精神的及び物質的生活態様の共通から、それとは著しく異調的な西洋社会と対立して行く必要上、近き将来に於て一元的な東洋社会を創造せねばならない状勢に迫られている。かゝる場合、私は東洋社会の特色を「共同体」たることにあると解釈し、これを利益社会たる西洋社会と甄別することゝしてゐる」。同時に、橘樸は、中国とインドはいずれも他民族文化に対する理解と融和能力に欠けており、ただ日本のみが「東洋文化の総合者[31]」たりうると再度強調している。
四、橘樸は当初、「東洋的共同社会」の解説において「西洋社会」との対立性を強調しておらず、むしろ「西洋社会と雁行しつゝ、平和にして光輝ある世界社会の建設に従事したい」などという言い方までしている。しかしながら、上に引用した西洋「利益社会」に関する叙述が反映しているように、実際には橘は西洋社会との対立構造の下で「東洋的共同社会」の概念を立ち上げたのであり、後になればなるほど、文明と文明の対立的なニュアンスが顕著になる。大戦勃発前の早い時期に「日本改造」を論じた際、橘樸はすでに日本の改造を経て次第に汎アジア国家の連合を実現し、最終的には世界国家を建設するという東洋的共同社会建設の青写真をもっていたのである。そして、日本はその発展の原動力とされた[32]。

ここで、わたしたちは、橘樸の後期の思想におけるある特徴に気が付く。つまり、未来の社会を思考する時、橘は常に一つの完結した循環構造の構築を試みるのである。王道自治論の農民自治から小康社会、さらには大同の世へ移行するといった構想もそうであるし、東洋的共同社会の日本から汎アジア国家、さらに世界国家へという構想もまたそうであるように、すべて三段論法式に次第に完成へと向かう構造である。これは彼の前期における中国認識の動態的かつ開放的な論述の枠組みとは違い、閉鎖的な論述体系であるといえよう。このような論述体系では、真に有益な知識生産を獲得することは困難である。橘の王道自治論と東洋的共同社会の展望図が、最終的には帝国日本の「大陸政策」ないし「大東亜共栄」戦略と重なり一体化したことも、必然的だったと言えるだろう。あるいは、橘樸の後期の思想言論は、つまるところ帝国地域主義の覇権行為の正当性の理論的根拠であったのであり、彼の目的は大東亜戦争に一つの明確な「建設」目標を付与することであったのかもしれない。(33)

以上の理由により、わたしたちが橘樸の一九三〇年代以降の「方向転換」に共感することは困難である。彼は決して日本の「大陸政策」に賛同しているわけではなく、アジアの各民族の間に「王道」に基づく平等関係を打ち立てなければならないと強調してさえいる。しかしながら、橘樸の理想は、日本帝国の東アジアにおける主導権を認め、東アジアの発展が日本の経済軍事力すなわち帝国の覇権を基礎とすることを容認するものであった。つまり、橘は本当の意味では「国家」の束縛を超越できてはいなかった。その後期において積極的に「日本帝国」に身を投じていく過程で、橘の思想学問は次第に植民地政策学的色彩を強めていった。

おわりに

以上、橘樸の生涯における「中国」と「東洋」に関する知識生産について総合的な分析を行った。筆者は、橘の前期における中国研究と後期における東洋に関する叙述の移行と変化に着目したが、この変化とは、彼の政治上の立場が「民間」から「国家」へと「方向転換」したことを意味しており、また思想的方法の上でも、開放的で脱中心的な叙述の枠組みが帝国を中心とした閉鎖的な体系へと転換したという意味を含んでいた。また、橘樸の中国研究を強く肯定しながらも、国家ないしは帝国意識が彼の知識構築にもたらした問題を重点的に解明した。その目的は、かつて東アジア地域の知識構築に強烈な影響を与えた日本の戦前・戦中における中国と東洋に関する論述を、今日どのように再利用するかという問題をさらに踏み込んで考えることであった。

周知のように、十九世紀以降の知識生産の根本的な原動力は、国民国家ないし帝国主義の政治的な要請にあった。なかでも、「立ち遅れた」国や地域に関する帝国の知識解釈には、常に植民地学的色彩が拭い去りがたく存在していた。この知識体系の内部には文明と野蛮という二項対立的な等級化の構造があり、対象の主体的位置を真に提示することは困難であった。日本近代の東アジアに関する知識生産において、橘樸は特異な存在である。彼は一貫して独自の思想を堅持しようと努めたし、その業績も一般的な支那学者や日本の「中国主義者ないしはアジア主義者」が比肩しようにも遠くおよばないものであった。しかし、橘はやはり国家と帝国主義の知識構築の特徴を典型的に反映していた。

わたしたちは、今日に至るまで、いまだ完全には近代主権国家の時代を脱していない。しかし、明らかなのは、二十一世紀の社会知識構築は国家や帝国主義を中心的な主体あるいは原動力とすることはないであろうということだ。すでに多くの人々が一般の生活者の世界や地域社会に関する理解を探り始めている。将来の東アジア地域における知識生産は、平和的共生の政治の構築と同時に、国家の影響力や帝国的覇権を排した知識体系の確立を追求すべきであろう。このような状況の下で戦前・戦中の日本の東アジアに関する知識を再評価する際には、まずその内部にある国家意志ないしは帝国意志を批判し脱構築することからはじめなければならない。換言すれば、「国家」権力の「知識」生産に対する制約を取り除き、日本の戦前・戦中における東アジア知識が脱帝国化されてはじめて、今日のわれわれにとって有益な思想資源となるのである。
以上が、筆者が橘樸を読んで得たおおよその結論である。

注

（1）石堂清倫『共同体的東洋の力説』、山本秀夫編『甦る橘樸』（東京：龍渓書舎、一九八一年）、三六頁を参照。
（2）鶴見俊輔、久野収『現代日本の思想――その五つの渦』（東京：岩波書店、一九五六年）を参照。
（3）『橘樸著作集』全三巻（東京：勁草書房）、山本秀夫『橘樸』（東京：中央公論社、一九七七年）。関連資料を整理、研究したものとしては、『橘樸――略伝と著作目録』（東京：アジア経済研究所［所内資料］、一九七二年）。山本秀夫編集の復刻版『支那研究資料』（全五巻）、『月刊支那研究』（全四巻）（いずれも、東京：龍渓書舎、一九七九年）。山本秀夫「『満州評論』の世界」（山本秀夫編著『満州評論』解題・総目次、不二出版、一九八二年）。山本秀夫編『甦る橘樸』（生誕百年回憶集、東京：龍渓書舎、一九八一年）がある。
（4）酒井哲哉『近代日本の国際秩序論』第四章（東京：岩波書店、二〇〇七年）。
（5）『日本人は中国をどう語ってきたか』（東京：青土社、二〇一二年）、一一七頁。
（6）子安宣邦『日本ナショナリズムの解読』（東京：白澤社、二〇〇七年）、二一四頁。

（7）山本秀夫編『橘樸』（東京：中央公論社、一九七七年）、一一二頁を参照。
（8）『橘樸著作集』第三巻（東京：勁草書房、一九六六年）、二頁。
（9）松本三之介『近代日本の中国認識　徳川期儒学から東亜協同体論まで』（東京：以文社、二〇一一年）、二九一頁。
（10）『橘樸著作集』第一巻（東京：勁草書房、一九六六年）、二―三頁。
（11）『橘樸著作集』第一巻（東京：勁草書房、一九六六年）、一三頁を参照。
（12）橘樸「周氏兄弟との対話」（上、下）。一九二三年一月十二、十三日『京津日日新聞』に連載。
（13）『橘樸著作集』第一巻（東京：勁草書房、一九六六年）、九―一一頁を参照。
（14）『橘樸著作集』第一巻（東京：勁草書房、一九六六年）、三一頁。
（15）『橘樸著作集』第一巻（東京：勁草書房、一九六六年）九頁。
（16）橘樸「『官僚』の社会的意義」、『月刊支那研究』第一巻第一号（一九二四年十二月刊行）所収。
（17）『橘樸著作集』第一巻（東京：勁草書房、一九六六年）二二九―二三〇頁。
（18）橘樸『支那思想研究』（東京：日本評論社、一九三六年）、九七頁。
（19）『橘樸著作集』第二巻（東京：勁草書房、一九六六年）、六一―六三頁。
（20）一九一八年八月二二日付、許寿裳宛の手紙、『魯迅全集』第一一巻（北京：人民文学出版社、一九八一年）、三五三頁所収。【訳注：訳文は『魯迅全集』第十四巻、学習研究社、七二頁を底本とした。また、それによれば、本書簡は一九一八年八月二十日付のものである。】
（21）山本秀夫『橘樸』（東京：中央公論社、一九七七年）、三七四頁。
（22）増田渉『魯迅の印象』（東京：角川書店、一九七〇年）、三九頁。
（23）『橘樸著作集』第二巻（東京：勁草書房、一九六六年）、一九頁。
（24）一九三二年の著作「支那に対する正しき認識と政策」（『石橋湛山全集』第八巻）を見よ。
（25）『橘樸著作集』第二巻（東京：勁草書房、一九六六年）、六五頁。
（26）『橘樸著作集』第二巻（東京：勁草書房、一九六六年）、七八頁。

（27）『橘樸著作集』第三巻（東京：勁草書房、一九六六年）第一八四頁。
（28）孫中山『三民主義』（北京：九州出版社、二〇一一年）、三―四頁。【訳注：訳文は安藤彦太郎訳『三民主義（上・下）』（岩波書店、一九五七年初版発行）上巻、一五―一六頁を参照の上、一部を補訳した。】
（29）『魯迅全集』第六巻（北京：人民文学出版社、一九八一年）、一〇頁。【訳注：訳文は学習研究社版『魯迅全集』第八巻所収の「火・王道・監獄――二三の支那の事について」、二三―二四頁（初出：一九三四年三月『改造』月刊）を底本とした。】
（30）以上に関しては、『橘樸著作集』第三巻（東京：勁草書房、一九六六年）、一〇―二五頁を見よ。
（31）以上に関しては、『橘樸著作集』第三巻（東京：勁草書房、一九六六年）、二六―四八頁を見よ。
（32）「汎亜細亜運動の新理論」、『橘樸著作集』第二巻（東京：勁草書房、一九六六年）所収を見よ。
（33）『日本評論』第二期（一九四二年）所載の「大東亜建設」座談会の紀要を参照せよ。

訳者注

・引用文献中の旧字体はすべて新字体に改めた。但し、仮名遣いはそのままにした。
・文献名の表記は、書籍に関しては『　』、論文、講演題目等に関しては「　」にいれてそれぞれ表記した。
・本文中、文献名以外で「　」を使用している部分は、すべて原著者による使用に準じたものである。また中略の表記も、「（中略）」と「……」の二種類を用いているが、これも原著者による使用に準じた。
・その他、「訳注」等はすべて【　】内に示した。

7. 日本の新感覚派文学の植民地都市での転向

横光利一の『上海』をめぐって

王中忱（翻訳：包宝海）

モダニズム文学の越境

一九二八年四月、横光利一（一八九八―一九四七）は東京から上海へ渡り、そこで約一ヶ月間滞在した。この時の横光の上海への旅が、モダニズム文学の越境の旅を意味するかどうかについて、筆者は躊躇している。なぜなら、そもそも横光自身が自分の文学創作がモダニズム（Modernism）に属するとは公言をしていないからだ。彼は、「新感覚派」という呼称を喜んで受け入れはしたが、「モダニズム」という言葉に対して、比較的無関心であったばかりではなく、明確に拒否したことさえもあった。[1] 次に、比較文学及び文化研究の領域における「旅行論」では、その考察の対象は、作家の旅行活動ではなく、文学の理論観念やテキストの異なる言語・文化を跨って移動する現象を研究の対象とするべきなのだ。[2] ところが、あいにく横光利一の上海滞在中は、初めて中国の新感覚派文学の運動を作った劉吶鷗（一九〇五―一九四〇）はまだ文学活動を開始していなかったため、横光利一との接点はなく、後のフランス作家ポール・モラン（Paul Morand, 1888-1976）の中国遊歴のように熱烈に歓迎されることはなかった。(3) 一九二八年九月、劉吶鷗らが第一線書店と雑誌『無軌列車』を創刊し、中国の新感覚派文学運動の序幕を開き、日本の新感覚派文学作品の翻訳活動も急激に進む。中でも「横光利一の作品の中国語訳が最も多」かったと言われる。(4) しかし、横光の上海遊歴の産物である長編小説『上海』は、中国の新感覚派文学者には注目されることはなかった。(5) すなわち、中国語圏の文脈において流通した「横光文学」は、実は『上海』以前の作品であったのだ。これまで、主に「影響と受容」の枠組みの中で、日本と中国の新感覚派文学の比較研究が行われながら、『上海』を視野に入れて検討する研究が少ないのは、このためであろう。

そもそも「モダニズム」（Modernism）は後世の者が、文学史叙述の概念として事後的に名づけた言葉である。たとえば「モダニズム」の起源地と見なされるヨーロッパにおいて、この用語は文学芸術上の象徴主義、表現主義、立体主義、未来主義、ダダイズム、シュルレアリスムなどの様々な流派と運動を包括する言葉として用いられるが、しかし、これらの流派と運動が始まった後、あるいは終結した後から、かなりの時間を経て現れた概念であり、この概念についての解釈が諸説紛々としている原因は、「モダニズム」が単なるひとつの流派あるいは、ある一つの運動を意味する呼称に還元できないからである。

日本において、Modernismという言葉はまず漢字で「近代主義」と書かれ、(6) 明治以来の社会の現代化運動を広く指す概念として用いられ、文学は当然その中に含まれる。だが、一九二〇年代から、明治維新以来の「近代文学」に挑戦する形で、「新感覚派」を含む様々な新思潮や新流派が次々と勢いよく出現した。このような背景で、Modernismという言葉も新たに翻訳され、一般的にはカタカナで「モダニズム」と表記されるようになった。(7) 最初は、この「モダニズム」は欧米文学の中の特定の流派を指していた。例えば、当時の前衛色が濃い雑誌『詩と詩論』で阿部知二は「モダニスト」という用語を用いて、それが「一般のModern Poetryと区別するために付けられた名」であると述べ、英米詩におけるジョージアン詩派やイマジストとは異なる新しい詩人達を指すことを説明した。(8)それに続いて、中村喜久夫は、新興批評家アンドレ・ベルジュの「現代文学の諸傾向に一括した呼称を与へるとしたら、それは〈モデルニスム〉という言葉であらう」(9)という観点を紹介しながら、さらに「最近わが国においても〈モダニズム〉という言葉が文芸批評の中に用いられてゐるやうだが、これとベルジュのそれとは同じものではない」と付け加えていたが、当時、日本においてもモダニズムという概念が内包するものが次第に明治以来の「近代」に反発する「新興文学」にまで拡大していくようになった。とはいえ、関井光男によれば、「モダニズム」が一つの「文学史の概念」として定着するようになったのは、実は、一九五〇年代のことで、新感覚派の系譜を継続した新心理主義文学の代表的人物である伊藤整によって確立したものである。

昭和初頭に使われた「モダニズム」という言葉が文学史の概念として使われたのは、一九五〇(昭25)年、河出書房から刊行された『現代日本小説体系』です。「モダニズム」の巻が「プロレタリア文学」の巻と併置されてはじめて体系化される。この解説を書いているのは伊藤整ですね。ここでは「モダニズム」という言葉は「プロレタリア文学」と対比される「芸術派」の意味で用いられ、新しい小説技法の問題として語られている。そして現代文学の出発は「モダニズム」(芸術派)と「プロレタリア文学」の二つの流派であるという枠組みをプログラム化しているわけです。(10)

以上の文脈において、われわれは横光利一及び『上海』をモダニズムの系譜で十分考察できる。というのは、横光利一が、ヨーロッパの様々な文学の新派と深い血縁関係を持っていると自認し、「未来派、立体派、表現派、ダダイズム、象徴派、構成派、如実派のある一部、これらは総べて自分は新感覚派に属するものとして認めてゐる」[11]だけではなく、最も重要なのは、日本において、一九五〇年代以降、モダニズムが狭い意味での文学史概念として定着する時、新感覚派が最も代表的なものと見なされたからである。例えば、保昌正夫が、平野謙（一九〇七―一九七八）が提出した「三派鼎立」説を定説として用いて次のように昭和文学の成り立ちを叙述している。

昭和の文学が「三派鼎立」という形をとって成立したこと、――明治・大正からの既成の文学と、新興文学としてのプロレタリア文学と「新感覚派」[12]に始まるモダニズムの文学、この三つの流派が並びに立って進行したことも、よく知られている。

しかし、本稿は、新感覚派の文学、特に、その代表的人物である横光利一をモダニズムの系譜において考察するが、平野の見解を認めるのではなく、むしろ、いわゆる「三派鼎立」構図の中で隠されている問題を再検証する。この意味で、小森陽一（一九五三―）が一九九九年に発表した「モダニズム芸術と新感覚派」の一文は注目に値する。小森はこの文章で「新感覚派とプロレタリア文学は、モダニズムの二つのあらわれとして捉えるべきであり、もし『三派鼎立』を言うのなら、既成文壇作家・モダニズム作家・時代小説（大衆文学）作家という構図になるはずだ。日本のモダニズムが新感覚派とプロレタリア文学、あるいは『文芸時代』と『文芸戦線』（一九二四年六月創刊）に分裂してあらわれたところに、この国の二〇世紀の問題が内在しているのである」[13]と言ったが、小森の文学批評の文脈を知る人にとっては明らかであるように、彼はここで、平野謙に対する批判を提示していると同時に、自分自身の研究に対する反省をも試みている。一九八〇年代、小森は構造主義的な方法を用いて日本の近代文学のテキストを分析して鋭い洞察を示したが[14]、全体的に言えば、伊藤整と平野謙が確定した文学史の構図を意識的に揺るがすには至らなかった。一九九八年に小森は『〈ゆらぎ〉の日本文学』[15]で「日本」-「日本人」-「日本語」-「日本文化」の「四位一体」構図の中で形成された近代日本文学の歴史的叙述を解体しようとしており、「モダニズム芸術と新感覚派」は、彼のこのような思考脈絡上の産物である。この文章の中で、小森は日本のモダニズム（Modernism）文学が新感覚派などいわゆる「芸術派文学」だけではなく、プロレタリア文学を含んでいると考え、「植民地労働者を捉えた」[16]という視点から横光利一の『上海』を読み直そうとしている。さらに『〈ゆらぎ〉の日本文学』で、小森はこれについてより詳しく分析を行い、モダニズム文学への考察の視野を植民地空間にまで広げていた。

モダニズム文学と帝国主義植民地主義との関連の文脈から展開される諸議論の中で、酒井直樹（一九四六—）の論述が代表的である。酒井は「人が自分が帰属していると考えている国（国民）が明らかに帝国主義的な国民国家であるとき、その国へ帰属している思い込みとそうした（わが）国が同時に帝国主義国家であることの自覚の間にある矛盾を、どのように折り合わせることができるだろうか」という問題を提起した上で、「プロレタリア文学には向かわなかった」横光利一の「真に『唯物論』的な小説を創出する希望」に着目し、その希望に叶った長編小説と見なした『上海』は日本の国民主義と帝国主義の必然的な関連を情緒の水準で証明しようとする小説の試み」だと説いている[17]。

小森陽一と酒井直樹はモダニズム文学としての横光利一の『上海』に関する新たな読み方を提示したが、小森は横光利一及び新感覚派を「救い出そう」とするために、新感覚派とプロレタリア文学の類似性を強調しており、両者の分裂を引き起こした原因を深く追及せずに、モダニズム（Modeinism）文学が「近代主義」

(Modeinism) イデオロギーに対抗する側面を過大視した。結果、両者の共通性と曖昧な関係をやや見落としたと思われる。酒井は、横光のいわゆる「唯物論小説」におけるマルクス主義の影響を高く評価するためであろうか、『上海』の中で設定されているマルクス主義を巡っての論争に留意しておらず、『上海』に現れた「横光の視座は反帝国主義や反国民主義的な立場」[18]だと安易に断言した。もし、われわれが日本の帝国主義植民地主義とモダニズム文学とが関連する歴史の流れの中で『上海』を考察しようとするならば、小説の中にあるマルクス主義を巡っての論争構造の中で、横光が小説の人物を通してどのような問題を提起し、いかに回答したのかということをもっと追究すべきであろう。これらの内容を解明してこそ初めて、いわゆるマルクス主義の横光への影響と、最終的に横光が帝国主義国民国家的立場へと偏向していったことがどのような関係にあるのかを解釈できると思われる。

身体、アイデンティティ及び叙述の原動力

先行研究では、『上海』が横光利一の新感覚派時期の終焉を意味すると同時に、流派としての新感覚派文学の終焉を表しているとよく語られる。例えば横光と一緒に新感覚派の双璧と呼ばれる川端康成は『上海』が一九二八年十月から雑誌『改造』で連載されてから一九三二年刊に単行本になるまでの「この五年間、(横光が) 外界を視ることから内面を視ることへ、感覚的手法から心理的手法へ移る、画期的な『機械』を完成し、『寝園』に着手してゐる」[19]と説いている。保昌正夫はもっと明確に、「『上海』は『新感覚派』としての横光の卒業制作のようにもみられるのであるが、それだけの作ではない。この長編の主人公 (参木) の心

理を、いわゆる自意識としてとらえようとしているあたりには「感覚」から「心理」への小説作法の転換も認められるのである」[20]と断言している。

横光の新感覚派前半期の作品の中から、以上の解説に対する根拠を見つけ出すことができる。目新しい感覚を目新しい視覚的イメージに凝らすことは、この時期の横光の小説の修辞的な手法に留まらず、小説の語りの構造全体にまで浸透している。しかし、一九二六年から、横光の小説において少し変化が見られる。彼の一連の愛妻の死を題材とする作品、例えば、「春は馬車に乗って」（一九二六年八月）、「花園の思想」（一九二七年二月）などは人間の心理の微妙な変化と意識の流動を描くようになり、後の評論家に「心理的小説」と見なされている。[21]この意味で「感覚」から「心理」への転換が、横光利一の新感覚派時期の小説の中にすでに現れており、『上海』になってから現れた現象ではないと言える。さらに注目すべきは、横光がこれらの作品で人物の心理を描く方法である。彼は焦点を人物の意識そのものに置いており、社会、経済、政治などの側面から人間の意識に対する影響を殆ど無視している。最も典型的な例は「ナポレオンと田虫」（一九二六年一月）である。この小説は、ナポレオンの行った対外的軍事拡大の根本的な動機を、ナポレオンのお腹の中に繁殖する虫の彼への影響に帰結し、したがって、世界歴史を変えた大きな出来事を心理的な症例として語った。『上海』における「心理的手法」の特徴を考察しようとすれば、その前に横光が試みた「心理的手法」と比べて見る必要があると思われる。

だが、『上海』のテキストに入る前に注意すべきは、この小説が雑誌掲載時から単行本化される際に、変化したことである。『上海』は、横光が上海から帰国した後まもなく書き始められ、同年十一月から雑誌『改造』に続々掲載され、一九三二年七月に改造社から単行本として出版される際、横光によって修正され、その後、彼がまた改造社の初版に対して修正を行い、一九三五年三月に書物展望社に渡り出版された。横光がこの書物展望社版を「決定版」と呼び、『上海』はこれで最終の定本になった。[22]この定本における横光の修正が文字修辞上の推敲だけではなく、章節の構成や人物関係に対しても調整を行い、その過程に、作者の思想及び作品の語り方の変化の痕跡が残されている。そのため、われわれが『上海』を考察する際、この小説を一つの静態的なテキストではなく、動態的なテキストとして見るべきである。例えば、研究者たちが注目する小説の冒頭の部分は、雑誌『改造』の初出ではこのように書かれている。

満潮になると河は膨れて逆流した。火の消えたモーターボートの首の波。舵の並列。抛り出された揚げ荷の山。鎖で縛られた桟橋の黒い足。測候所のシグナルが平和な風速を示して塔の上へ昇っていった。海関の尖塔が夜霧の中で煙り出した。突堤に積み上げられた樽の上で苦力達が湿ってきた。鈍重な波のまにまに、破れた黒い帆が傾いてぎしぎし動き出した。
参木は街を廻って帰ってきた。　　　　　（下線引用者）

改造社の単行本初版の中で、横光は、この文章に少し手を入れて、「火の消えたモーターボートの首の波」を「火を消して蝟集しているモーターボートの首の波」と修正し、「参木は街を廻って帰ってきた」を「白皙明敏な、中古代の勇士のような顔をしている参木は、街を廻ってバンドまで帰ってきた」と修正した。書物展望社の「決定版」になると、修正がもっと多くなり、上の引用文の中で表れた一連の名詞句が削除され、動詞句と動詞句で修飾される主語と述語の関係句に縮められ、参木は外灘に戻り、ベンチでロシアの売春婦と並んで座る場面の後に移動された。

参木は女と並んで座ったまま黙っていた。灯を消して蝟集しているモーターボートの首を連ねて、鎖で縛られた桟橋の黒い足が並んでいた。


篠田浩一郎（一九二八―）、前田愛（一九三二―一九八七）は、比較的に早い時期から、この『上海』の冒頭の文字に着目し緻密な解読を行ったが、[23] 小森陽一は彼らの観点に賛意を表しながら、「両者の表現分析の中で致命的な弱点になっているのは、彼らが横光の表現の特色を『比喩』としておさえている点である」と指摘、「記号内容」と「記号表現」との「無限に反転しあいながら象徴交換する」視点で言語空間としての『上海』に対して新たな分析を試みている。[24] しかし、小森も改造社初版の『上海』（『定本　横光利一全集』第三巻、東京：河出書房新社）に依拠しており、この冒頭の文字の修正過程を考慮に入れなかったようである。

本稿が『上海』の冒頭文字の修正、とりわけ名詞文を主語と述語の関係文に書き直したことを重視するのは、前述するように、これは文字の推敲に限らず、小説の語りの構造に関わっているためである。言い換えれば、『上海』を書く際、横光は専ら視覚的構図に拘った方法を意識的に乗り越え、また、社会的条件から切り離し孤立した人物の心理を分析する方法に満足せず、人物の行為及び意識を動態的な社会構造の中で描き出そうとしていた。そのため、冒頭部分の名詞文が小説の全体の語り構造との調和を取れなくなると感じ、書物展望社の「決定版」になって文字の修正を行ったと考えられるからである。

横光のこのような新しい叙述方法への探求は『上海』の「序章」の中に顕著に表れている。ここでいう「序章」とは小説の単行本の第1章から第10章までの部分を指す。一九三二年の改造社単行本の刊行から、『上海』の各章は全て数字で順番に並べられることになり、雑誌への初出の際に若干の章からなる「章」あるいは「篇」とする表記がなくなったが、このような表記は、小説を読み解く重要な手がかりであり、『上海』を解読する際にそれを視野に入れる必要がある。単行本の第1章から第10章までの部分が最初に雑誌『改造』に発表される際は「ある長篇の序章」[25]とあり、また、「風呂と銀行」という非常に奇異な見出しで表記されている。性質の相違が非常に大きい言語イメージを並置し、依然として横光は新感覚的な構文法を用いている。「銀行」と「風呂」の二つのイメージを通じて、植民地都市での資本と消費の典型的表象を捉えようとしていることは明らかである。[26]小説の人物はこの背景の中で相次いで登場し、しかも、それらの人物が横光の前期作品に登場する人物のように、身分が曖昧で、抽象的で類型化された記号としての存在ではなく、むしろ、はっきりとした社会的身分を持ち、その行為と意識も、明らかに自らの所属する社会的位置に制約され、それに応じて変化している。

例えば、冒頭部分の外灘に登場する参木の呑気な様子、とりわけトルコ風呂の店主のお柳に対して意図的にいたずらをする行為が、自分の恋人である風呂のスタッフのお杉を失業させてしまうにも関わらず、心中気が咎めることもないのは、間違いなく彼の銀行員としての豊かな生活状況に起因している。参木は自分の上役と口論になり、銀行から解雇された後（第8章）、初めて、お杉の困難な境遇を不憫に思うようになるのだ。同じく、第7章で、イギリス所属の植民地であるシンガポールの材木セールスマンとして上海に来た甲谷が本社からの電報を受け取り、上海での嫁探しの希望も消え、日本へ戻る旅費の申請さえ不可能な窮境に陥った際、小説の語り手は「勿論、彼には、アメリカへ返すイギリスの戦債が、シンガポールの錫と護謨の上で呼吸してゐたのは分かつてゐた。だが、そのため、シンガポールの市場が恐慌し、材木が停止し、嫁探しまで延引しなければならぬ結果にならうとは」思わなかったと語ったが、実は人物の個人的な心情及び運命は、このような描写を通して世界政局や国際市場の変化と巧みに結び付けられていたのである。

「風呂と銀行」が『改造』に掲載された際、政治家でもある犬養健（一八九六―一九六〇）は、いちはやく横光利一の変化を見抜いて、「厳密に云へば「風呂と銀行」にも頽廃とニヒリズムへの危険の名残りがまだ多少ある。しかしこの作品では、さまざまの音響をたてゝゐるエロテイシズムは第二義的のものになつてゐる。この作品の第一義的なものは現代の経済生活を切断して見せた巨きい構成法である」[27]と指摘している。このように見てくると、『上海』における人物の性格、行為、心理的変化を社会政治、経済的変動と結びつけて描写するスタイルは、明らかに、「ナポレオンと田虫」のような新感覚派の文学とは異なり、むしろ同時代のプロレタリア文学と似ている。よく指摘されるように、上海へ旅する前に、横光利一は、プロレタリア文学、すなわち、彼のいう「コミュニズム文学」と激しい論戦を展開したことがある。だが、一九二〇年代の日本では、「マルクス主義への憧れが流行していた潮流であった」[28]。マルクス理論はほぼ社会的に共有されている知識であり、横光の文章におけるマルクス、レーニンの著作からの引用にも、彼がこれらの理論を熟知していたことが見出せる。彼がこの時期に書いた「新感覚派とコミュニズム文学」、「文学的唯物論について」[29]などを調べてみると、横光は、「コミュニズム文学」に対して、その最も大きな欠点を、個性を重視せず、政治を文学に取って代わらせ、コミュニズム作家の個性が全てマルクス、共産党の指導理論及びプロレタリア文学組織に拘束されている点にあると考えているが、マルクスの唯物論的思想に対しては反対していない。彼はさらに、コミュニズム文学者の「弁証唯物論」が徹底的ではないと指摘した上で、「現実的唯物論」を打ち出し、それと対抗しようとしている。横光の「現実唯物論」の文学観において、表現記号としての文字、作家の個性、運動する物質（現実）の三つの要素の中で、特に強調されているのは「個性」であるが、同時に、その「個性」は「外界」即ち「時間」の変化と共に変化すると考えている。

……共通のわれわれの變化とは、此の日本國土の政治下に於ける日日の時間である。此の日日の時間とは、われわれ日本國の現實の速度である。現實が速度を持ちその現實が資本主義的國家主義だとすれば、われわれの共通に受ける外界からの變化は、資本主義的國家主義的變化にちがひない。然もわれわれは現實に生存してゐる以上、現實から飛躍することは、絶対に不可能である。われわれはいかなるものと誰も、此の故に資本主義的國家主義的現實の速度から影響を受けねばならぬ、と同時に、われわれの個性は此の現實の速度に從って變化して行く以外に、道はないのだ。(30)

右の引用から見れば、小森陽一の指摘するように、横光の「現実的唯物論」における「時間」に規定された「現実」は、「単一民族国家」の日本に限定され、「強力な国家権力を持つ『日本国』においてのみ」(31)である。これは、上海遊歴前の横光の「唯物論小説」の構想が、多国の勢力が集中している植民地都市の複雑性を考慮していなかったことを表している。この意味で、一九二八年の上海遊歴は横光利一に小説の素材を提供したばかりではなく、さらに彼に新しい問題意識を与えたと言える。

横光は何度も自身の上海での経験に言及しており、そのたびに、具体的な話の文脈によって、叙述と解釈に変化が見られる。しかし、全体的に言えば、資本の流動と英米統治の租界における社会形態は、横光に深刻かつ感性的な印象を与えた。彼は次のように回想している。「上海に着いて最初に感じたことは、ここでは總てが銀の上を流れてゐるといふことであつた」。だが、横光から見れば、同じような資本主義の風景であるが、ここでの貨幣の流動の形式が日本国内と異なり、「いたる所にある銭荘と書かれた兩換屋が私に刺戟を與えたのである」、また「金塊相場の立つ所を見に行き、金と銀との運動の變化や綿花の賣買方法を知ろうとした。次には租界内の各國の組織と關係とだんだん興味につられて進む(32)」ようになった。横光は特に上海の公共租界に注目しており、「私は昭和三年に「上海」を書いて以來、共同租界は、いつも考への舞ひ戻る、私の問題の故郷の一つである」(33)と述べている。
小説『上海』は、横光の新しい上海体験を取り扱う努力を示している。もし、人物の社会的身分、階級的位置と人物の性格、運命の関連を同時代のプロレタリア作家が一般的に注目していた問題とするならば、『上海』に登場する人物の社会的身分には、特に、人種、民族、国家の標記がはっきりと刻印されている。『上海』の「序章」で、参木の物語を濃厚に描き出したのは、明らかに植民地都市での日本人の身分とアイデンティティに焦点を当てるためであった。参木が、自分の上役——銀行の専務が貯金を横領したことに対して憤り摘発をし、最後には解雇されてしまう結末は、同時代の社会批判的小説によく見られるストーリーであるが、『上海』においては、これは参木に、自身の身分とアイデンティティを思考させるために設定された一つの契機に過ぎない。

明日から、どうして生活をするのかまだ見當さえへつかなかつた。だが、さうかと云つて日本へ帰ればなほ更だつだ。どこの國でも同じやうに、この支那の植民地へ集まつてゐる者は、本國へ帰れば、全く生活の方法がなくなつて了つてゐるた。それ故にここでは、本國から生活を奪はれた各國人の集団が、集合しつつ、世界で類例のない獨立國を造つてゐるた。だが、それぞれの人種は、各自の本國が支那の富源を吸ひ合ふための、吸盤となつて生活している。此のためここでは、一人の肉體は、いかに無為無職のものと雖も、ただ漫然とゐることでさへ、その肉體が空間を占めてゐる以上、ロシア人を除いては愛國心の表れとなつて活動してゐるのと同様であつた。——参木はそれを思ふと笑ふのだ。事實、かれは、日本にをれば、日本の食物をそれだけ減らすにちがひなかつた。だが、彼が支那にゐる以上、彼の肉體の占めてゐる空間は、絶えず日本の領土となつて流れてゐるのでだ。

――俺の身體は領土なんだ。此の俺の身體もお杉の身體も。――（第9章）[34]

植民地都市に身を置く参木は、「本国から生活を奪われた」一群に間違いなく属している。本土から離れた離散者である。したがって、小説の冒頭部には、彼の日本の故郷、母と恋人を懐かしむ思い、自分の生きていることすべてがこれと繋がっているという思いが書き込まれている。「俺の生きてゐることは、孝行なのだ。俺の身体は親の身体だ」（第1章）。もちろん、植民地都市に開かれた日本銀行の銀行員として、参木は本国人との間に「人種」的な連帯を持っているが、自分の上役に挑戦し、自分の勤めている銀行からも決別することは、明らかに「人種」的な連帯を持つ日本人集団から決別することをも意味している。だが、ちょうどこの時、参木は、自分の身体と本国との関連を意識するようになり、つまり、上役への反抗行為が、最後には参木を大きな日本人共同体――日本国家へのアイデンティティに導くこととなった。言うまでもなくその間での転換は極めて飛躍的であった。新感覚派時期の横光なら、これに対して、一つの偶然的要因として解釈を与えるだろう。しかし『上海』において、彼は参木の心理的変化を決定する社会的原因を指摘しようと望んだのである。甲谷の物語と違って、参木の運命の隠喩的な対照として、小説の冒頭から見え隠れするロシアの亡命者が重要な役割を果たしている。これは、横光が租界都市内の「各国の組織と関係」の多重性に気づいたと同時に、「他者」としての「外国人」の複数的存在に気づいたことを表している。小説で「参木は自分達の周囲に流れて来てゐる旧ロシアの貴族のことを考えた。彼らの女は、各国人の男性の股をくぐつて生活してゐる。さうして男は、各国人の最下層の乞食となつて」（第9章）と書かれた場面で示されるように、国内に革命が勃発したことによる亡命者の生活の惨状は、明らかに参木に警告している。もし同じような境地に陥らないことを願えば、自分の身体と国家を繋げる紐帯を維持せざるをえない。

ところが、『上海』「序章」の終わりの部分で、参木は、ロシアの亡命者が流浪した原因を遡って探り、この結果を引き起こしたのは「自分の同胞であった」ことを知る。さらに、自分とお杉が困難な状況に陥った原因を問い詰める時、あの「憎い銀行の専務の顔がすぐ目の前に現れてきた」。続いて、語り手の分析を交えながら「彼は、自分の上役の専務を憎むことが・・・・・そのものを憎んでゐるのと同様な結果になると云ふことについては、忘れてゐた。然も・・・・を認・ずして、支那でなし得る・・・の行動は、乞食と売春婦以外にはないのであつた」[35]と参木の心理活動を描いている。この部分にこそ、参木の焦慮が完全には解消できず、国家共同体におけるアイデンティティの確立が共同体内部における異なる階層間の矛盾と衝突を解消していないことが表現されている。比べてみれば、横光は、同時代の作家には比較的注目されていない植民地の文脈におけるアイデンティティの問題を提起したばかりではなく、またそれを帝国主義的国民国家と社会階層－階級との複雑な絡み合いの中で、人物の性格と運命を多元的に探求しているのだ。

共同体の「正義」及び歴史的事件のテキスト化

『上海』の「序章」に見られるように、横光利一が「世界のミニチュア」とした植民地都市は、実は世界各地の離散者が自由に寄り集まる場所ではない。このような「各國が共同の都市國家を造つてゐる場所」[36]の中で、依然として、あらゆる国家勢力の競争関係が現れている。『上海』の「序章」における甲谷と欧米人の、踊り子である宮子をめぐる争いは、「租界の日本人」の欧米帝国主義列強への嫌悪と羨望の心理状態のメタファーとして表現されている。言い換えれば、ロシア亡命者の境遇が、彼らの帝国主義的国民国家のアイデンティティを正当化する証拠になっている。しかし、小説の語り手にせよ、主人公の参木にせよ、このような正当性の理由に対して十分に自信を持ってないように思われる。小説の第10章では、今までずっと生活態度が謹厳であった参木が、自分の社会的アイデンティティを確立した後、色情に耐えられず墜落し、暗いところに向かう場面は、明らかに風刺の意味が含まれている。だが、植民地都市の別の一集団――「支那人」が現れてきた時、参木の選択の正当性が疑問視されるようになる。小説の第二篇、単行本の第11章から第21章までが雑誌『改造』で掲載されていた時の見出しが「足と正義」であったことから、著者は、参木のアイデンティティが確立していく脈絡において、社会の倫理的意味での「正義」が、避けることのできないものであることを意識していると考えられる。

昔の恋人、競子の兄である高重の推薦で、失業した参木は、日本人の開業した東洋綿糸会社に再就職し、管理層のメンバーになる。そこで、元々の日本人集団の内部で直面した階層的矛盾――つまり、彼と銀行専務との衝突が自然に解消され、小説の中でこの問題も中断される。しかし、参木が高重に提出した疑問から見られるように、彼は、また新しい倫理の問題に直面する。「それであなたなんか、職工係りをやつてらしつて、例えば職工達の持ち出して来る要求を、これは正しいと思ふやうな場合、困るやうなことはありませんか」。これは、参木が管理者としての高重に対する質問であり、同じ立場に立たされた彼自身の管理される者――支那労働者に向かう際には必ず直面する道徳的良心の問題である。もちろん、小説の中で、参木が質問する前に、高重の提起したいわゆる「支那人の嘘をつくことを正義とする」「哲学的」議論が設定され、既に、普遍的な道徳原則としての「正義」は相対化され、それがあらゆる共同体（国家、階層）の自分の利益に基づいて、任意に解釈され、どこの方向へも回転できる「回転椅子」のようなものとして見なされている。したがって、高重は、参木に対して、得意そうな気持ちで自分がいかに「僕らの階級の習慣」に基づき、硬軟両様の方法で「支那労働者」に対応したか、その体験を教え伝える（第18章）[37]。

しかし、小説の中で書かれているように、高重の教えはすぐに役に立たず、参木はそれをただ一人の先輩の出任せとして見なしていた。明らかに、人物の心理描写の面で豊かな経験を持つ小説家である横光は、参木の転換を簡単なものとして扱ってはいけないことをはっきりわかっている。次の場面で、参木の新しい職場——東洋綿糸会社の取引部で、国際相場の変動を観察する様子が描かれる。特に、会社の最も大切な原材料である綿花の価格が上下することから、「東洋における英国の台頭」及び「東洋の通貨の支配力は完全に英国銀行の手に落ちる」傾向が見られ、参木の思想的変化に外在的根拠を提供するのである。小説の隠喩的なイメージの文脈から言えば、参木が、国際市場の変動の掲示板で、イギリスと日本の経済的争いを見たことは、踊場での欧米人と日本人の甲谷との身長対比の延長である。だが、ここで注目すべきなのは、「日本」が「東洋」に入れ替わっていることである。これは安易な思いつきの修辞ではなく、このような入れ替えは、日本が地理的に「東洋」に位置された国家として、「西洋」列強に辱められているような非情な色付けを与え、これによって、「東洋」の覇権争いを正義性のある自衛的なものに転換したのである。一貫して「ニヒリスト」と自称する参木は、ここで「母国の現状を心配した」気持ちを持って、黄浦江の「各国の軍艦が本国の意志を持つて、砲列を敷きながら、城砦のやうに連つて停つてゐた」風景（実はその中に日本の軍艦も含まれている）を眺めて、心底から疚しさを持たず「何者よりも東洋の支配者を」（第19章）と叫んでいるのは、この論理から生まれたものに違いない。

この論理に基づけば、日本は「東洋」の中にあると同時に「東洋」の外に位置され、また参木が自分のアイデンティティの「正義性」を思考する際、日本を含む外国資本に搾取されている植民地の民衆に直面せざるを得ない。『上海』の第23章、雑誌『改造』で「ある長篇の第三篇」と表記される第2章の部分で、参木が高重と共に綿織物工場を巡回する際、このような場面に遭遇したのである。高重が日本語で参木に向かって、「君、この工場を廻るには、ニヒリズムと正義とは、禁物だよ。ただ豪快な悪だけが、機関車なんだ」[38]と力強く言い、しかも、「ピストルに手をかけてゐてくれ給へ」と要求した際、参木は必ず善と悪、正義と不義から明確な選択をしなければならない岐路にさしかかったのである。疑いなく、『上海』の全体的構造の中で、これは最も重要な一章であり、横光が込み入った筆遣いで、参木の心理的変化の過程を描き出している。この常に瞑想にふける「ニヒリスト」は、かつて「中世の勇士」のように資本と権力の象徴としての銀行の専務に反抗したことがあり、高重あるいは甲谷のように、本国の資本家の立場から、本能的に反応できず、簡単に「正義」を随意に回転する「回転椅子」と見なすことができない。むしろこれこそが彼の思想の苦しみである。


圓弧を連らねたハンドルの群れの中で、男工達の動かぬ顔が流れてゐた。怒濤のやうな棉の高まりが機械を噛んで慄へてゐた。

参木はその逆巻く棉にとり巻かれると、いつものやうに思ふのだ。——生産のための工業か、消費のための工業か、と。さうして、参木の思想はその二つの廻轉する動力の間で、へたばつた蛾のやうに、のた打つのだ。彼は支那の工人には同情を持つてゐた。だが、支那に埋蔵された原料は、同情の故をもつて埋蔵を赦すなら、どこに生産の進歩があるか、どこに消費の可能があるか、資本は進歩のために、あらゆる手段を用ひて、埋蔵された原料を發掘するのだ。工人達の労働が、もしその資本の増大を憎むなら、反抗よ、反抗を。

——参木はピストルの把手を握つて工人達を見廻した。しかし、ふと彼は、彼自身が、その工人達と同様に資本の増大を憎まねばならぬ一人であることを思ひ出した。

と、彼の力は機械の中で崩れ出した。

何を自分は撃たうとするのか。撃つなら、彼らの撃たうとするそのものだ。――所詮、彼は母國を狙つて發砲しなければならぬのだ。

しかし、彼は考えた。

もし母國が此の支那の工人を使はなければ、と。(39)


ここで、横光利一はもう一度参木の心理を大幅に転換させる手法を用いて、問題を異なる考えの筋道へと導いたのである。「もし母國が此の中國の工人を使はなければ、彼に代つて使ふものは、英國、米國にちかひない。もし英國と米國が中國の工人を使ふなら、日本はやがて彼らのために使用されねばならぬであらう」。この考えの筋道に沿って、参木は、国際市場における綿花の状況に舞い戻り、イギリスの綿花工業の資本が本国政府の「重商主義」政策の支持を受け、「明らかに、日本紡績への圧迫」となると同時に、アメリカの資本が英日競争から漁夫の利を得たこと、及びソ連の行った革命の背後にある企てを思いついた。いったん思考が、国際政治的経済的争いの情勢に向かうと、参木の「支那労働者」への同情が自然に消えていき、「支那労働者」の間で逆巻く「マルキシズムの波」が彼の「祖国」へのアイデンティティを再び確認することを促す条件になる。まさに、参木は「母国の資本は今は挟み撃ちに逢ひ出したのだ」と認識したからこそ、自分が、「今はただピストルを握つたまま、ふらりふらりとするより仕方がないのだ。思考のままなら、彼の狙つて撃ち得るものは、頭の上の空だけだ」。

ここで説明する必要があるのは、改造社初版本の中では、前述した引用文で下線が書かれている部分、つまり、参木が「自分も労働者と同じである」と考えた心理的描写が全部削除されたが、比べてみれば、疑いなく『改造』誌に載せた『上海』は、参木の心理における多層的な内包と激しい変動をよく表している。労働階級の国際的連帯と帝国主義の国境を越えた利益衝突とが絡み合う複雑な状況の中で、彼が最後に「ピストルの把手を握った」選択は、「祖国の資本」を認めているが、高重の「公明正当な悪」を認めていないことを表している。したがって、その後の中国の労働者運動の激流に出会った時、「誰の言うことを聞いたらよいかわからなくなってしまう」のが、参木の基本的な立場になる。

ここで言う中国の労働者運動の激流とは、一九二五年の上海で勃発した有名な「五・三〇運動」を指す。『上海』の第23章で描かれている東洋綿花会社の工場「騒乱」がこの運動の前奏であり、第30章で描かれる労働者「暴動」で銃撃を受けたことから、明らかに一九二五年五月一五日の日系企業の上海内外綿株式会社で起こった顧正紅事件を指している。その後、横光はこの労働者運動から「五・三〇運動」に至るまでの過程を手がかりに、小説の後半部分の筋を展開した。したがって、『上海』の「五・三〇事件」及び「五・三〇運動」との関わりが、この小説に関する研究で注目される一つの重要なポイントになっている。小田切秀雄（一九一六―二〇〇〇）が、横光が中国労働者のストライキの場面を「非人間性的」、「物理学的意味での力の衝突」[40]と描写したことを批判して以降、『上海』の著者が表現する中国労働者のストライキの場面は研究者が続いて討論するテーマとなった。

例えば、前述した前田愛の有名な論文では、小田切秀雄の観点を十分に認めた上で、さらにこの描写の原因を問い直し、横光の「想像力が動き始める出発点に」は、彼に素材を提供した内外綿株式会社の日本人労務管理者の「眼」があると考えている。前田は内外綿株式会社の日本人労務管理者が中国人労働者を虐待した歴史的記録を随意に引用し、次のように分析している。

おそらく中国工人を中国工人であるという理由から平然と殴りつける内外綿会社職制の感覚は、「なま身の労働者たちの暴動」を物理的暴力に還元してしまう「眼」とひとつにつながっていたはずだ。横光はこうした職制の「眼」をとおして見られた暴動の情景を、新感覚派的な手法によって洗練を加えたわけである。(41)

彼は、特に、小説の第30章（書物展望社版第31章）におけるある中国人労働者（顧正紅がそのモデル）の射殺される場面、とりわけ「工部局属の印度人警官」をこの「射殺事件の共犯者に仕立て上げた『虚構』」を取り上げ、「横光が意識的に筆を枉げたかどうかはたしかめることができないが、結果的には事件の責任をできるかぎり回避しようとする内外綿会社の論理が、この場面のコンテクストのなかにすべりこんでしまった」と指摘している。(42)
小田切秀雄と前田愛以後の研究者の多くは、『上海』における「歴史的事件」と「芸術的表現」の関わりから横光の「人」を「物」として捉える「唯物論」的小説の方法的特徴を批判的に分析しながら、横光の「歴史認識」の核心的な問題に迫って行く。しかし、近年、一部の研究者が小説の第30章に書かれた中国労働者射殺事件に焦点を当てて異議を唱えている。広重友子は『東京朝日新聞』の事件報道を取り上げ、顧正紅事件について、当時の日本では情報を獲得するのは限られていると説明しており、(43)井上聰は伴悦、浜川勝彦らの史料調査と前田愛への反論を紹介しながら、さらに「為日人惨殺同胞顧正紅呈交渉使文」という当時の顧正紅事件に関する報告書を用いて、「中国側の史料にもインド人巡査の発砲が記録されているのは重要であり、このことは横光が決してインド人巡査を作品中で故意に共犯者に仕立て上げたものではないという

証にもなろう」と主張している。(44)

実は、前田愛の文章からも見られるように、その着目点は、インド人警察が発砲する場面が史実に合うかどうかということではなく、雇用されたインド人警察を中国工人を射殺する「共犯者」として描いたことで、本当の責任者が隠されてしまうということにある。横光のこのような描写が「意図的な行為」であるかについて、前田愛は疑問形で推定するだけである。だが、井上聡らの論考は前田が問題化していない所に執着している。前田が追及しようとしている本当の「責任問題」を不問に付してしまっては、その分析を生産的に推し進めることもできなくなると思われる。

もっと考察しなければならないのは、「歴史的事件」が小説のテキストに書き込まれた後、叙述の構成において、どのような機能と意義を与えたかということである。というのは、小説の主人公である参木が、射殺の場面で「不在」であったことが、特に注目に値するからである。第30章の冒頭に「高重は暴徒の夜から参木の顔を見なかった」とあるこの一文は、疑いなく著者の意図的な設定である。つまり、第23章では、参木が高重と伴に拳銃を持って工場を巡回することは、後の物語の下地になっているが、横光は最後に参木を、銃を発砲するかどうかという最も厳しい選択の場に置いていない。これはもちろん、二者択一の選択を避ける一種の技法であるが、同時に彼の構想の中では、参木と、悪を公然と「正義」とする高重とが区別されていることを表している。前田愛の、『上海』を「内外綿会社職制の『眼』をとおして」構成した物語であるという判断は、明らかに、横光利一のこのような意図的な区分を見落としている。

しかし、小森陽一が論じる、射殺事件後に参木が街を徘徊し、「中国共産党員芳秋蘭の姿を捜し求める」行為を「〈革命〉の波」と解釈し、「参木の身体におしよせる〈革命〉の波、彼を押し渡す〈革命〉の「速度」＝「時間」は、自己の身体と国家を、一種超越的に同一化させるような調和的意識など完全に無化する方向で作用するからである」⁽⁴⁵⁾という考えは、あまりにも性急な結論であるように思われる。言うまでもなく、いわゆる「〈革命〉の波」は小森が後に設定した分析の概念であり、『上海』において、語り手にせよ、主人公の参木にせよ、このような認識を表していない。小説の描写によれば、射殺事件後、改めて登場した参木がまず恐怖を感じたのは、経済的な不安（第33章）及び「襲撃された邦人」、「邦人の貨物が掠奪されると、焼き捨てられた」などの様々な恐ろしいうわさである（第34章）。「五・三〇事件」の後、状況がさらに悪化していく。『上海』における物語の時間が「五・三〇事件」の歴史的事件とおおむね対応している部分、つまり、第30章から最後の第45章までのうち、事件そのものと労働者の「暴動」を正面から描いたのは二章に過ぎないが、大ストライキによる恐慌、混乱、特に、海港全体に満ち溢れる暴力的「排外的」な雰囲気が文章の大幅な割合を占めている。ここから見られるように、著者の着目点は、主に、中国労働者の「暴動」あるいは「革命」に置かれているのではなく、「暴動」が租界の外国人＝日本人にもたらした困難と脅威に置かれている。もし小説のテクストを通じて、著者の「歴史的認識」を考察するなら、これは無視してはいけない手がかりになると思われる。

『上海』の全体的叙述から見ると、著者が「五・三〇事件」をこのようにテキスト化しているのは、疑いなく、小説の全体の構造の一貫性を保証し、「序章」の中で提示した植民地都市における日本人の身分とアイデンティティの問題と呼応するためであり、しかもこの主題を深く展開することで「歴史的」文脈をも提供している。大ストライキ後の「混乱」の状況下で、参木は「再び彼自身が日本人であることを意識した」、しかもこのように「知らされた」のは、彼が「母国を肉体として現してゐることのために受ける危機」を通じて、体験されるのである。参木の直面する危機は「突然牙を生やした獣の群れ」のような「排外的」的な群衆からくるものである。したがって、「彼は自身の心が肉体から放れて自由に彼に母国を忘れしめようとする」が、「彼の身体は外界が彼を日本人だと強ひることに反対することはできない」(第35章)。植民地都市に流浪した日本人の「祖国」へのアイデンティティの受動性を大げさに表現したことは、『上海』の後半部分における叙述の鮮明な特徴である。特に、第40章後の、租界における日本人街の食品断絶状況に伴って、このような色彩がもっと濃厚になる。参木、甲谷と宮子は、彼らの社会的身分、性格、人生観ないし政治的立場において、いかなる相違があっても、今は外国人＝日本人として、差別なしに、飢餓と危険な境遇に置かれている。東洋綿糸会社の高重などの射殺事件と直接な関わりを持っていない高重の弟として、甲谷は自身の利益から出発して、「インド人」と一緒に銃弾で市場を混乱させた兄に対して、「バカ」という言葉すら使っている(第41章)。しかし、彼らは、共同で高重の銃弾と中国労働者のストライキの波によってもたらされた結果に責任を持たなければならない。『上海』の描写は、租界における日本人たちの「連帯」関係に、丸山眞男の述べた「運命の共同体」のような意味を与えたと言えよう。[46]だが、小説の終わりのところで設定された場面、かつて「五・三〇事件」の際、中国共産党党員の芳秋蘭を、危険を冒して救出した参木は、再び「秋蘭のゐる支那街」に向かう途中で、突然身分不明な人物に橋の上から、排泄物を詰めた船の中に投げ捨てられた(第45章)。このことは、参木の「日本の陸戦隊が上陸して来」るのを待ち望むことに合理的な根拠を提供し、しかも彼の帝国主義国民国家へのアイデンティティに悲傷な色彩を添えている。

おわりに

日本の現代思想史と文学史の中で、「転向」は特別な内包を持つ言葉である。一般的に使われている文献の中で、この言葉は「共産主義者・社会主義者などが権力の強制的な弾圧によって、自分の思想を放棄すること」と説明されている。この意味では、横光利一はこれまで「転向者」とはされてない。しかし、明治維新後に形成された「近代」的イデオロギーとの関係で考察すれば、『上海』では服従のほうが対峙より多いのは明確であり、その基本的な傾向が「転向」と見なされるには、根拠がないわけでない。確かに、横光は、当時、流行していた通俗文学のように、「明治へ帰結する」「近代」的なノスタルジアを書き表すことを通じて、日本社会の矛盾を隠したわけではなく、むしろ当時代の最新の「現実」である、資本主義経済の世界全体の競争、植民地都市での社会的矛盾と反帝国主義運動などをテクストの中に取り入れたのである。しかし、『上海』においては、「民族」と「階級」の交錯する叙述の中で、前者が積極的に浮上し、しかも植民地の人々の反抗闘争の意義が矮小化されて、実際には、その「民族」の叙述が最も「モダン」(modern)的な方法を用いて、日本の「近代」的イデオロギーの中で最も核心的な「国民国家のアイデンティティ」という主題に呼応して展開された。(47)

『上海』の執筆と雑誌に掲載された期間は、世界の経済が不景気に見舞われ、日本の資本主義は未曾有の危機に陥り、都市の失業率は急増し、農村経済の解体、社会の矛盾が悪化している。だが、周知の史実として、歴史家に「昭和恐慌」と呼ばれる時期の日本の労働者運動は、「全体的に急進化することはなかった、むしろ右派勢力の強大化のなかで、中間派は行きづまり、左派はますます少数派となった」。(48)日本社会の全体的な動向に関して言えば、対外的侵略を通じて、経済的恐慌を乗り越える道を求めているようになっている。このような意味で、『上海』によって提示された主題は「先見の明」を持っていると言える。サイードはイギリスの作家キップリングを分析する時、次のように述べている。「『ジム』を読む時、われわれは、一人の立派な芸術家がある意味で彼自身の読まれた認識にごまかされ、彼の鋭く観察された現実及びこれらの現実の永久的、根本的な観念との区別を混淆させてしまうことを見出すのである」[49]。これは横光利一の『上海』にも適用しうる。横光が小説の中で、植民地のコンテクストにおける帝国主義国民国家の凝集力を浮かび上がらせたことは、同時代のプロレタリア作家の「支那のプロレタリア階級と日本の同志が共同」で同時代の難題を解決しようとした楽観的な期待[50]よりもっと現実的な洞察力を持っているかもしれない。しかしながら、彼は同時に自分の見抜いた現実を「永久的」に存在すると考える誤謬の中に陥ってしまった。これは「モダニスト」としての横光利一の後退あるいは「転向」というより、むしろ、日本の「モダニズム」の特徴をよく表していると言えよう。

注

（1）一九二四年十月、横光利一、川端康成（一八九九―一九七二）等が雑誌『文芸時代』を創刊し、一群の新人として文壇に現れた。翌月、千葉亀雄（一八七八―一九三五）は、肯定する評論を発表した（「新感覚派の誕生」、『世紀』一九二四年十一月号）。横光利一は、すぐに文章を書き、千葉の提示した呼称を喜んで受け入れた（「感覚活動」、『文藝時代』一九二五年二月号）。しかし、「モダニズム」という呼称に対して、横光利一はあまり好感を持っていなかった。彼は「川端康成も『モダニズム』といふ言葉を使ふ人の神経を疑ふと言つた」ことを紹介し、「ナンセンス文學、モダニズム文學――などといふ馬鹿々々しい名稱はつけない方がいい」と公言した（横光利一「どんな風に發展するか」、『文学時代』第二巻六号、一九三〇年六月）。
（2）劉禾『跨語際実践』（北京：三聯書店、二〇〇二年六月）、二七―三〇頁を参照。
（3）一九二八年四月九日、横光利一は長崎丸に乗って出発し、次の日に上海に到着。この時、劉吶鷗は上海にいたかどうか分からない。施蟄存（一九〇五―二〇〇三）は、「最後一個老朋友――馮雪峰」という文章の中で、「一九二六年末、劉吶鷗は台湾に戻り、長い間、音信が絶えた。一九二八年の夏の始まりごろ、彼は、また、上海に来て、望舒と会った」と書いている（『沙灘上的脚迹』遼寧教育出版社、一九九五年、一二七頁）。但し、この思い出には誤りがある。なぜなら、『劉吶鷗全集・日記集』（彭小妍、黄英哲編訳、台南県文化局、二〇〇一年）によれば、一九二七年末まで、劉は依然として上海にいて、しかも戴望舒（一九〇五―一九五〇）、施蟄存等と連絡しているため、彼が台湾に戻ったのは、おそらく、一九二七年末だったかもしれない。但し、彼が上海で雑誌を刊行し、書店を営業し始めたのは、施蟄存が言うように、確かに、一九二八年の夏である。日本の新感覚派に影響を与えたポール・モラン（中国語で穆杭また莫朗と訳される）が中国に来たのは、横光利一より何ヶ月遅れたが、上海で大歓迎された。劉吶鷗等が雑誌『無軌列車』第四期でモランの作品と彼に対する評論を掲載し、恰も一つの「モラン特集」を作ったのはちょうどこの頃である（『無軌列車』第四期、「編集後記」）。
（4）李今『海派小説与現代都市文化』（合肥：安徽教育出版社、二〇〇〇年）、六一頁を参照。
（5）北平星雲堂書店が一九三三年に出版した『日本の新興文学選訳』（張一岩訳）に収録されている「横光利一年譜」の中ですでに、『改造』に連載された『上海』の前の三章の題目が記述され、一九三四年、郭建英はその中の『婦人』（雑誌『矛盾』第二巻第四期、一九三四年一月掲載）を翻訳したが、注目されなかった。
（6）鈴木貞美によれば、日本では、明治維新から第二次世界大戦までを「近代」と呼ぶ時代区分の用法が戦後に定着した。しかし、二十世紀初頭、すでに明治維新以後の日本社会や文化的変動を西洋のモダニズムを導入した結果とする見方は、学界で普遍的に認められており、しかも次第に「近代」という概念で表現されるようになった。例えば、金子筑水『近代主義の淵源』（一九一一年）、高須梅溪『近代文芸論』（一九二一年）、湯地孝『日本近代詩の發達』（一九二八年）等はこれに当てはまる（鈴木貞美『日本の「文學」概念』東京：作品社、一九九八年、二六九―二七二頁を参照）。
（7）この点は中国語の文脈で「近代」と「現代」との区別は全く同じではないが、似ているところがある。
（8）阿部知二「英美詩に於けるモダニスト」（『詩と詩論』（三）、東京：厚生閣、一九二九年三月）、一九四―二〇一頁。
（9）中村喜久夫「現代文学の真髄」（『詩と詩論』（十四）、東京：厚生閣、一九三一年十二月）、一二三頁。
（10）関井光男等「日本のモダニズムと伊藤整」（『国文学　解釈と鑑賞』第六十巻十一号、東京：至文堂、一九九五年十一月）、一三頁。
(11) 横光利一「感覚活動」（後「新感覚論」というタイトルに変更。『文芸時代』（第二巻第二号、一九二五年二月）。『定本　横光利一全集』（第十三巻、河出書房新社、一九八二年七月）、七九―八〇頁から引用。
(12) 保昌正夫「大正文学から昭和文学へ――関東大震災から『文芸復興』まで」（『昭和文学全集』別巻、東京：小学館、一九九〇年）、二六一頁を参照。
(13) 小森陽一「モダニズム芸術と新感覚派」（『横光利一と川端康成展』東京：世田谷文学館、一九九九年四月）、四六頁。
(14) 小森陽一のこの時期の研究は、『文体としての物語』（東京：筑摩書房、一九八八年）と『構造としての語り』（東京：新曜社、一九八八年）の二冊の著作の中で集中的に表れている。
(15) 小森陽一『〈ゆらぎ〉の日本文学』（東京：日本放送出版協会、一九九八年九月）。
(16) 小森陽一「モダニズム芸術と新感覚派」（『横光利一と川端康成展：川端康成生誕100年記念』世田谷文学館、一九九九年）、四六―四七頁を参照。
(17) 酒井直樹「『国際化』によって何を問題化しようとしているのか」（花田達郎等編『カルチュラル・スタディーズとの対話』東京：新曜社、一九九九年五月）、二八六、三〇八頁。
(18) 酒井直樹「『国際化』によって何を問題化しようとしているのか」、二九四、三〇一頁。
(19) 川端康成「〈横光利一作品集〉解説」（『横光利一作品集』創元社、一九五二年）。『川端康成全集』第二十九巻（東京：新潮社、一九八二年）、一五一頁から引用。
(20) 保昌正夫「横光利一　人と作品」（『昭和文学全集』第五巻、東京：小学館、一九八六年）、一一一七頁。
(21) 栗坪良樹「横光利一の虚構と体験」（『評言と構想』第1編、一九七五年四月。『横光利一論』（東京：永田書房、一九九〇年）、七頁を参照。
(22) 戦後、改造社で刊行された『横光利一全集』（全二十三巻）と岩波文庫版『上海』（一九五六年）は、ともに書物展望社の「決定版」を底本にして広く流布されている。中国において『横光利一文集・寝園』巻（叶渭渠主編、作家出版社、二〇〇一年）に収録されている『上海』（下鉄堅訳）もその書物展望社の「決定版」を底本としたのであるが、本稿の引用は、主に改造社の『上海』初版『定本　横光利一全集』第三巻（東京：河出書房新社、一九八一年九月）に依拠しており、ほかのバージョンから引用する場合、注を付けて説明しておく。
(23) 篠田浩一郎『小説はいかに書かれたか――『破戒』から『死霊』まで』（東京、岩波書店、一九八二年）、前田愛「SHANGHAI 1925」（『都市空間のなかの文学』東京：筑摩書房、一九八二年）。
(24) 小森陽一「文字・身体・象徴交換――流動体としてのテクスト『上海』」（『構造としての語り』東京：新曜社、一九八八年）、五〇八頁。
(25) その「序章」に続き『改造』に掲載され、後に『上海』に収めた「足と正義」（十一巻三号）、「掃溜の疑問」（第十一巻第六号）、「持病と弾丸」（十一巻九号）の終わりに、それぞれ「ある長篇の第二篇」、「第三篇」、「第四篇」とあり、「海港章」（十一巻十二号）の終わりに「ある長篇の第五篇、及び前篇終わり」と記している。
(26) 祖父江昭二「『上海』論――初出と初版本との比較を中心に」（伊藤虎丸他編『近代文学における中国と日本』汲古書院、一九八六年）によれば、『上海』の中で、描かれているトルコ風の風呂が、「当時の日本では、まだ存在しなかったかもしれないが、中国の半植民地の国際都市である上海では、珍しいものではない。」
(27) 犬養健「我が「横光利一論」」（『改造』一九二九年二月号）。
(28) 林少陽『「文」與日本的現代性』（北京：中央編訳出版社、二〇〇四年）、一一〇―一一一頁を参照。
(29) 「新感覚派とコンミニズム文学」（『新潮』第二五巻第一号、一九二八年一月一日）、「文学的唯物論について」（『創造月刊』第一巻第一号、一九二八年二月一日）。これらの論文の中で、横光利一はプロレタリア文学あるいは左翼文学を「コンミニズム文学」と総称している。
(30) 横光利一「文学的唯物論について」（『創造月刊』第一巻第一号、一九二八年二月一日）。『定本　横光利一全集』第十三巻（東京：河出書房新社、一九八二年）、一〇〇頁から引用。
(31) 小森陽一「文字・身体・象徴交換――流動体としてのテクスト〈上海〉」（『昭和文学研究』一九八四年一月）。小森陽一『構造としての語り』（東京：新曜社、一九八八年）、五一六頁を参照。
(32) 横光利一「静安寺の碑文」（『改造』支那事変増刊号、第十九巻第十一号、一九三七年十月十日）。『定本　横光利一全集』第十三巻、四一四頁から引用。
(33) 横光利一「支那海」(『東京日日新聞』一九三九年一月五―八日、十―十三日連載)。『定本　横光利一全集』第十三巻、四三九頁から引用。
(34) 「風呂と銀行」(『改造』一九二八年十一月)より。一九三二年の改造社初版において、この段落の字句が少し修正されている、例えば、「支那の富源を吸ひ合ふ」が「余りある土貨を吸い合う」に変更されている。
(35) 「風呂と銀行」(『改造』一九二八年十一月)より。引用文の中にある「・・・・」は雑誌が検閲される際に削除された表記のことであり、改造社の単行本初版において、それぞれ「彼自身の母国」、「母国」、「日本人」と補充されている。
(36) 横光利一「支那海」(『定本　横光利一全集』第十三巻)、四三九頁から引用。
(37) 卞鉄堅の中国語の訳文で、高重のこの部分の議論が削除されている。
(38) 「掃溜の疑問」(『改造』一九二九年六月号)より。
(39) 「掃溜の疑問」より。下線は引用者による。
(40) 小田切秀雄「横光利一〈上海〉」(『岩波講座　文学の創造と鑑賞』一九五四年十一月)、「〈上海〉解説」(横光利一『上海』岩波文庫、一九五六年)を参照。
(41) 前田愛「SHANGHAI 1925」(『都市空間のなかの文学』東京：筑摩書房、一九八二年)、三八一―三八二頁。
(42) 前田愛「SHANGHAI 1925」、三八一―三八二頁。
(43) 浜田勝彦「論考　横光利一」第5章(和泉書院、二〇〇一年)、広重友子「横光利一『上海』中的空间表现」(『中国的现代性与城市知识分子』上海古籍出版社、二〇〇四年)を参照。
(44) 井上聰『横光利一と中国』(東京：翰林書房、二〇〇六年)、二五二―二五三頁。
(45) 小森陽一「文字・身体・象徴交換――流動体としてのテクスト〈上海〉」(『構造としての語り』東京：新曜社、一九八八年)、五一八―五一九頁。
(46) 丸山眞男は、「運命の共同体」を以ってネーションを定義して、また自分が敗戦前に出会った大空襲を例として「爆弾は反戦論者を避けておちてくるわけではない、日本人として否応なく運命を共に負っている。ほんとに運命共同体なのだ」と説いた。丸山眞男『「文明論概略」を読む』(上)(東京：岩波書店、一九八六年)、一六六頁。
(47) 説明する必要があるのは、『上海』の中でも、帝国主義国民国家のアイデンティティへの疑問が存在しており、小森陽一の指摘するように、小説のラストのところで描かれている、娼婦に陥った阿杉の「日本の陸戦隊が上陸」することに対する感情が、参木と大きく異なる。だが、このような不調和と『上海』の全体的な叙述構造との関わりについて別の稿で検証する必要がある。
(48) 隅谷三喜男「恐慌と国民諸階級」(隅谷三喜男編『昭和恐慌――その歴史的意義と全体像』東京：有斐閣、一九七四年)、二五一、三一三頁を参照。
(49) エドワード・W・サイード『文化と帝国主義』(李琨訳、北京：三聯書店、二〇〇三年十月)、二三〇頁。
(50) 前田河広一郎「支那は動く」を参照。この作品は『改造』一九二九年一、二、三月号で連載された、『上海』の同時期の作品である。

8. 経験と希望
作家・林京子の半生を通して見た核とアジア

島村　輝

歴史のなかの日本、アジア、世界と、作家・林京子の半生――『被爆を生きて』

日中国交正常化四十周年に当たる二〇一二年は、本来であればこれまでの歴史を振り返り、互いに欠くことのできないパートナーシップをさまざまな面で構築してきたこの間の両国関係の進展をふまえて、さらなるその発展を展望する、絶好の機会となるはずだった。両国の交流に尽力してきた関係者の間で、さまざまな行事が計画され、準備も整えられてきた。その機運に冷水を浴びせたのが、当時都知事であった石原慎太郎が四月十七日にアメリカ・ワシントンにおける保守派シンクタンク・ヘリテージ財団主催の会での講演で行った「尖閣諸島を都有化する」という発言であった。

この発言に対し、日本政府は民間の所有であった尖閣諸島を「国有化」するという対応を行ったが、そのことが「釣魚島はわが国固有の領土である」と主張する中国政府を刺激し、九月には中国各都市で抗議デモが暴動化するほどの「反日」の動きが広がり、政治・外交上ばかりではなく、経済、また文化の上でも、両国間の関係が大きく冷え込むこととなった。私はその九月上旬に天津（南開大学での学術シンポジウム）、下旬にアモイ（アモイ大学での集中講義）と、続けて中国を訪れた。

私が最初に中国で仕事をしたのは、一九九九年、北京の日本学研究センターへの、半年間の派遣教授という役割だった。その後、二〇〇二年に広東外語外貿大学で、三ヶ月間の集中講義を担当した。その間に日中国交正常化三十周年の記念日も、中国で迎えることとなった。滞在中の広州でも、学会で訪れた北京や長春でも、大学の中や街中で「日本から来た」といえば、「この頃は日本人がずいぶん多くなった」「記念行事で歌手の誰それのコンサートがあった」など、少なくとも表面上は「反日」感情があからさまな応対をうけた記憶はない。

その後中国には、さまざまな機会に、毎年二、三度はやってきている。二〇〇五年には、前年二〇〇四年に他の八人の著名人とともに「九条の会」を結成していた加藤周一、同会事務局長の小森陽一とともに北京を訪れた。この年、一部でやはり「反日」デモなどの街頭行動があり、日本ではセンセーショナルに報道されたが、その秋に保定市の河北大学で開催された「中国小林多喜二シンポジウム」の準備や実施を含めて、このときもまた、大学でも、街の中でもあからさまな「反日」の態度に出くわしたことはなかった。その後の度重なる訪問でも同様である。

しかし二〇一二年九月の訪中では、それまでになかったような経験をすることになった。天津でもアモイでも、主催や招待の主体であった大学側は、日中関係の事情に詳しく、その良好な発展を願う点では、受入の体制に万全を期してくれていたのだが、とくに下旬のアモイでは、街中の移動のために乗ったタクシーの運転手から「どこから来た？　何人か？」と質問を受け、「日本人だ」と明かすと途端に態度が急変するといったような事態に、なんども遭遇した。街角には明らかに急ごしらえとわかる「釣魚島は中国の領土」といった大看板があちこちに立ち、日本料理店の店先に中国国旗が掲げられるという風景も、実際に目にした。

その後、中国では共産党の指導部が交替し、日本でも衆議院解散、総選挙、その結果を受けての安倍自公連立政権の成立という推移があり、アメリカ合衆国などを含む国際関係の力学がはたらいて、かならずしも当時のような「反日」機運が続いているとは見受けられないが、さりとて両国間の関係が順調に回復してきているとも言い難い状況は続いている。安倍総理は、憲法改悪に具体的に踏み出すこととセットのように、就任当初から政府の歴史認識の修正を目論み、その点に関してのみいえば、日本の「宗主国」ともいうべきアメリカ合衆国との間にさえ軋轢を引き起こすような危険な立場に踏み込んでいる。その下にあっては、少なくともアジア諸国との関係が劇的に改善するような事態は起こりえないであろう。それどころか、さらなる大幅な右傾化、軍事化の契機が強まる懸念が大きい。縁あってここ二十年近く、中国の方々と親しくお付き合いを深めてきた身としては、まことに残念な気持ちである。個人的にももちろんそうだが、個人の直面する経験が、どのような歴史的・社会的文脈に規定されているかということをつねづね考えてきた者とすれば、それはただ残念では済まされない、大きな考えどころに立っていると思わざるを得ないのである。

私は四十年ほど前から、当時はとりくむ人の少なかった小林多喜二を研究テーマとし、長いこと彼の仕事を追いかけながら、前後に、また左右に幅を広げながら、文学と歴史、社会の関連を考えてきた。そうした研究を通じて、日本の近代、すなわち開国以来約一五〇年の間の出来事というのが、実はひとつの物語としてつながっていて、ある時代を区切りある特定な時代を取り出して、そこだけを論じていくわけにはいかないと考えるにいたった。またここ数年、「九条の会」などの活動に携わる中で、以前は文学とは違う地平で考えられることが多かった平和や環境の問題についても、文学を研究することと、そうした問題にとりくむことは実は切り離されてはいないとも、考えるようになった。たまたま、本論のテーマとなる作家の林京子さんがご近所に住んでいて「九条の会」の中でお話を伺ったり、そういう意味で身近にいらっしゃる方の作品として林さんの作品を読んでいったりする機会にも恵まれた。

二〇一一年、三・一一の日、私は教授会のあと研究室にいたが、今までに経験したことのないような、船に乗っているような揺れを経験した。最初は大きな地震かと思ったが、今まで自分が経験した地震とは揺れ方が違ったので、ひょっとしたらただの地震ではないかもしれない、もっと巨大な災害かもしれないと思い、研究室のブラインドを上げて、目の前に見える富士山を見た。その時、私の頭の中に黒澤明の『夢』(一九九〇年)という映画の中の『赤富士』というエピソードの一場面があった。これは富士山の裏側で原子力発電所が次から次に大爆発を起こしているというところから始まり、そこから放射能が広がって、一人残らず死んでいってしまうというストーリーである。もちろんそのとき富士山は爆発してはいなかったが、その映画の記憶が鮮明で、もし富士山が爆発したらどうなるのかが気にかかっていたので、自然に見たのだろう。

その後、信号が止まった道路を車で長時間をかけて帰ったが、夕暮れの太陽の色がまことに不気味だった。井上光晴が、原爆が落ちたとき、赤い月が出てきたと書いているが、非常に悪い兆しのように見え、「なんだか縁起の悪い空だな」と、「まだまだ悪いことが起こるのではないか」と思わせるような空の色だったと覚えている。偶然と言えば偶然かもしれないが、そのあと車の中で福島第一原子力発電所の電源が切れていると、そして原子力災害緊急事態法を受けて緊急事態が宣言されたということを聞いたとき、これから長く、厳しい状況が続くだろうと直感した。そして、ご存知のように、三月十二日に第一号機が水素爆発し、十四日に第三号機が爆発して建屋ごと吹っ飛んでしまった。

この状況の中で、私は家族と一緒にしばらく九州の方に疎開した。あの場合、どこまで事態が悪くなるのかということに対して誰ひとり確言できる人はいなかっただろう。「原子力災害対策本部」では炉心溶融や爆発、放射能漏出の危険について議論になっていたというが、ニュースなどでは部分的にしか報道されない。表に出てくる情報を聞くとそんなものではないはずだということはわかるのだが、しかし、正しい情報は極めて断片的な形でしか入ってこない。たぶん最初に入ってきたのはドイツの、気象情報のための風向予想システムが、原子力の拡散がどこまで行くかと知らせていることだったと思う。その中で東京を離れなければならないと考えたのだ。

しばらくしてから東京へ戻ってきたが、その後どれほど時間が経っても、安全が確保されて終息したとも、安心な状況に立ち戻ったとも決して言えないということを、日々の生活の中で感じている。

そうした中で林京子さんとのインタビューも実現した。三・一一以前から企画されていた仕事だったが、林さんは岩波書店の担当者と、このインタビュー企画の日程や内容を電話で話している最中に、大きな揺れに見舞われたのだった。結果として、まさに長崎で被爆をされ、それから長い時間をかけて様々な事態を目にし、耳にし、ＪＣＯの臨界も取材をしに行かれて、そして今日また福島の原発事故を目の当たりにする、その後のインタビューとなったのである（林京子『被爆を生きて』岩波ブックレット、二〇一一年）。

事件や事故というものは、他の出来事と切り離されてひとつだけ、単独におこるわけではないとみんなが分かっているはずだが、とかく私たちは目前のことに目が行き、判断を誤る。恐らくは今原子力発電所を停める、停めないという議論をしている中でも、多くの政治家たち、財界人たちの頭の中には、自分の目に入る範囲の中での利害関係しかないのではないだろうか。また、領土問題をあげつらう政府担当者たちにしても、そもそも国民国家体制という歴史的限定があるなかで、その問題を扱っていくとすれば、いつまでも目先の「国益」を先行させることとなって、長い目でみた地域の平和的発展の契機は潰されていってしまうのではないだろうか。

私は二〇〇九年六月から二〇一一年六月まで二年間、日本社会文学会の代表理事をやっていたが、一一年春、機関誌『社会文学』で、成田龍一さんを編集長に一九五〇年代の文学と文化を中心に据えた特集を作った。その中で成田さんと内海愛子さん、自分と総勢三人で座談をさせていただいた。そういうことをやっていたこと、また「戦後」の問題についても論文などで考えたこともあって「一九四五年にアジア・太平洋戦争敗戦という形で、一応戦争は終わったはずだが、いつの間にかまた新しいパワーポリティックスの中に組み込まれていく。そういう中で世界の様々なところで起きている戦争に実は日本も組み込まれていくという、それがいったいいつからどのような仕組みで起こってしまっただろうか、それを考えなければならない」ということが、問題意識に上ってきた。

一方では私が専門とする「文学研究」という分野を考えるとき、「日本近代文学」として囲われているその対象を、「文学」として認められた研究制度の中で「研究」していくというような言説を繰り広げていくことについてもやや疑問を抱くようになった。以前から方法的なことを考え、少しずつは手をつけてきたが、やはりもう少し歴史や社会と絡めてその方法を考え直していかなければならない。

こうした問題を考えるにあたって、戦前・戦中の幼少時を、石炭会社の駐在員の子女として中国・上海で生活し、終戦間際に引き揚げた長崎で原子爆弾に被爆、その後の人生を被爆者として生きながら、国交正常化後の日中関係の展開、ご子息の赴任先のアメリカでの生活、さらに「三・一一」に遭遇し、この時代を象徴するような、真にユニークな経験と文筆活動を展開してきた作家・林京子の半生とその発言を参照することは、日本人にとってはもちろん、中国の、アジアの、そして世界の人々にとってまことに重い意味を持つことになろう。以下、本論では、先述の二〇一一年四月十八日に行った林さんへのインタビューの内容を中心に、その一端をご紹介したい。

「核は人類と共存できない」――「トリニティからトリニティへ」

幼少時の上海生活と並ぶ林京子の原点は、一九四五年八月九日の長崎での被爆体験である。その八月九日につながる最初の核実験の場としてのトリニティを、約五十五年、半世紀以上たったところで訪問し、林は「トリニティからトリニティへ」(『群像』二〇〇〇年九月)を書く。だが、そこで改めてわかったことは、「核の問題は決して決着が付かない、どこかで終わってしまったことには出来ない」ということだった。そして、今回の福島原発事故が起きた。


いまの人たちは、核を燃料としか見ていませんね。日本にはまだ、八月六日、九日の被爆者がたくさん生きています。形は違いますが、核が人類にどんな影響を及ぼしたか、学習してきたはずなんですよね。少なくとも為政者たち、専門家たちは知っているはずですよね。これだけ学習しない国って、あるのかな、と素朴にあきれています。

核というものは、いかなる場合でも絶対に利益にはつながらないということを、頭の冴えた人たちがなぜ分からないのか。原子力発電は、放射性物質や原子の処理が完全に出来るようになって初めて可能なことだと思うのです。

原発を作る時に、最悪の場合を想定していなかったのか。唖然としています。本当にあざ笑われているような感じです。

福島の事故で、政府が二十キロ圏の居住者に避難勧告をした時、アメリカは八十キロ圏内のアメリカ人全員に避難を勧告した。そのことを、自らも被爆しながら医師として後遺症に苦しむ人たちと関わり続けてきた肥田舜太郎医師に質問した。すると肥田は「人の命に関する認識の度合いの違いだ」と即答し、林は深く納得したという。

今回、「内部被曝」ということが初めて使われましたね。私はこの言葉を聞いた瞬間、涙がワーッとあふれ出ました。知っていたんですね、彼らは。「内部被曝」の問題を。それを今度の原発事故ではじめて口にした。

事故直後、政府の言い募っていた「直ちに健康に影響のないレベル」というのはまさにそういうことを意味していた。今日、福島の子どもたちのあいだに、あきらかに甲状腺ガンの疑いのある症例が発生する事態となっても、政府の意を汲んだ福島の医療関係者の中には「チェルノブイリで子どもの甲状腺に異常が現れたのは事故後四年以上経過してからであり、今回の結果を事故の影響とみるには出方が早すぎる。事故以前から異常の原因があったのではないか」とさえ言っている者がある。その罪の深さを、思い見るべきであろう。

原爆も原発も、命をお金や何か他のものに換算している――そういう構造が、露骨に見えてしまう。命を大事にしないということは、裏返せば命より大事なものがある、ということであろう。一言でいえば、それは「利権」にほかならない。

トリニティ・サイトのあるニューメキシコ州は、西部劇の舞台としても有名である。ヨーロッパからの植民者たちが次々と先住民たちを追いやって彼らから広大な土地を奪い、その土地に原爆の実験場を設けた。いわば安い命を買い上げ、収奪をした末に出来上がったものなのだ。原子力発電所も、言ってみれば軽んじられ、安い値で買いたたかれた命の上に成り立っているものではないかと考えられる。福島であれ、青森であれ、あるいは福井もそうだが、原発が立地されているのは、非常に自然の豊かなところ、つまり都市化していない、産業化していないところでもある。だから、原発ができて、そこに雇用が発生すれば、地元の人たちは最初は仕方なしに受け入れても、だんだんそこから抜けられなくなってくる。原発利権の中毒に陥れられるのである。
そして、原発そのものは常に被曝者を生み出す仕組みになっている。別に爆発事故がなくても、原発を維持していくためにそこで作業をする人たちは、必ず被曝をする。だから、被曝放射線の限度量などは一応設けられてはいても、どこからが安全でどこからが危険という閾値は実は最初からないのである。
広島・長崎と福島の事故をつなぐ林の発想の根底に、この「学習しない」人々の在り方への、「あきれる」「唖然とする」ほどの疎外感がある。ここで林が引き合いにだすのが、魯迅の言葉である。

私は昨日も魯迅の評論集を読み返してみました。まさに今の日本が書かれていると思いました。……私自身、魯迅の言う戦火に逃げまどう「愚民」の一人です。「愚民」だから私は考える。でも、やっぱり、もう少し一人ひとりが真剣に考えていかなければ怖いですね。

ほとんど絶望に近い疎外感だが、魯迅の言葉から発想する林にとって、それは一方的な絶望感ではない。

あくまでも考えることを手放さない、その意味で一抹の「希望」とうらはらの「絶望」であると言ってよかろう。

「被爆とは被爆者個人の体験ではなくて、人間全体の問題」——「祭りの場」

林京子は「祭りの場」で一九七五年四月に『群像』新人賞を、同年七月に第七十三回芥川賞を受賞した。この作品は長崎で被爆した当時のことを、ある時間を経て回想するという形で書かれている。この小説は長崎への原爆投下、その直後の日本の敗戦による戦争終結から約三十年後の執筆当時に視点を置き、主人公の女学生を含めた当時の長崎付近の人々が、被爆によって何を見、どのような経験をしなければならなかったかを、正確に、また痛切に描き出している。一人の少女として、原爆投下直後に目にし、体験した出来事の生々しいリアリティーと、大人になり、当時のことをさまざまな資料を参照しながら、一定の距離を置いて語ることができるようになった書き手の批評性が融合した、原爆を素材とする文学の中でも、極めて訴える力の大きい作品である。単なる見聞や体験としてばかりでなく、原爆を投下した側の、実に身勝手な言い分を、十分視野に収めて書かれていることが、この小説に深みを加える要因になっているといってよい。林京子が文壇で本格的に注目されるようになった頃の代表作というばかりでなく、「原爆文学」の傑作として、今日にいたるまで高い評価を保つ作品である。その後も林は、連作集『ギヤマン　ビードロ』、『無きが如き』などの作品を通じて、生涯にわたって粘り強くこの問題を問い続けてきた。

そうした林の作家としての姿勢について、かつて『文芸首都』の同人として林との文学的交流があった中上健次は「原爆ファシスト」という過激な言葉を使って批評したことがある。そのことについて林は次のように語っている。

私はそういう過激な意味で書いているのではないんです。被爆とは被爆者個人の体験ではなくて、人間全体の問題——自分の子供を育てながらそう思ったのです。いかに人間全般の普遍的な問題として、つまり人間の経験として昇華できるか、ということをいつも考えていました。ですから、「原爆ファシスト」と言われても、ああ、そうか、まだ〝感傷的八日〟なんだな、という感じですね。

この中上の言葉は、彼と林との一番基本的な文学のスタイルの違い、あるいは、基盤としている文化の違いが非常にはっきりとした批評だといえるだろう。中上は、自分のルーツや育った場所を基点にして、身体の延長として世界が広がっていくような、いわば身体密着の書き方をした。それに対して林は、即物的な、つまり見たものや風景から距離を置いてそこから自分の感覚を測っていく書き方をする。中上にはそれが林自身に密着した風景に見えてしまう。だから、題材——原爆——が一緒だったら、書いた小説も全部同じものに見えたのかもしれないと考えられるのである。
だが、中上は一つのことを書いているように見えて、実は多様な世界を書いている。そして林は、非常に多様な世界を書きながら、実は一つのことを書いている。文学的に言うと、ちょうど裏と表のような関係として、中上文学と林文学があるとも思われる。中上が、そういう極端な批評を、彼一流のやりかたでしたということも、実は分からないでもない。
中上は、身体感覚で、作りながら壊しながら、そしてまた作りながら壊しながら、書いていく。それは彼の文章のスタイルそのものにもよく現れている。一方、林の場合は、見えている一つのものに、極めて構築的に向かっていくというスタイルがある。ただその時に、やはり作家として、自分の言葉を作り上げていくという苦しい作業がある。つまり小説とは、見たもの、感じたものをそのまま再現するわけではないのである。

特に原爆のような体験の場合、これをはたして言葉に書き表し得るのか、こういう極限的な経験を言葉にすることができるのかという、大変な葛藤、苦闘があるはずである。そのことについて、林自身は次のように語っている。


私には、日常の中に戦争がひょいひょいと顔を見せる上海時代がありますので、傷や、痛みは戦争にはついて回るものだ、という常識化されたものがあります。ですから、それらにはあまり触れないようにしています。その痛みは、私には表現出来ないと思うんです、でも、傷も痛みも、それらは癒えるものと、「内」にこもっていくものとありますよね。私にとっては、その「内」の問題の方がとても大事です。「内」の問題が病気になって出てくる。それは精神的なものでもあるし、原子爆弾の場合は体内に吸い込んだ放射性物質がある。これは遺伝子にもかかわってくる問題で、六日九日の被爆だけでは終わらない。その痛みを書いているつもりです。

ですから、私は個人の感情は出来るだけ入れないように、即物的な言葉を使って書くようにしています。既成の言葉はあまり使っていないつもりですが、それでも、一般的な日常的に誰でも使う言葉こそが最も適切だと思う時もあります。既成の言葉を崩したらどうなるだろう——そう思って、国語辞典を引くんです。前後の文章によって、当然ですが、いろいろな解釈があるんですね。その生の言葉の中で一番単純なものを選んで書くという作業はしました。

文学とは、本来は言葉になかなかし得ないような個別性を言語化するという困難な課題である。その最も困難な課題の一つとして原爆があるわけで、原爆という素材によって文学をジャンル分けするということの有効性には、ある留保が必要である。ただ、逆説的ではあるが、やはり、原爆という素材の個別性の強さにはなみなみならないものがある。それと同時に、いつでも、どこであっても、再び原爆に匹敵するような体験が起こるかもしれないという危機感を持つこと自体も、文学的な想像力の在り方の一つであろう。必ずしも被爆体験を持たなくても、強い文学的想像力を持った文学者たちは、そういう原爆に対する、あるいは核に対する問題意識を持った作品を生み出してきた。日本文学の領域では、井伏鱒二や井上ひさし、小田実、大江健三郎にも、核に対する強い想像力が働いていなければ書けない作品や評論が多い。

日本の場合、広島・長崎への原爆投下だけでは終わらず、直接的な被害として、ビキニ環礁の水爆実験による第五福竜丸の被爆がある。その後も大気中での核実験が何度も繰り返されてきた。そして米ソ両国が核兵器を大量に保有することで均衡を保つ「核抑止」という考え方が一般的だった冷戦体制が終わっても、世界中には山のように核兵器が存在する。また近年では、温暖化防止や安価なエネルギーとして、原子力発電所がどんどん作られてきた。

そして、今度の東日本大震災では福島原発に非常に深刻な大事故が起きた。それでも、すぐに原発を止めようという声が決して大きなものにならない。核兵器の廃絶も、遥かかなたに追いやられている状況である。まさに今のような時代にこそ、文学的想像力がもっと力を発揮しなければ大変なことになるのではないか。三・一一東日本大地震津波に起因する福島第一原発事故後のいまの時点と地続きの問題として原爆文学をとらえる必要があるのではないか。林の文学は、まさにその点を触発してくれるものであるといえるだろう。

「この「愚民」はまさしく自分たちの立場だ」――『上海』

林京子は長崎の生まれだが、まだ物心つく前に父の仕事の関係で上海に移った。一九三二年の第一次上海事変の時はまだ二歳である。そして、敗戦の直前、原爆投下の直前に長崎に引き揚げてくるまで、十五年近くを上海で過ごした。いまのことばで言えば「帰国子女」ということになる。本人は「帰国子女」というより「帰化人」のような気がしていると語っているが、それは彼女の言語感覚、文化感覚のすみずみに行きわたっているといえるかもしれない。

林の作品は非常に硬質な言葉で書かれている。即物的であるだけに、一般的な日本の作家であればあいまいにしてしまうようなところを、きっちり距離を取った上で指摘していく。「この事実に対して私はこういうスタンスを取っていますよ」ということを、読んでいる側にはっきりと見せていくような書き方である。読み手としては「怖いな」と感じることもある。知性を持って、距離を取り、硬質な言葉を使っていく――そういう意味で言えば、林は、井伏鱒二や堀田善衞に連なるような小説を書いているといえる。

先の林の発言にあった魯迅の「愚民」という言葉も、林のそうした体験と感覚とから形成されたアンテナに捉えられたものだろう。

講談社文芸文庫の『上海／ミッシェルの口紅』（二〇〇一年）の「著者から読者へ」というあとがきの中で、魯迅が日本語で書いた「人をだましたい」という作品（一九三六年）の文章を引きながら、戦争が近づき逃げ惑う中国の避難民に日本や中国の新聞が「愚民」という肩書きを与えたことを紹介している。

母国を逃げ惑う同胞を、その地にあるべき者ではない外国人が面白く眺めている風景を、眺める魯迅の、血の涙を見る思いがします。私たち一家も路地の外に出て、大八車に家財道具を積んで逃げてゆく中国人を、見物したものです、但し、我が家は「愚民」の最たるものでしたので、逃げる人たちの表情をみて、私たちも逃げるかとどまるか判断したのです。ですから『上海』『ミッシェルの口紅』では、そのときの、眺める日本人、君臨する日本人を、子供の目で、ありのまま書くことにしました。

こうした作家としての態度について、林はインタビューにおいてこうも語っている。

私は、上海時代を小説に書くとき、自分がいい子になるのは止めよう、「子どもの目で、ありのまま」を書こうと思っています。小説には裏と表が重なってあるからです。これは八月九日にも一貫した思いです。

「子どもの目で、ありのままを書く――それはわかるけれど、今それを書いている大人である自分についてどう考えるのか」という批判は確かにあり得る。が、林は、「子どもの目で、ありのままを書く」ことの前段として、「私たち日本人も逃げ惑う難民の側に実はなる」ということを書いている。林文学にはそうした両面があることを、きちんと見ていかなければならないと思う。

日本・アジア・世界──林京子が体現する「経験と希望」

インタビューの終わり近くに、林が語ってくれたエピソードがある。一九八〇年代にアメリカで暮らした時、講演をする機会があったそのあとの出来事だ。


学生たちが帰った後に、大学の先生が一人の韓国人の女の子の学生を連れてきました。ニューヨークに両親が住んでいると言っていました。先生が、彼女が林さんに質問したいことがあると言っているけれどいいですか、とおっしゃるので、私に答えられることでしたらどうぞ、と言ったんです。

そのお嬢さんは、「林さん、私の父と母は日本語がとても上手です。しかし一言も話しません。どうしてですか?」と聞いてきました。私は、この子はうすうすそのわけを察していて質問している、と思いました。だけど日本人の口からそのわけを聞きたかったのでしょうね。あなたは今立派なことをしゃべったけれど、日本がしたことをどう思っているのか、という思いもあったのかもしれません。

私は、まず「ごめんなさい」と謝りました。すると先生が「なぜ林さんは謝るんですか?」と聞いてきました。私は、子どものころ上海に戦勝国の子どもとして住んでいたこと、日本と韓国の関係は当時はよく分かっていなかったけれど、その後学校で習った二つの国の関係を話しました。するとその先生が、「じゃあ私もあなたに謝らないといけません。林さん、ごめんなさい。私も占領軍の子どもとして日本に住んでいました」とおっしゃったんですね。

それから私は女の子に言いました。あなたのお父さんとお母さんは韓国人でありながら、日本語の教育を受けさせられ、日本風の名前に変えさせられた。迫害を受けながら、祖国を否定されながら日本語を習得なさったはずだ。そのことが骨身に染みているお父さんとお母さんにとって、日本語を話さないということは、彼らの意志だと思う。だから本当にごめんなさい、と言ったんです。

続けて、私は私の母の話をしました。被爆した私が助かって諫早に帰ってきた後だったと思いますが、長崎の被爆者がおおぜい諫早の学校に収容されて、床の上に焼けただれた体で寝かされていたそうです。その中にアイゴー、アイゴーと泣いている女の子がいて、すぐに韓国の子だって分かったんですね。やけどを負ったその子の体にはウジが湧いていて、母たち婦人会の人たちがピンセットで取ってあげていた。焼けただれた肌をウジがつついて痛いのだそうです。そうしたらそこに日本人の若い巡査が来て、「おまえたち、朝鮮人は放っておけ、日本人を看ろ」と言ったんです。

母は――上海の時からそうだったのですが――、こういう時に日本人も朝鮮人もない、と巡査に言って、動かずにずっとウジを取り続けていた。それは母だけではなくて、そこにいた若い婦人会の人たちもそのままウジを取りつづけたそうです。

私は韓国人の学生に、だから日本のしたことを許してくださいというつもりはありません。ただ、こういう日本人もいたということを、せめてあなたには知っていてほしいのです、と言いました。

すると、彼女がポロポロと涙を流して、林さん、正直に話してくれてありがとう。握手をしてください、と言ってくれました。私は、上海でも侵略国の少女として、中国の人にずいぶんつばを掛けられたりしました。でも、半世紀近くたってしかもアメリカで、自分の国が犯した罪を直接えぐられるような言葉でぶつけられたのは初めてでした。上海で育ったせいでしょうね。いつも国と個人の矛盾にはさまれながら生きてきました。だけど、真心を持って、人として話せば分かる――そのことを、アメリカで教えられた気がします。

私はやっぱり最終的には人間だと思うんです。一人ひとりが人間として考えてほしいですね。


長い引用になったが、このエピソードに語られたことは、今こそ心に響くものがある。人間として物事をきちんと正面から見て、何が本当のことかを見極めて判断する――このことが出来なければ、すべてのことは命を軽んずる言葉にごまかされていってしまう。

長く時間をかけていろいろなことを語ってきてもなかなか受け入れられない、状況も変わってこない、そういう中での無力感ということを林も語ることがある。私も東日本大震災や福島原発事故の後、日本の政治状況や国際関係を追っていると、非常に絶望的な気持ちになる。しかし、林へのインタビューのあと、でも長い時間はかかっても分かってくることはある、希望はあるということを、教えられたような気がする。

二〇〇五年に出た林の最新の作品集『希望』が、二〇一二年八月九日、講談社文芸文庫に収録、刊行された。また林さんは『群像』の二〇一三年四月号に、短編「再びルイへ。」を発表された。「トリニティからトリニティへ」にも登場した「ルイ」への手紙の形式をとり、三・一一以降に襲われたあらゆる物事への無力感と怒り、そこから再び見出した、迷いからの脱却への道筋を記し、問いかけた作品である。作品が発表されて間もない同年三月九日、東京の明治公園で開催された集会「つながろうフクシマ！ さようなら原発大行動」で、大江健三郎さんはスピーチの中心にこの作品の紹介を置き、以下のように述べた。


広島、長崎での経験につないで、福島を見つめつつ、もう一度放射性物質で子供らを殺させはしない、という意志に立つ希望を、私は林さんの声のまま自分のうちにしっかり取り入れます。

大江さんが見出したように、「長い時間をかけた人間の経験」の後に残ったものが「希望」なのかもしれない。非常につらい希望かもしれないが、林京子を読み、ときどきはお宅を訪ねてお話をうかがいながら、これからも時間をかけて、絶望せずに、私たちが生きている時代と地域について考え、行動していきたいと思う。

追記

本論は二〇一三年九月一日、北京・清華大学で開催された国際会議「一九世紀以降の東アジアの変容する秩序」での発表を基に加筆したものである。本文中の記述に、現在となっては少々タイム・ギャップを感じる部分もあるが、時間の経過によって不自然となった記述を改めたほかは、基本的に発表時の筆者の感覚をそのまま残すことにした。

最後に紹介した「再びルイへ。」は、先のインタビュー「被爆を生きて」と共に中国でも権威ある文学研究誌『世界文学』二〇一四年第一号（一月刊行）に、優れた近現代日本文学研究者である北京日本学研究センターの秦剛教授の解説を添えて、全文翻訳掲載され、翌号にはその反響が紹介された。

林京子さんは、二〇一七年二月十九日に、惜しくも逝去された。筆者が林さんに最後にお目にかかったのはその前年二〇一六年の秋、林さんの文学を研究する留学生を連れて訪問するための打合せに伺った時だった。その後体調を崩され、打ち合わせた留学生たちの訪問は実現しなかったが、回復を信じていただけに、訃報は本当に衝撃だった。生前に本論をお目にかけることができなかったのは、些《いささ》かの心残りではあるが、被爆者として、文学者として、人として、凛として生き切った林さんに対し、いまはどうぞ安らかにと祈るばかりである。


（二〇一七年六月、島村識す）

III

日中の想像力《イマジネーション》

9.　根拠地哲学と歴史構造意識
竹内好の毛沢東論

孫　歌（翻訳：李仁正、島村輝）

はじめに

竹内好の毛沢東論は、彼の魯迅論に則って展開されたものである。そのため、『魯迅』において形成された視座が竹内好の毛沢東論の原点である。同時に、『魯迅』から生まれた基本的問題意識の時代背景には、日本の不正義な侵略戦争によって日本の知識人たちの中に生まれた困惑と絶望がある。その現実への認識が、竹内好の魯迅に関する論述の限界となった。一九四三年に竹内好は『魯迅』を創作した。竹内好の描いた「魯迅」は「絶望に絶望した」という特殊な思想的位置に立っている。それは現実に対して妥協せず、変えることもできないという基本状況を認識した上で、ある有効性を持った自己堅持の立場を自ら確立することである。その立場は、自分の力で介入できない現実からの離脱という「脱政治」の姿勢や、思考の営みを直接に現実に当てはめることで、現実的に想像した「正しい政治的な立場」に自己満足するにすぎない姿勢とも区別されるべきである。「絶望に絶望した」という姿勢は、いわゆる「政治的な正しさ」の皮相性や偽りと、妥協せずに戦う立場であるからこそ、政治性を示しえたのである。竹内好は特に後期の魯迅と、各種の進歩勢力との力関係に注目した。たとえば、プロレタリア文学者との論争、文芸家協会との論争等である。これらの論争における魯迅は、一見したところ「正しい政治的な立場」にたつ可能性を失ったように見え、政治面からさまざまな非難が浴びられた。しかし、時を隔ててその歴史から竹内好が鋭く感得したのは、「正しい政治的な立場」にこだわらない考えが魯迅の思想として最も重要な遺産であるということだった。それは直接政治の過程に関与できない知識人が、間接的な方法を通していかに同時代の政治思想の構築の行方に関与できるのかを示唆した。

敗戦後の日本において、竹内好らの世代にとって最も痛切な思想課題は、戦後の日本社会をいかに改造するかということにあった。アメリカ占領下の日本は、社会革命を行う可能性が殆どなくなったにも関わらず、日本の進歩的知識人がその点に気づくまでにはすくなくとも六年間もかかった。その六年間、革命の可能性に幻想を持っていた進歩的知識人は、毛沢東及び中国共産党に現実的な興味を強く抱いていた。一九四九年の中華人民共和国の成立によって、この強烈な興味がより一層強くなった。一九五〇年代に入って、朝鮮戦争とサンフランシスコの単独講和をきっかけに、日本社会はアメリカ占領軍への幻想——日本共産党を含め、多数の日本人はそれまでずっとアメリカ占領軍を「解放軍」として扱ってきた——が消滅した。アメリカ占領軍がもたらした形式的な民主制度は、日本民主化の媒体として日本知識人たちに積極的に利用された。まさに、このような背景において、一九四〇年代以後中国共産党及び毛沢東が、注目される話題となった。また、中国共産党が唱えた「新民主主義」のスローガンも、日本社会の有識者たちには政治の構築の着眼点となった。

一九四七年、竹内好は短篇「魯迅と毛沢東」を発表した。その論文は当時の日本文学界において、毛沢東の文芸観の素朴な解釈への批判として提示されたものであり、そこで竹内は文学と政治の関連性に改めて言明した。その論文において、竹内は『魯迅』においてわかりづらい形で提起した問いをよりわかりやすい形で提起した。すなわち、文学の舞台（竹内好の『魯迅』における「文学」は思想の代名詞である）は政治的に扱うことによってこそ、文学としての強い生命力を持ち得るのだ、と。
日本共産党のリーダー野坂参三が「延安における民衆芸術」という題目の講演において論じた「政治が第一で芸術は第二であり、したがって芸術は政治にしたがうべきである」という観点に対して、竹内好は鋭く批判した。それは毛沢東が提起した「文学は政治に従属する」という言葉の意味が曲解されかねないと考えたからである。竹内好はその毛沢東の言説を、次のように解釈した。

「文学が政治に従属する」とは、文学が具体的な歴史的世界の所産であること、自我実現として無限に個を越えてゆく文学の営みが、それ自体として歴史的、社会的に制約されていること、しかもその制約を突き破るところに文学は文学となること、その文学を成り立たせる包括的な場所として政治があるという意味で、文学は政治に従属するのだと私は思う。[1]

まさにその意味において、竹内好は魯迅の文学立場を生かして毛沢東の政治立場を解読した。彼は毛沢東が魯迅を高く評価した事実をさらに掘り下げ、毛沢東が政治的に魯迅を利用しているという当時の通説的見解と異なる見方に行き着いた。竹内好によれば、毛沢東は若い時期にすでに魯迅に深く影響され、毛沢東の魯迅観は魯迅を深く理解し、共鳴をえた上に成り立ったのである。すくなくとも、毛沢東の政治生涯における思想の特徴は魯迅ときわめて似ている。竹内好はこれらの思想の特徴を「理想のために現状を破壊しつづけた」、「看板を信用せぬことに確信を持つ人だ」、「徹底して偶像を排斥した」[2]等々とまとめた。これらの思想の特徴は魯迅と毛沢東において、時流を追わない独立した文学精神やヘゲモニーを恐れず実務的な政治姿勢をとることにおいて具現化した。

一九五一年四月、竹内好は『魯迅』の後に苦心惨憺して書いた論文――「評伝毛沢東」を発表した。それはきわめて特別な毛沢東の伝記である。その文章ははじめ、一九五一年四月号の『中央公論』に掲載された。それはその雑誌の論文シリーズ「世界を動かす人々」の第二回である（第一回は猪木正道の「スターリン」である）。同年、その長文は猪木、竹内、蠟山芳郎の共著『スターリン・毛沢東・ネルー』に収録された。そのような組み合わせ方はのちに論じた「防衛抵抗主義の毛沢東」に竹内好が提示した思想の枠組みを示唆した。毛沢東はまさに社会主義体制を代表するスターリンと反植民地運動を代表するネルーの連結として、その中間にいるものである。言い換えれば毛沢東は同時にその両者の基本要素を有している。

当時、『毛沢東選集』の日本語訳はまだ出ていなかった、毛沢東の主な著作『井岡山の闘争』、『実践論』もまだ公表されていなかった。情報の乏しさに直面していた竹内好は、主に当時二章まで発表されていた蕭三の『毛沢東伝』とスノーの『中国の赤い星』、毛沢東自身の著作を資料源にした。そのことにより竹内好の「評伝毛沢東」は伝記より思想研究に近い性格を帯びた。竹内好は長く文学と政治の関係から歴史を検討してきたので、毛沢東という政治家を扱う際、意識的に彼の政治的な特殊性を強調しなかった。そのため、彼の毛沢東論には、理想化と単純化という弱点が明らかである。また「評伝毛沢東」は『魯迅』と同じようなモニュメンタルな成功は、収めなかった。しかし、その作品の重要さと読む価値は見過ごすわけにはいかない。「評伝毛沢東」は人々にしばしば見過ごされた問題を提起したために、また同時に竹内好の毛沢東論の視座が彼の魯迅論の視座と基本的に一致しているために、実は『魯迅』の難解な思考様式を理解するに当たっての、有効な視座を提供してくれたといえる。

若干年を経て、竹内好が改めてその作品を論じた時、かつて十分な展開ができず、残念に思ったという諸点を説明した。一九五〇年代初期にその文章を書いた時、彼は自らの創作計画が完成できず、特に文章の後半が走り書きになったので、十分に展開することができなかった。また、それから彼はその作品を一冊の本に発展させたかったが、結局書けなかった。その理由は史料の不足ではなく、思考力の不足にある。竹内好がその評伝を書いたあとにも、毛沢東の伝記はたくさん書かれたし、毛沢東に関する史料もおびただしく出版された。しかし、それらを理由に竹内好が彼の毛沢東論の基本的な問題意識を修正しようとしたことは一度も無かった。むしろそれとは逆に、一九五七年に竹内好は改めてその文章を収録し、彼の毛沢東観の本質が変わっていないと宣言した。彼は「私がここで提出している偶像崇拝の問題や、根拠地の構造の問題や、平和革命の条件も問題や、湖南という地域の特異性の問題（それを発展させれば、なぜ中国が多民族の統一国家形態を採用して、なぜ連邦制を採用しなかったかの問題になると思うが）や、そのほか、私が触れなかった多くの問題が、あとの研究者によって取り上げられないのが残念でならない。そのため、いっそう自分の問題提起に固執したい気がおこる」(3)と記している。

以上のような竹内の問題意識が、今日においてすべて有意義であるとは限らない、例えば、彼が考えた偶像崇拝の問題や、湖南という地域の特異性の問題について、深い歴史解釈の原理として単純に転化させて扱うことは難しい。彼のそれらの問題に関する論述も基本的に触れただけである。しかし、竹内好の根拠地構造論（正確に言えば根拠地の原理）と平和革命の論述は、今なお依然として認識論的な啓発性を持っている。

以上に提起した問題意識以外に、竹内は「評伝毛沢東」においてかなりの字数をかけて毛沢東の思考様式と「学習の様式」を検討した。その分析は具体的な史料に基づくものでなく、毛沢東の代表的な論文、特に初期の著作に対する、竹内自身による深い解読に基づいている。竹内好は毛沢東を個人として認識したのでなく、中国の民衆が歴史的に求めている政治主体として考えたのである。そのため、実際には、彼の毛沢東論は彼の中国革命の性質に対する思考でもある。竹内好は「評伝毛沢東」を中心にして、毛沢東の思想に関する一連の論文を書いた。また、一九五〇年代において、中国革命と毛沢東思想に関するいくつかの討論会にも参加した。一九六〇年代初期に、彼は毛沢東の『矛盾論』についての論争を起こした。それらの著述は竹内好の著作の中にあって、完成度の相当高い作品群である。その核心は「評伝毛沢東」にあるいくつかの素朴な仮説である。それらの仮説の解読を通して、一人の個性が際だった政治家像が行間から立ち現れてくる。竹内好は毛沢東という独特な政治家についての論述を通して、中国革命について個性的な解釈を示したのである。

一

一九六二年に発表した「「矛盾論」解説」で、竹内好は中国革命にこのような定義を与えた。

ここに「中国革命」と呼んだのは、かなり長い歴史の幅を指している。「革命は終わっていない」、と中国の指導者はよくいうが、その底には、革命は人類の進歩とともに永久に終わることがない、という含意がある。革命は永続する事業であり、努力目標なのである。革命を歴史に一回かぎり生起する事件と考えやすい日本人の思考習性からして、このことは中国を研究するとき忘れてはならない。(4)

竹内好は一つ非常に重要な特徴を指摘した。近代中国革命は単なる暴力で旧政権を倒した「改朝変代」でなく、もっと重要なのは、中国共産党が革命を社会の構造そのものに転換させたということである。それは日常的な社会を動かすシステムとなった。これは竹内好がいう「平和革命」の歴史的な過程である。その「平和革命」は日常的で、近代中国から高く評価された。それが意味しているのは近代中国にとって革命が長期的、かつ日常的な変革であり、一時的な暴力事件ではないということであった。

さて、「平和革命」とはなにかについて、竹内は毛沢東の論述を借り、基本的な輪郭を描いた。それは流動的な敵と味方の対立関係の中に両方の戦闘力を転化させることから、敵を最大限に制約し戦争を消滅することである。それについての詳しい論述は後に記す。ここでまず強調したいのは、竹内好が定義した「平和革命」という現実的な政治目標を含む「転化」の力と党の紀律、学術、文学の整風運動（当初は再検討と改善のための活動と受けとめられた）の間の構造的な関連性である。

一九四二年に起こった「三風整頓」は中国共産党特有の日常的な革命の様式であり、その特殊性とは自己否定である。竹内好から見れば、その自己否定の意義は固執したすべてを放棄し、人が「何もない」状態になると、そこから全体と局部の調和の可能性が見出され、自己の主体を再構築するということになる。その再構築した自己は、旧来の絶対化した自己を放棄したあと、他者を自己に転化する能力が獲得できる。そのため、自己否定は自己を放棄したのでなく、自ら宗派主義、主観主義と形式主義を放棄し、状況を有効に把握し、かつ物事の転化を促せる能力を獲得することである。

この意味において、いかに整風するのかが、配慮されなければならない重大な問題になる。それは社会の再構築の質と直接にかかわるからである。しかし事実が証明する通り、理想的な平和革命すなわち理想的な思想改造運動を実現するのは難しい。われわれが歴史から見たのはもっと暴力的、もっと単純化された思想改造の過程である。その結果、予想外のいくつかのマイナス効果がもたらされた。例えば、事実として、言論によって罪が問われることが起こり、そのため嘘をつくことや大げさに話すことがブームとなってしまった。しかし、その歴史が過ぎ去った後、我々がただ後知恵によって「平和革命」の失敗を全否定するならば、それは我々が今日の中国社会の思想再構築の可能性を放棄することと違いがない。竹内の論述はまさに思想の再構築の意味においていくつかの思想の媒介を利用した。もっとも示唆的なのは、竹内好の毛沢東論が最初からそれらの原理的な要素を取り上げたことだった。そのために、彼が注目したのは毛沢東の思考様式であり、「学習方式」ですらあった。
基本的な思想様式から着目して、竹内は毛沢東の思想活動を次のように評価した。

現実を強い意志によって圧縮し、そこから法則を引き出し、その法則に身をまかせることによって逆に現実を支配する。何らかの立場を保留した主観から現実を切り取ってくるのではない。主体は無であって、しかも超越的に対象の全体に合致する。(5)

彼の方法は、重点的に取り出したものを、十分時間をかけて、あらゆる角度から徹底的に調べあげるのである。……資料の多寡は問題でない。問題は、いかにそれを利用するかということだ。……彼が理論というのは、現実から抽象されたものであって、経験から切り離されたナマの公式のことではない。理論と、歴史研究と、現状調査が彼の三位一体である。この三位一体からすれば、一切のものは学習の対象であり、同時に教師である。(6)

以上の分析には、かつて『魯迅』の中に構成した根本的な思考の手がかりの範疇が再び現れている。まずは「主体は無」という説である。その視座は『魯迅』において竹内好がすでに提起したことがある。「無」は「ない」でなく、「存在しない」でもない。それは「有る」を超越し、無数の「有る」を通してはじめてそれぞれの意味を持たせるが、どの「有」にも回収されないような存在を示唆することができる、本源的な範疇である。毛沢東思想の主体を検討した時、竹内は繰り返し、それは毛沢東個人の主体だけでなく、人民の意志も代表するのだと提起した。[7] 言い換えれば、それは歴史主体の意志とも言える。それが毛沢東個人の意志を超越したから、「超越的に対象の全体に合致する」のである。次に、竹内好が現実から抽象した理論の特徴は、「経験から切り取ってはいけない」ということであった。その視座は実に興味ぶかい。それが経験と理論の二元的な対立論を突破して、より繊細な思想様式を提供してくれたからである。現実から抽象した理論が、現実より優れることはない。ただし人の思考が現実を見極めることができないとはいえ、有限な現実を把握するためには現実の表象に戸惑うことがない非直感的な想像力が備えられなければならない。そのような認識から生まれた理論は経験世界から切り離されることがないから、経験世界を照らすエネルギーとしての可能性を提供してくれる。要するに、理論は理論自身のために存在するのでなく、経験世界と特定の関連性あるいは緊張関係を持つゆえに、思想の機能を備えているわけである。そのため、資料そのものは知識として自足することができない。むしろ「いかにそれらの資料を利用するか」という自覚の上で、むしろその自覚に頼って資料を扱ってこそ、それを知識に転化することができるようになる。ここで特に強調したいのは、その取扱いは恣意的であってはならないということである。経験世界と真なる関連を作る事こそは、いわゆる毛沢東の『実践論』に強調されている「変革の理」の過程であり、毛沢東は「それらの資料を利用する」ことにより有効な結果を得たのである。改革開放の初期における中国共産党の一つ重要なプロパガンダ「実践は真理を検証する唯一の基準である」は、認識論の面において、毛沢東の思想様式の継承と言える
毛沢東の思想様式の分析にあたって、竹内好も現実を抽象化しながら、経験から離れることがないという基本原則を貫いた。彼は初期毛沢東の著作を読み、「純粋毛沢東」あるいは「原始毛沢東」像を作った。つまり、毛沢東思想の原型に関する仮説を建てた。その仮説の核心は「無から創る」である。言い換えれば、いかなる「先進理論」をも単純に自らの出発点にすることなく、主体的な実践の過程において創造的に思想の生産を行うことである。その過程において各種の有用な理論を吸収し、そのなかにマルクス主義とレーニン主義も包括する。後年、竹内好が毛沢東思想を「マルクス主義の新たな発展」とみなすことを頑固に反対した理由はそこにある。毛沢東は「マルクス主義の発展」に興味がない、彼は中国革命の現実問題を解決しようとしていた。その過程において、彼はマルクス主義を創造的に転化したのであり、原理主義的にマルクス主義に従うことではない。その方向において、これは「マルクス主義の新発展」とは相反するといえる。[8]
純粋毛沢東という原型の発想は、何か理論的な仮説を建てることを目的としているのではない。竹内好がより心にかけていたのは、いかにその仮説を利用して、井岡山時代の青年毛沢東の革命実践を解釈するかである。毛沢東の具体的な活動や、中国共産党の政治、軍事、経済、文化のあらゆる基礎が、その時代に打ち立てられたと竹内は考えた。また、彼は純粋毛沢東が「井岡山の人格」[9]を代表したとも考えた。
純粋毛沢東とは何か。それは、敵は強大であって我は弱小であるという認識と、しかも我は不敗であるという確信の矛盾の組み合わせからなる。これこそ、毛沢東思想の根本であり、原動力であって、か

つ、今日の中共の一切の理論と実践の源をなすものである。[10]
毛沢東はその政治弁証法のお陰で、戦争時期の左翼冒険主義と右翼日和見主義の政治路線（竹内好から見れば、その両方とも毛沢東のような矛盾の組み合わせという思想の特徴がないため、現実を有効的に対応する能力が欠けているのだ）と一線を画し、中共の武装力を導いて極めて不利な局面にいながら壮大な反攻を行い、最終的に政権の奪取が成し遂げられた。

毛沢東の政治弁証法に対してのより詳しい論述は、竹内好の他の文章において、特に彼が五〇年代に参加したいくつかの座談会の発言にも見られる。それらの論述において、竹内好は一貫してある一つの要点を摑んでいる。それは毛沢東の『矛盾論』における、矛盾の区分と矛盾の転化思想についてである。主要な矛盾をつかむことや、矛盾の転化を促すという観念は中国革命の性格と関連していると、竹内好は考えた。それはある種「永久革命」の観念である。その「永久革命」の観念は毛沢東自らの独創でなく、孫中山の思想にも現れていた。竹内好はそれが中国儒教の大同思想（彼による原始儒教の終末論）の永続する事業という考えから芽生えたと断定した。そのことと関連する『魯迅』の論述を合わせて考えてみれば、竹内好の基本な視座はすぐに把握できる。教条主義を突破する思想の重要な一環が、哲学的な自己否定の方法であると竹内は考えている。自己否定という哲学的な範疇を通して、彼は毛沢東、魯迅と孫中山に共通する思想の軸を建てた。それは不利な地位に陥っている後進社会が自らのアイデンティティを構築する場合、自己否定の方法を通して自己から外在的な要素を自己主体の一部に転化させなければならない、という考え方である。その転化は直接感じることはできないが、さらに理論的な想像力を広げて考えることでそれをとらえることができる。魯迅は「苦闘」という過程を経てその転換を完成したため、彼の思想においての固執点は、直観的な自己確認ではない。『狂人日記』、『阿Q正伝』などに描かれたように、拒絶する対象を自身とすることにより、その対象に対する拒否を完成するのである。その拒絶の過程は主体が自己否定を通して自己堅持を実現する過程でもある。毛沢東の矛盾転化思想の解釈を借り、竹内は『魯迅』において多少意味不明であった命題を歴史化させ、具体的な社会革命の過程で解釈した。その過程は、根拠地の建設過程である。

竹内好によれば「根拠地が一定の地域を意味するのでなく、哲学的範疇だということだ。それは、絶対に奪いえないもの、という意味である。固定的でなく、動的である。固執すべきものでなく、発展すべきものである。閉鎖的でなく開放的だ。敵は根拠地に入るに従って次第に戦力を低下する。絶対優勢な敵でも、劣勢な我との間に戦力が均衡する瞬間が生じる。これが反撃の機会で、その反撃によって敵は殲滅され、根拠地は拡大される。この力関係の動的把握において伸縮自在なのが根拠地概念の特徴である」[11]。明らかに竹内好は毛沢東が江西根拠地を放棄し北上したことと、延安から撤退し胡宗南の軍隊を深く誘い込む戦術から「動的、発展的、開放的」といった根拠地の概念をまとめた。竹内好はそれを普通のゲリラ戦術として扱うことなく、哲学のレベルにまで上昇させたのである。

竹内好の「根拠地概念」は、彼が毛沢東の思考方法から演繹した一つ基本的な思想の仕組みである。毛沢東の少年期における些細なエピソードの論述から、竹内好はある原理的な視座をまとめた。少年時代の毛沢東は父親に不孝と言われたことがある。それに対抗するために毛沢東は彼の父親自身の論拠を逆用した。儒教の多くの経書には「子孝」と「父慈」がいつも対応関係に置かれているため、一方的に「子孝」を強制し、「父慈」に努めなければ、経書に違反している、と反論したのだ。竹内によれば、その逸話は毛沢東の、以後の主な思考様式の原型を示している。すなわち相手の論理を逆用し、相手と対抗するための武器に転化させることである[12]。その「矛と盾」の政治弁証法が、「根拠地哲学」に発展していったことは自然であろう。

竹内好は以下のように「根拠地哲学」について指摘した。

中共の戦術では、占領は問題にならないのだ。力が固定して一定の方向に働くのが占領地だが、根拠地はこれに反して、相対する力が均衡を求めて働く場の意味である。そこでは戦力の強大な敵が殲滅されるばかりではなく、逆にそれだけの力がこちら側に加わるのである。つまり、価値転換の場の意味だ。……占領地は奪うことができるが、根拠地は奪うことができない。したがって与えることもできない。……根拠地は、世界的規模においても、また民族的規模においても存在する。また、人間活動の各分野にわたって存在する。その最小の単位が個人であって、人格の独立と呼ばれるものは、奪うべからざる窮極の場をそれが内包するということだ。(13)

以上の論述は多少意味不明の点があると思われるかもしれないが、じつに一つの深い道理を提示している。真の独立（国家の主権独立あるいは個人の人格独立）には窮極の意味において、各外在的な要素を転化させる内在的な主体精神が備わるべきである。しかし、その主体精神は「占領したもの」に固執することでなく、価値を転換するエネルギーであるべきだ。そのため、その主体精神は放棄できるが、奪われることはない。それは双方の緊張した力関係を逆転する推進力に存在している。そこにいたるために、竹内好は自己改造の重要性を強調した。それは人々が自己主張の放棄を訓練すると同時に、真の自我を獲得する方法である。しかし、それは直観の意味においての「背に腹はかえられぬ」でなく、人々に無を体験させてから、全局面において互いを知るという認知力を学ぶことである。それはすべてを失ってからこそ、すべてを得ることができるという意味でもある。

もし、暴力を固定的な質的なものに考えずに、流動的な量的なものに考えたらどうだろうか。それは極小から極大まである。小さくも大きくもなる。そこで根拠地の問題が出てくる。ここに、一つの根拠地があると仮定する。それは敵の戦力によって自動的に大きくなる性質をもっている。もし根拠地が最大になれば、敵の戦力は最小になるから、武力闘争は消滅する。これが窮極の型としての平和革命だ。

以上の話は通常の日常的な意味でとらえるべきではない。竹内は「根拠地哲学」に基いて発言したのである。彼が指摘しようとしたのは、「もし静態的な角度から暴力革命を理解しようとするなら、あらゆる暴力は平和と無縁であることは明らかだ。しかし、動的な角度から理解しようとすれば、暴力と平和は決して絶対的な対立項でないことも明らかである」ということだ。それらは根拠地という均衡関係を促す「場」を通して相互に転化することを実現するのである。根拠地の原理はただ一方的に自己に固執することでなく、敵対勢力に対抗するために、当の敵の力を含めて各種の力を転化することによって、絶えまなく政治、軍事の力関係の均衡を再編成することである。

竹内は一つの短文で「平和革命」の問題を専一に論じた。一九五一年十月、彼は『防衛抵抗主義の毛沢東』を発表した。その時はちょうど、日本の知識界において戦争と平和についての大論争が起きていた時である。竹内好は直接に社会科学者たちが主導した「平和問題談話会」の活動に参加しなかったが、間接的にその主題に答えた。彼の文章にはこのような指摘がある。毛沢東の戦争観とは「階級社会が存在するかぎり戦争はなくせない」である。同時に、五〇年代における中国の基本状況から、毛沢東はスターリンと同じく社会主義制度の代表者でありながら、ネルーと同じく植民地解放の要求の代弁者でもある。それによって毛沢東の戦争観とレーニンの革命観は当然区別されるべきである。侵略的な性格を持つ資本主義と侵略された経験をもつ中国の状況は、毛沢東に資本主義国家に対する強い警戒心を生じさせた。それは中国の歴史的経験から証明されたことである。侵略者の第一歩を許してしまうと、すぐに第二歩を招くことになる。そのため、譲ることは危険である。しかし、毛沢東が肯定した戦争は、あくまでも防御的性格のものである。彼の考えには世界平和という終極的な目標が存在する。

それでは毛沢東の平和の条件は何かといえば、それは世界の人民の平和への意志である。おそらくこの一点については、毛はインドの固有の立場を認めるだろうと思う。(14)

竹内好が毛沢東の防衛主義の立場を強調したのが、日本の主流イデオロギーが宣伝した共産主義の侵略性に対抗するためであったことは明らかである。一九六四年に中国での核実験が成功した後、日本社会の普遍的な懸念と反対の声の中で、竹内は再びその点を強調した。(15)一九五一年の『防衛抵抗主義の毛沢東』には、もちろん平和と防衛が重要な主題になってはいるが、その主題は根拠地哲学の認識論から展開したものである。

毛沢東の戦略の根本を律する考え方は、戦力は転換可能であり、したがって絶対値の比較は意味をなさない、ということだ。強いものが勝つとはかぎらない。弱いものが、敵の力を逆用して勝つこともできる。……同じ徹底自力でも、ガンジーとちがって、彼は武力を肯定している。ただその武力は、一方的な力ではなく、敵を含めた変通自在な力である。(16)

竹内の根拠地理論は平和の観念を再構築した。それは当時日本社会の自由主義左派知識人たちが獲得しようとした非暴力平和の観念と対応している。竹内好の平和理念の核心は「説得の政治」でなく、「転化の政治」である。「転化の政治」はやむを得ない「防御主義的な暴力」を排除しないから、その度合を把握することも極めて難しい。ただ絶対化された平和観念と比べて、その防御主義の「転化の政治」は後進的な国家の現実により近いということは否定できない。それも国際的な不平等関係において、不利な地位に立っている弱勢な国家の政治的な訴えに近い。竹内好はその防衛主義の正当性を強調する一方で、絶対化された平和理念を終極の目標とすることの正当性も見過さなかった。かれは毛沢東の防衛主義を世界人民の平和への意志と組み合わせ、特に窮極の意味において毛沢東とガンジーが代表するインドの立場は一致していると強調した。だからこそ、その二重構造の平和理念への理解は常識的な範疇を越え、静態的「絶対平和主義」であるとの判断を排除した。畢竟するところ、竹内好の毛沢東論は矛盾転化という動的な概念をしっかり捉えていたがゆえに、当時一般の毛沢東研究あるいは中国革命の研究との接触点を見出すことが難しい。当時において竹内好の毛沢東論以外、その他の研究はまさに「絶対値」の判断から出発したのである。幾年を経ても、竹内好の毛沢東論以後の毛沢東研究は、平和革命と根拠地の理論に関心を示さなかった。竹内好がそれに対して嘆息した時、おそらくすでにある基本な事実を悟っていただろう。その事実とは、彼が魯迅から毛沢東へと論述するときの視座は、静態的な学術訓練を受けてきた同業者に理解され、共有されることが難しい、ということである。

二

竹内の著作において、直接に毛沢東に言及しているのは、そのほとんどが一九五〇年代初期に書かれたものである。その時期の中国は世界に大きな希望をもたらした。日本の進歩的知識界の改革の力（非マルクス主義の左派も含め）に多くのヒントを与えた。特に一九五六年のスターリン批判とポーランド、ハンガリー事件が相次いで起きた後、彼らは中国革命をソビエトの指導する共産主義運動から区別し、アジアの社会主義実験という性質を加味して再認識した。そのため、日本の知識界において中国革命は様々な流派の進歩的知識人の共有する思想課題となった。当時の論述が直接に竹内好の毛沢東論を引用することはまれだが、彼のその分野においての仕事は知識界に広く認められていた。そのため、一九七〇年代の、もう一人の有名な知識人、吉本隆明はこのような話までしたことがある。「わたしは、竹内好さんが中国を中国たらしめているポイントを論じきってくれることを望んでいる。そのとき中国は解放される」(17)。

そう語った理由としては、中国革命のそれからの発展が、竹内好が理想をこめて論述したようには、うまく行かなかったということがある。毛沢東はその後の政治実践で、思想改造の任務を有効に成し遂げることができなかった。逆にその日常的な革命は相当な程度において思想をコントロールする文革期の「狠斗私字一闪念」(18)のような単純化された形態に転化してしまった。同時に、中国はそれからの核実験及び文化大革命などの運動で巨大な代価を支払ったために、五〇年代において中国に好感を持っていた日本知識人はその好感を失い始めた。その状況においてある興味ぶかい事実としては、それまで静態的な「絶対値」を以って中国革命と毛沢東を正面から肯定した論述の分析機能がどんどん失われていった、ということがある。それに取って代わるように、新たな静態的な否定式の叙述が台頭した。しかし、竹内好の毛沢東論が歴史に捨てられることはない。その理論は再発掘されるエネルギーが依然として充実しており、ただ再発掘される時が待ち望まれるだけである。

竹内は、政治学研究を自分の任務だと考えたことはない。また中国政治の議論ではほとんど仮説を提起する程度にとどまった。しかし、彼はその思想の深さで、意識的に、あるいは無意識の内に、基本的な政治課題の一部に接近し、それに関する問題を提示している。中国革命の残酷性と強大な代価の表象を通して、竹内好が問い続けているのは次のようなことである。すなわち、毛沢東を通して具現化した中国民衆の歴史的要求は、近代社会においてある種の有効な政治形態に転化することが可能であるかどうか、という点である。一九五六年のスターリン批判前後、竹内好は積極的に一部の公開論争に参加している。その論争を辿るならば、彼の平和革命と根拠地仮説の現実分析力は、よりよく理解できるだろう。

一九五七年は日本の知識人が中国革命と毛沢東の哲学思想を最も集中的に議論した一年間ともいえるだろう。その一年前の一九五六年に、スターリン批判とポーランド、ハンガリー事件が起こったことがその大きな理由である。また、一九五七年の中国は「百花斉放百家争鳴」の社会的動員から反右派闘争に転向した。これら、相互に関連しつつ、個別には相異なる事件が集中的に発生したため、事態は人々が反応する暇を持たぬうちに推移してしまった。しかし、ハンガリー事件において中国が最終的にソビエトを支持する姿勢を示したとしても、一九五七年の反右派闘争の拡大によって中国の言論の自由に大きな傷がついたとしても、当時の日本知識人たちはずっと善意を持って中国での事態の進展を見守っていた。彼らは中国への期待によって、毛沢東に関する論述と相反する事実に対しても同情的な理解の姿勢を取っていた。また、疑問を抱きながらも、穏健な事態進展の可能性について推論していた。その時期における日本の評論界の基本的な雰囲気と、弾力性が欠ける冷戦的な姿勢をとっている今日の日本の輿論とは対照的である。

一九五七年二月、竹内は『世界』の編集部が行った座談会「中国革命の思想と日本」に参加した。その座談会の四人の参加者のうち古在由重を除く三人――竹内好、貝塚茂樹、岩村三千夫――は、それぞれ毛沢東の伝記、あるいは毛沢東研究の著作を発表したことがあったが、各自の関心が異なるため、それまで彼らには深いレベルの思想的な相応関係が生まれなかった。この座談会で、竹内好は六年前に書いた「評伝毛沢東」の基本視座を改めて主張した。竹内好は貝塚の「実事求是」(19)と清朝初期の顧炎武、黄宗羲の考証学とを直接に関連づけようというアカデミックな仕事に異議をとなえた。また、竹内は、毛沢東思想がマルクス主義を発展させたという古在由重の説に、修正の意見を出した。しかし最も注目すべきなのは、以下の話である。

私は思想家としての毛沢東には、単に人民に満腔の信頼をかけるというようなオプティミズムだけでは片づかないものがあると思う。吉野さんが言われたように、国家論ならば国家権力の消滅した社会を考える、戦争論ならば、戦争の終極は戦争が消滅してしまうことであるというような考え方、そこには一種のニヒリズムがあるような気が私はする。そういう見方はいけないといつも批判されていますが、私はどうも毛沢東には永遠という発想があるような気がします。毛沢東自身の中にそういう見方を許すものがあるのか、あるいは私自身の考え方が投影して、そういう解釈になるのか、それはわからないが、ともかくそういう解釈で貫きうる何者かがあるように思う、それが何かということが問題であり、結局私の中国研究の課題なのですが、まだ今日までその結論は出ていないわけです。前に毛沢東の伝記を調べたときに、毛沢東の思想の根源を洗い出していく仕事をするうちに、つきあたった問題は根拠地の問題です。毛沢東思想において、根拠地という考え方がどうも中核になっているような気がする。私の解釈では、根拠地というのは一つの固定した地域ではなくて、相互の力の働く場のようなものです。彼のいう「根拠地」というものがどうもわれわれの考えている根拠地と違って、なにか一つの哲学的な範疇であるような気がするわけです。……どうも永遠というか、無限への思慕のようなものが毛沢東のなかにあると私には認められますが、いけませんかね。[20]

座談会では、竹内好のこの心からの質問に対してほかの誰も対応せず、話をごまかして別の話題に変わった。しかし、そのエピソードは「評伝毛沢東」よりもっと明確に、竹内の根拠地概念の哲学的範疇における定義をあきらかにしている。竹内好は毛沢東が矛盾転化の方法で根拠地を運用するとき、自身の固有の立場を超える、永遠志向ともいえる姿勢をとっていると考えた。そうであるからこそ、毛沢東は絶えず自身の立場をより大きな構造におき、自在に各面の力の転化が促進できるようになったのである。それもまさに竹内好が以前『魯迅と毛沢東』で提起した「理想のために現状を破壊し続ける」ことの、真の中身である。

この問題を論じたとき、竹内は、その姿勢が楽観主義（あるいは性善論）では解釈できない問題であり、もっとニヒリズムの範疇に近いと婉曲的に示唆した。彼の視座は中国の政治の現実における最も手強い問題に迫り、政治学理論の最も普遍的な問題にも迫っている。一見すれば、竹内好は毛沢東を正面から弁護しようとしているともみえるし、中国革命を善意に解釈しようとしているとも見える。しかしその「楽観主義性善論を排除したニヒリズム」という視野を含めて十分に考量するならば、彼の論述にはもうひとつの側面が含まれてることがわかる。彼は毛沢東の個人的な素質を検討し、中国の政治的活動について、もうひとつの観察の視座を提起した。その視座は、ちょうど一九四三年に竹内好が書いた『魯迅』において論じられた「永久革命」の視座である。

一九六七年、竹内は吉本隆明との対談で、文化大革命の特殊な性格を論じた。それは国家が主導した、上から下まで国家を破壊する運動である。その運動を起こした毛沢東は中国民衆の伝統的な意思を表した。[21]それと同時に、近代国家の機能も強化した。そうしないと帝国主義からの脅威に対応できないからだ。そのふたつの方向の運動から、竹内が見て取ったのは、その非楽観主義であり、性善論と人道主義では解釈できない「永久革命」の本当の過程である。彼はそれを孫中山から毛沢東まで一貫している中国政治の軸であると考えた。その文化の具現者は、終生にわたって「苦闘」した魯迅である。
竹内好は一種のロマンチックな姿勢で中国歴史と政治過程の基本的な特徴をとらえた。彼本人も、明らかにその歴史と政治過程に対して相当な懸念を残している。その懸念は特に一九五七年のもうひとつの座談会「毛沢東論文を検討する」に表れている。一九五七年六月十八日に、毛沢東は「人民内部の矛盾を正しく処理する問題について」という論文の全文を発表し、日本でも熱い討論を引き起こした。八月号の『中央公論』にその文章を中心にした座談会の記録が発表されている。四人の参加者では竹内好と古在由重が前の座談会にも参加したため、今回での話題と前に論じた座談会の論点とは多少の連続性を持っている。
その座談会において、竹内好は依然として矛盾転化の政治弁証法にたいして高い評価をした。

今度の論文にも敵と我という対立が出てきて、それが相関的にというか、絶対不動のものでないとらえ方がされている。理論と経験がならんで豊富になってゆくという経過、ここらへんに中共の理論的な高さというようなものを非常に感じますね。(22)

ただし、同時に竹内好はその時期の中国社会の直面する困難な局面にも注意した。その座談会そのものにおいては、彼も正面からその注意を論じていなかったが、座談会のあと、一篇の短文として発表した。彼は極めて洗練された形で、その困難な局面を分析した。

今回の演説を、ざっと読んで感じるのは、一番緊急重要な問題はむしろ国内建設問題だと思う。決してソヴェト、ポーランド、ハンガリーを調停しようとかいう意図から出されたものでない。では何が国内問題かというと難しい点だが、四九年に内戦を急速に終結させて、すぐに朝鮮戦争になった。この朝鮮戦争の過程で建設が始まりまもなく五カ年計画に移り、それが終わって第二次五カ年計画に入った。その間の建設は実に目ざましいものがある。ロシア革命の歴史と比べても、中国の場合は実に早いテンポで建設を進めている。しかし、同時に、テンポが早すぎてギャップが生まれたという事実もまた否定出来ない。

建設の方式は、農業国だからまず、農業生産を高め、次いで工業建設を行う。したがって農民に対する搾取といったような面も強行されてくる。その過程で矛盾が出てくる。これは中国の指導者たちも認めているし、この矛盾の結果、五カ年計画の途中でいくらかテンポを緩めるということもあった。あるいは重工業化のテンポを押えて、消費物資の生産をある程度高めた。

このように無理を強行した結果、経済建設のテンポを緩めなければならないという矛盾が当然出てきた。これが第一点。もう一点はロシアもそうだが、中国も過去の遺産を背負っているということがあげられる。それは官僚主義ということである。中国は過去において清朝にいたるまで強力な官僚国家であった。この官僚主義の遺産が中共が大政党になった以後においても復活する危険がある。これを未然に防がねばならない。そのためにはやはり国民的な規模で運動を行われければならない[23]。

実は、五〇年代初期を始めとして、竹内は中国の経済建設の状況に非常に注目し、一部の討論にも参加してきた。たとえば、五〇年代初期に中国第一次五カ年計画研究の討論を司会したことがある[24]。それは彼が

「評伝毛沢東」を創作する時期である。竹内が根拠地哲学を高く評価する時期である。人文学者はとかくロマンチックな政治論述に落ちやすいが、竹内は自分の論述をそのようにはしなかった。その五カ年計画についての討論において、彼は工業の発展のために、農業が剝奪されたという現実問題に注目した。だから、一九五七年に中国で全人民の思想整頓運動が行われた時期に、竹内好はすぐに相当明確な判断をしたといえる。

竹内は、簡単に中国の状況を肯定したのでなく、むしろ中国が直面している窮地として理解した。だから、『毛沢東論文を検討する』座談会においては、ほとんど問題提起者というような形で参加したのである。例えば、彼はほかの三名討論者に以下のような問題を提出した。一九七二年以来中国共産党がずっと小規模の整風運動を行っている。ただその名前を使っていないだけだ。一九四二年以後も似たような小規模の整風運動が見えたが、今回の反右派運動は一九四二年と同等なほどの、大規模な整風運動の二回目というふうに考えていいか？[25]　また、『光明日報』が儲安平の文章を発表したことがある。その文章を読むと、共産党は共産党以外の人を尊重していないのではないか？　竹内好は問い続けた。「中国共産党に対する不満の意見があからさまに出てきた。そこに毛沢東論文とか周恩来の演説が出てきた。その意味をどう考えたらいいだろうか。つまり、ハンガリー事件のような悲劇は起こらないという自信があるのか」[26]と。

以上から明らかになったのは、竹内好が一九五七年という中国の現代史の転換点を見つめていたということである。彼は中国の思想運動が岐路に立っていることを鋭く予感した。毛沢東の永久革命の根拠地哲学への理解からみて、竹内は、中国でもハンガリー式の悲劇が起こる可能性があると予感していた。しかし彼は、毛沢東が必ずその「永遠的な追求」の特性をもつ矛盾転化の方法で、起こりうる悲劇を処理できるのだと確信もしている。若干年月を経た文化大革命期において、竹内好はマスコミのインタビューに対して、「中国は一種の世界国家であり、世界のあらゆる矛盾は中国の内部に反映する。だから矛盾は永久におわらないし、万一終わった時は世界の終末である。――これが、毛主席の矛盾論、というより、漢民族の伝統的思想なのである」[27]と語った。

その時期に入ると、かつて竹内が毛沢東について定義した「ニヒリズム」は、すでに彼自身の視座と転化したといえる。無論、それは完全に常識的な意味でのニヒリズム（既存の秩序への破壊の面において、それは一般的なニヒリズムの意味も含めている）とはいえない。それは一種の自己主体の意志を超える歴史構造の意識である。認識論において、竹内好はいつも毛沢東の『矛盾論』の思想を一つの構造的な「相関関係」に置いて検討する。そこでは、敵味方の相対性は戦術や戦略的な営みだけでなく、また一方での絶えざる転化によって相関性を保持することも示されている。竹内好は古代中国の陰陽の相関性で毛沢東の矛盾論思想を論証しようとさえした。竹内好はそれがヘーゲルやマルクスの弁証法思想の演繹でなく、中国の伝統文化の独特な方式であることを強調した[28]。

このような竹内の思考に対して、彼と同じ世代の人のなかでは、おそらく丸山眞男だけが政治学の角度から一定程度の対応をしたといえるだろう。一九五六年十二月に『人民日報』は、編集部の名義で『無産階級専制の歴史経験を再論する』を発表した。竹内好はもう一度、矛盾転化問題の重要性を指摘した。彼によれば、人民日報が国家を論じるとき「相対的に大きい」「相対的に小さい」で定義したが、それは一種の相対的な立場であるとされる。丸山はその問題をさらに深めた。その相対主義は政治の論理をとらえた。現実の政治において、絶対的なものは存在しない。昨日の相対的に大きな敵は今日になって相対的に小さな敵になるかもしれないし、更に小さくなれば、すでに敵ではないかもしれない。それと逆の状況も同じである。丸山によれば『人民日報』編集部のその文章だけではなく、毛沢東の『矛盾論』にもそうした相対主義が多数現れている。それは政治の成熟のシンボルである。丸山が続いてとりあげた、毛沢東の矛盾転化に関する古在由重の論理は、中国共産党の政治実践の観点に貫かれている。彼らの一貫したやり方からみれば、もし条件が備わればば反革命のトップ蔣介石に高い職を与えて中国政府に迎えることすらできる。当然、転化と混同とは同一ではない。中国共産党にとって革命と反革命、敵と味方の区別の標準ははっきりしているが、現実においては彼はそれを絶えず相対化する。もし無産階級と資産階級の矛盾を基本の矛盾とするなら、それは矛盾の固定化であるから、そこから論理は生まれない。たしかに現実生活の複雑さにおいて、両者の間に一時的な連合や同盟も必要である。しかし、固定的な考えが主導的であるならば、仮にそのような同盟がなりたったとしても、それは現実の政治操作によって生まれた一時的な妥協の産物にすぎない、同盟の両方の本質は変わらない。しかし、もし相対主義的な矛盾転化の可能性を基本的論理に設定すれば、それは新たな同盟が生まれる可能性をもたらすということになる。その新たな状況下においてかつての敵は敵ではなくなるかもしれない――かくして、一時的な同盟も一時的ではなくなる、ということになる。一九五七年五月に発表された『革命の論理と平和の論理』では、このように語られている。

イデオロギーそのものは理論的完結を求めるからどうしても絶対化する傾向をもっている。どんなイデオロギーでもそうです。だけど、政治というものは具体的には、いつも開かれているものですね。いろいろな可能性を常にはらんでいる。…（略）…そのへんの問題がつかまれていないと二つの危険性が出てくるわけです。一つは、敵味方の範疇が凝固する危険性ですね。そうすると、AはAで永久に敵である、あるいは永久に反革命であるということになる。状況が移行した場合でも、味方になり得る潜在的可能性をもっているものでも、「きのう」の範疇で考えて敵としてしまう危険性ですね。次は逆に、敵味方の規定が無差別にハンランする危険、つまりのべつまくなしに敵と規定するかと思うと、次の瞬間には、のべつまくなしに味方と規定するというように、無原則に一極からほかの極へ飛躍してしまう可能性が出てくるんですね。[20]
丸山は政治学の立場から竹内の根拠地哲学理論を解釈した。彼らはある興味深い討論の方向をともに切りひらいた。また、そのような対話によって、その方向を豊富かつ明確にした。そのような対話はそれから続かなかったが、その方向は優秀な思想家としての彼らによって開拓され、その後の知識人に継承された重要な思想遺産となった。

三

日本のような国では社会革命はほとんど不可能である。それゆえ、日本で中国革命と毛沢東思想を討論することは、具体的な社会革命のためというよりも、もっと紆余曲折したものになる。戦後初期、日本の左翼と進歩的知識人は依然として中国革命の成功の経験を洗練し、日本の社会改革の参考にすることを望んだ。しかし、その期待は社会の急激な変化、特に日本共産党の武装闘争の失敗によって棚上げされた。だがそれと同時に、別の面で、その期待が少しずつ蓄積していた。それは中国革命と毛沢東思想を洗練し、転化し、そこから普遍の原理的要素を見つけ、日本の思想状況の再建と反省に役だてることである。そこに最も力を注いだ代表人物が竹内好である。

一九五〇年の毛沢東と中国革命への熱い思いがどんどん衰滅していった一九六〇年代前期において、竹内好は『矛盾論』についての翻訳の論戦をリードした。五〇年代の始まりから、日本では毛沢東の一部の著作が翻訳された。『実践論』、『矛盾論』の翻訳には、いくつかのバージョンがある。しかし、その翻訳の権威は永く日本共産党系に握られ、ほとんどの訳は日本共産党とマルクス主義知識人が訳したものである。日本共産党内部の「天皇制」に対して強い批判の姿勢を取っている竹内好は、彼らの訳した毛沢東著作の翻訳問題にずっと不満を持っていた。既存の訳本は毛沢東の著作を正確に翻訳することには努力したが、毛沢東の個性的な文書力は見過ごされた、というのが竹内の見解である。彼にとってそれは、文書力の問題でなく、思想内容の理解における重大な過失である。竹内好の毛沢東論の基本観点からすれば、毛沢東の個性こそ毛沢東の思想において最も独創的な部分である。竹内好が毛沢東の弁証法とヘーゲル弁証法、マルクス弁証法との違いを強調するとき、その論拠はまさに毛沢東の個性にある（このことについては後に述べるので、ここでは省略する）。そのため、ただ言語レベルで毛沢東の著作を翻訳すると、その最も基本かつ重要な特徴を失い、毛沢東を一般的なマルクス主義に分類してしまう結果となる。それも竹内が毛沢東思想をマルクス主義の新たな発展とする発想に頑固に反対していた原因の一つである。

一九六二年二月、竹内好が論戦を引き起こす最初の文章を発表した。その文章は『矛盾論』の翻訳技術を問題にしたが、そこからいくつか重要な原理的な考えが生まれた。竹内好の文章は、辛辣さと細部への着眼によって、かつて魯迅が論戦に参加した時の姿を想起させるものがある。特に魯迅が一九三六年に起こした「国防文学論戦」に見られるものに近い。

竹内はそこで、『矛盾論』の三種の既訳に対して疑問を提起した。中でも三番目の（c）訳本『実践論・矛盾論』（松村一人、竹内実訳、岩波文庫、一九五七年）が主要な論争対象となった。主な原因は三番目の訳本が刊行時期が最も晩く、それまでの二種の既訳の成果を参照し、改変したものであり、日本で最も信頼されている岩波文庫の一冊として出版されたため、より広い影響力を持っていたためである。

その論戦の文章は、明快ではあるが非常に長い。最初から最後まで、ほとんどの部分で翻訳の実例を論じている（彼は五種類十四カ所の訳文の間違いを取り上げて、一つずつ検討した）。その中には、確かに少数ではあるが、竹内の論拠が十分でなく、強引さまで見えるものもある。しかし、竹内好の毛沢東に対する全体的な理解を含めて考えれば、彼がそのような翻訳に激怒した原因は翻訳が正しくないということではなく、その凡庸さにあり、真面目にやっていないということではなく、その教条的なやり方にあり、わかりやすくしようと努力しないからでなく、そのわかりやすさを求める姿勢が逆に権威主義的なのだ、ということである。竹内の生涯において、似たような論戦はかつて一度あった。それは彼と吉川幸次郎などの間での翻訳についての論争である。そのような論争において、竹内好が勝つことはなかなか難しかった。その原因は、彼の提起した問題を理解するには論戦の相手も彼と似たような感覚を持たなければならないからだ。提起された問題点が理解できなければ、そもそも論争がなりたたない、ということになる。その点でいえば、かつての論争であれ、今回の論争であれ、論争の相手や多くの読者たちには、その条件が備わっていなかった。

竹内の挑発的な文章には、いくつも興味ふかい例がみられる。それが竹内好はどのように毛沢東思想を理解するのかを示唆している。まず、以下の例がある。

毛沢東の『矛盾論』にはこのような文がある。


无论什么矛盾，矛盾的诸方面，其发展是不平衡的。……矛盾着的两方面中，必有一方面是主要的，他方面是次要的。其主要的方面，即所谓矛盾起主导作用的方面。事物的性质，主要地是由取得支配地位的矛盾的主要方面所规定的。(30)

竹内は「其主要的方面，即所謂矛盾起主导作用的方面」のニュアンスを正確に伝えるために、原文の語勢と内容の論理から判断して一晩苦しんだ結果、このような訳にした。

その主要な側面こそ、矛盾に指導作用をはたらかしめる側面なのだ。

彼が批評した（C）訳本はこのように翻訳した。

主要な側面とは、矛盾において主導的なはたらきをしている側面のことである。

このような比較から竹内好とほかの翻訳者との相違点がわかる。竹内好はその比較に対して見事なコメントをした。「じつは私は一晩解釈に苦しんだ。そしてこの訳を思いついたとき、毛沢東の論理展開のすばらしさに改めて三嘆した。（C）訳のような凡庸な説明をこの場所で彼が繰り返すはずはないと、私は最初から信じていた」(31)。
竹内好はいくつかの誤訳を取り上げて批判したが、彼が問い詰めたのが表面的な言語上の正しさでなく、深層の意味においての理解と伝達であったことはすぐに感得できる。彼の翻訳と（C）訳本の翻訳は、言語の面で対立しているのでなく、思想な面で対立しているのだ。その対立の核心は、いかに毛沢東思想を理解するかにある。竹内好の翻訳は動的な表現であり、（C）訳本の翻訳は静的な説明である。その動的な表現と静的な説明の間には、さらに一つの違いが含まれている。論戦が激化したあと竹内好はさらにその違いをつぎのように説明した。

私は（c）訳を一つの解釈として認める。そうなれば読者は、自分の好む方をえらべばよい。訂正版（c）（まだ出ていない）は、「世界はおわった。さて説明しよう」という態度で訳されているから、そのような説明を求める読者には向いている。「世界はおわっていない。世界は変革すべきである。そのために矛盾を発見したい」という問題をかかえている読者は、（c）でなく（d）訳をえらぶことを私はすすめる。

こうして複数の訳が共存できるのだ。(32)


竹内にとっては、たしかに世界は「おわっていない」。すなわち永遠に既定の権力秩序が維持するままということはない。そのため、既定の秩序を逆転させる大小の革命――すなわち、竹内好が定義した暴力から非暴力への平和革命――が日常的でなければならない。その日常的な革命の過程において、主要な矛盾を見出し、自分の側に転化させることを促進するべきだというのが、彼の理解した「矛盾論」のポイントである。そのため、それらの静態的で各種の概念を並列し、相互の繋がりを究明するというような立場からの翻訳の方式は、彼には気に食わないのである。

もちろん、竹内好が黙っていられないことには、もっと形而下的な理由もある。それは彼の文章に提示されているように、日本共産党の知識人が毛沢東の著作の翻訳権を「十年間独占」した問題である。(33)日本共産党員でもなく、マルクス主義知識人でもない竹内にとって、毛沢東を共産主義者の独占品にするような方式は、人類の思想財産としての毛沢東思想の品質を傷つけるものに他ならなかった。その点でも、彼は既訳に対して猛烈な批判をした。

既訳の訳者はすべてコミュニストだが、彼らには毛沢東思想を理解する能力がないし、それればかりでなく、理解しようとする意欲もない……（毛沢東が）戦争と平和を矛盾関係でとらえたり、無知と有知（もっと一般化すれば無と有）さらに真と偽までを弁証法的対立概念とするのは、ほとんど詭弁と紙ひとえのところに彼が立っていることを示す。彼は詭弁家ではないが、彼の亜流は詭弁家になりうる。しかし、日本のマルクス主義者は、詭弁家にさえならぬだろう。彼らは毛沢東を、マルクス・レーニン主義の一直線にとらえ、彼をその解説者に仕立てることによって、自分が解説者であることの権威づけに利用しているにすぎないのだから。(34)
竹内好の激怒の語調を含む批判は彼の日本共産党に対する基本な見方に基づいている。とくに彼は日本共産党が民衆から離脱し、事実から離れた「独善主義」を持っていると考えた。彼らは革命理論を自己の社会資本として扱い、民衆に対して見下げるようになっている、というのが竹内の意見である。だから、次のような場合、語調も厳しくならずにはいられない。

[毛沢東が語った原文]
共产党人必须揭露反動派所谓社会革命是不必要的和不可能的等等欺骗的宣传，坚持马克思列宁主义的社会革命论，使人民懂得，这不但是完全必要的，而且是完全可能的，整个人类的历史和苏联的胜利，都证明了这个科学的真理(35)

［（c）訳本の翻訳］
共産党員は、社会革命が不必要だとか不可能だとかいう反動派の欺瞞的な宣伝を暴露し、マルクス・レーニン主義の社会革命の理論を堅持し、それを人民に理解させなければならない。このことは、まったく必要であるばかりでなく、まったく可能なことであり、人類の全歴史とソ同盟の勝利が、この科学的真理を証明している。

［竹内好の翻訳］
共産党員は、社会革命が不必要であるとか、不可能であるといった反動派の欺瞞的宣伝を暴露し、マルクス・レーニン主義の社会革命論を堅持し、それがまったく必要であるばかりでなく、まったく可能なこと、全人類の歴史とソヴェトの勝利とが、この科学の真理を証明していることを、人民にわからせねばならない。

その二つの翻訳からは次のことが判明する。（c）訳本は確かに文法上原文の意味を正確に捉えていない。「人民に理解させ」の対象は「…を暴露する」と「…を堅持し」のほうと規定してしまっている。しかし、竹内好は文法の面での問題を検討しているのでなく、その誤訳によって、まさに日本共産主義者のもっとも致命的な弱点が暴露されていると思ったのである。その点を、彼はいささか辛辣に批判した。
これは単純な語学上の誤訳だが、こういう誤訳が生まれる心理的背景を考えると、実に興味が深い。（c）訳では、マルクス主義理論を「人民に理解させる」ことが共産党員の任務とされている。そしてそれが必要かつ可能である証明を「全人類の歴史とソ同盟の勝利」に求めている。少なくとも、そういう訳が疑われずに成立する心理習性が背後にある。この解釈をもう少し拡張すると、日本の共産党員は、マルクス主義理論を人民に理解させるだけでいいらしい。しかも、それが必要かつ可能なことを他力本願で、自分に納得させれば安心立命ができるらしい。

毛沢東は、そして毛沢東が中国の共産党員に要求しているものは、そうではない。社会革命そのものが必要かつ可能なことを「人民にわからせる」のが共産党員の任務なのだ。もう少し敷衍すると、マルクス主義理論を人民にわからせることなどを問題にしてはいない。社会革命の必要性を人民にわからせるために、その任務を達成するために、共産党員だけにマルクス主義の理解を要求しているに過ぎない。(36)

ここまで読めば、かつて五〇年代に竹内が独行者として行った、「毛沢東思想はマルクス・レーニン主義の新たな発展である」という説との戦いの経歴が思い出される。彼は毛沢東思想が外来の共産主義思想の移植でなく、中国の伝統文化の産物であること、その点で所謂マルクス・レーニン主義とは性質が異なっていることを強調した。また、彼が「実事求事」精神は清朝の考証学の実証主義的な伝統に分類できないと主張したこと、それはもっと実践的な性格を持つスローガンだと強調したことも、思い起こされる。一見したところ矛盾しているような二つの姿勢だが、じつは対立してはいない。それらの姿勢は、違う角度から竹内好の同じ問題意識を示したものである。思想を、その生まれた環境から離れ、ただほかの似たような対象に頼り、類推することで論ずるのは、異文化の文脈においても、同一文化の中の文脈においても、同じく危険だ。「実事求是」だから実証主義がいいんだというふうにはならない。一般に思想を、その発生の根拠から切り離して、単なるアナロジイで理解したと思い込むのは非常に危険です。ことに日本では、近代的学問がすべてヨーロッパの土壌に発生したものの切り売りになっているから、その危険が大きい」[37]。日本のマルクス主義と共産党の教条主義の問題は、ずっと日本共産党内部や非共産党系の進歩的知識人によって批判されている。しかし、竹内好は、そのような教条主義は日本共産党の独占品ではないという観点から検討を行った。彼は日本共産党の教条主義ないし初期のソヴェト、中国に対する「事大主義」を日本社会の生き写しとしてとらえた。そのため、彼の批評は、実際上日本社会全体、とりわけアカデミックな知識人への批評となっている。

それほど挑発的な論戦の文字であってみれば、それがそのまま放置されるわけがない。竹内好の問題提起はすぐに注目を引き寄せた。彼の文章が発表された当月に、「図書新聞」でその問題を取り上げた文章がでた。竹内好は批評した翻訳者たちだけでなく、直接に関わりのない人も討論に参加したことに意外の思いをもったようだ。彼はこのように書いた。「中国問題はジャーナリズムに乗りにくい。マルクス主義も最近は季節はずれの感がある。おまけに私は翻訳批判というジミな形で問題を出している。論壇のトピックとしては不利な条件がそろっている。私自身が、こういう議論の展開を予想していなかった[38]」。

反論の中には、名指しで批評された訳者ふたりがともに長文を書き、竹内好が指摘した一部の意見を受け入れると示したものもあった。それと同時に、彼らは竹内好が行ったやや我田引水のような思想分析を受け入れなかった。逆に、竹内訳の欠点をも取り出して、率直な技術的批評を行った。それは以前の竹内好と支那学の学者たちとの論戦と、構造がほぼ同じであった。そのため、同年の十一月に、竹内はもう一篇の長文を書いた。それが二人の訳者の長文の反論に対する回答である。その文章を通して竹内好の問題意識の核心をもっとはっきり把握することができる。

竹内好の批評は主に松村一人に対するものである。実はそのマルクス主義哲学者・松村の個性は傲慢ではない。彼の竹内好への反論は可能な限り努めて「客観的」に行われている。竹内に対する批評の中心も、竹内の主観的な意志が誤読を誘っているのではないかという点にある。彼はこのように反論した「竹内好訳は、そのほかの点は卓抜であるとしても、『矛盾論』の根本的な諸概念の関連がよくつかまれていないことからくる重要な誤訳がかなりあり、少なくともこの点で哲学論文の訳としては致命的な欠陥をもっている」。同時に、彼は竹内好の隠そうともしない論争的態度に反感を持っている。竹内はいたるところで、相手に最大限の痛罵をあびせ、そのことで、それと併記した自訳の正しさ、優越性を誇っていると非難した[39]。
竹内は再反論の文章で、これに激しく反応した。竹内好は彼と松村の分岐点を個人の教養ないし人間関係の方向に導くことを認めない。竹内好は技術な面で翻訳の問題を検討するのでなく、翻訳の問題を借りてその背後にある認識論の根源問題を検討したいと改めて強調した。彼は松村の「根本的な諸概念の連関」の説をしっかりと捉え、そこに彼らの違いがあると指摘した。

私は『矛盾論』の著者に真理探求者の姿を見るが、松村氏は客観的真理（という概念）の顕在化を見る、という差になるわけだ。したがって私の見る毛沢東は、過程的、永遠の未完成的、戦闘者的な側面が強調されるが、松村氏の場合は、絶対化、固定化、神格化としてとらえられる[40]。

竹内好からみれば、松村が諸概念の連関に注目し、整理に努力することは「世界も完結した」ものと捉える分析方法である。その問題はもう一人の訳者、中国語言語学者であり文学者でもある竹内実にもあった。竹内好はこのようにアイロニックに言った。

松村氏の肝心なものは概念であり、竹内実氏の守り神は単語である、概念は大切である。同様に単語も大切である。しかし、いくら概念を積みかさねても、それだけでは思想にならないように、いくら単語をならべても、それだけでは文にならない。逆にいうと、文を単語に分解して、その単語の理解をよせあつめてみても、文の理解にはならない(41)。

竹内好の単語主義についての批評は、実に見事な翻訳論である。本論のテーマと関連する角度から見れば、彼が論じたのは、個々の単語を一律の重さをもつものとして扱うことは、原文の思想が単純化されたり、歪まれたりする結果を導く。そのため、いかに正確に翻訳するのかという点で、形から似ている、というのと、意味が似ているとの間で、大きな争点が生まれるのである、ということであったといえる。

竹内好はその翻訳の規準という問題を借り、彼が論文において提起した思想課題をさらに深く推進した。松村からの反論の文章には「正しい翻訳」、「誤訳」などの判断がたくさん出現し、竹内好の訳と松村自身の訳を比較する際、その二つの標準を使って分析している。竹内好はそれに激怒した。

私が誤訳（または不適訳）を指摘した。すると指摘された当の訳者が、指摘した私に向かって、その指摘は正しいとか正しくないとか判定をくだすのである。これはいったい、どういうことなのか。常識で考えて、普通の人間同士のコミュニケーションにはありえないことだ。いま二人の意見が食い違っている。一方は他方を認めるか認めないかだ。認めれば自説を撤回または修正すべきだし、認めなければ自説をあくまで主張すればよい。これが論争というものだ。ところが当事者のくせに判定者になろうとする。力士の一人が行司を兼ねるようなもので……一般に日本のコミュニストの書くものにはこういう文体がかなり普遍的にあるということだ。Aは正しいがBは正しくない、Cは誤りだがDは誤りでない、という形式が非常に多い。そして我思うという主張の形式は非常に少ない。集団の名義で発表される文章でも、個人の名で発表される文章でも、この傾向性は変らない。(42)

以上をみると、竹内好がその問題をさらに深めていることが看取できる。超越的な審判者に立ちたい衝動の背後には、「唯一の正しい」真理標準が存在する。しかも、その絶対化された真理は、論の当事者とは別の者、他者として位置づけられたのである。そのため、「客観的」ということの強調が、翻訳の判断基準となってしまった、というのである。竹内好が示唆したいのは、その「客観的」であることを強調する理由は、日本共産主義者の真正なる主体性がないことにある、ということだ。それでは、彼らが物事を判断する場合、物事を変える能動的な精神が備わっていないというのも当然であろう。この意味において、竹内好は相当「主観的」な姿勢で毛沢東の政治弁証法を解釈した。

松村氏の（7）論文には「諸概念の連関」といった言葉が何度も出てくる。それによって彼の最大の関心事が何であるかがわかる。(c)訳の訳文にもそれがあらわれている。どうやってソツなく諸概念（またはカテゴリー）をつなげるか、ということにだけ夢中になっている。……

しかし私は、『矛盾論』の眼目をそこに見ない。私は、この著作の核心部分を、問題解決のため全力をあげて矛盾を発見せよ、という主張において見る。もう少しつっ込んで……毛沢東は、矛盾がなければ無理してでも矛盾を作れ、とさえ言いかねない口吻だと見る。もう一歩進めると、毛沢東は、諸矛盾のうちの主要矛盾をわがものとせよ、その主要矛盾の主要側面をかち取れ、と叱咤激励していると見る

のだ。(43)

ここまで来れば、竹内好が翻訳の論争を提起した狙いがわかる。彼はいわゆる絶対客観や唯一正しい翻訳の規準を認めない。竹内が論争したいのは、主体性的な翻訳で思想を再生産することが、どれほど可能であるか、否かということである。そのため、彼は日本マルクス主義者がとっている「正しい思想の代弁者」としての姿勢(44)や、科学精神を政治思想の武器とすることに名を借りた「客観主義」の姿勢にも疑問を持っている。ここで、我々が慎重に扱わなければならないのは、竹内好が絶対客観の唯一真理に疑問を持っていた、ということき、彼を相対主義者である、あるいはニヒリストであるとすることであってはならない、ということである。竹内好が主観的かつ恣意的な翻訳の妥当性を主張していると断言してしまうならば、その論戦の中のもっとも建設的な内容を見失うこととなる。竹内が委曲を尽くして純粋に技術的な誤訳について議論するということは、彼が主観的恣意的な思考様式と論述の方式に反対しているからだ。直観的な二項対立のロジックを越えてこそ、主体性を強調し、「絶対客観的」に反対する竹内好の姿勢に慎重な歴史分析の契機をみいだすことができるだろう。竹内好の毛沢東に対する解読は、彼の中国革命の理解と緊密に関連している。彼は中国革命の代償を強調してはいない、それに関連する論述には、理性主義も欠けている。そのような歴史的制約を指摘するのはたやすいことである。しかしながらそれは、竹内好が疑問を投げかけた、「上からの目線で他人を審判する」という問題を犯しかねない態度である。それに比べて困難ではあるが、なおかつ価値のある課題は、戦後の日本で社会革命の可能性がない、また中国に対する関心もどんどん薄くなっている時期において、毛沢東思想の重要な点として提起された、竹内好の「矛盾がなければ、無理してでも矛盾を作れ」という挑発を、われわれはどのように有効なものに転化できるのか、ということであろう。

『矛盾論』の翻訳をめぐる論争は決着がつかないまま終わった。その成果として残されたのは、ただ竹内好が「迫られた」状況で書いた、二つの哲学めいた論争のテキストにすぎない。今日となっては論戦の帰結そのものはどうでもよい。重要なのは竹内好が提起した問題である。それらの問題が導き出すのは、今日我々自身がいる知識状況を、自ら反省することであり、更に自分自身の課題を設定することである。

竹内好は『矛盾論』の翻訳の論戦を通して、毛沢東思想に対する彼の根本的理解方式を示唆し、さらにもう一つ、延安整風運動の根本的精神の理解の仕方をも提示した。彼がそれほど中共の全党を整風する思想運動を重視し、それほど整風運動の内容――三風整頓と彼が言う――を高く評価した理由としては、その整風運動の内容が、彼が極めて嫌悪する同時代の日本の知識状況にも向いていたということを挙げることができる。また興味深いのは、竹内好は右翼知識人をほとんど論敵にしていなかったことだ。もちろん、彼がそれらの人々を、味方と思ったこともない。文化の立場において、竹内好は進歩的知識人の陣営に属している。しかし、彼はマルクス主義左翼との距離を保ちながら、時々に自由主義左派知識人が試みた西洋理論の提示にも、本能的な不満を示している。彼はその二種類の主流左派知識人（ここで強調したいのは、その二種類の知識人が戦後日本の思想建設に重要な貢献を捧げたし、そのなかの一部の優秀な思想家は竹内好の仲間でもある）を批判した。批判の内容はそれぞれ異なるが、その核心は、強引に理論を実際に当てはめるという、両者通有の潜在的な思考様式を批判することにある。その点も、竹内が毛沢東の『矛盾論』、『実践論』を高く重視している理由と考えられる。

竹内好は、毛沢東の「詭弁と紙ひとえのところ」の弁証法思想のなかに、教条主義理論と非主体的な知の生産方式に対してもっとも破壊力を持つ、独特な知のエネルギーを読み取った。「政治的正しさ」や「絶対客観的な唯一の真理」に固執する知識人にとっては、それは絶対に受け入れられなかった。しかし、竹内好にとって、毛沢東弁証法の中核を創造的に読み解くことは、彼の生涯において最も重要な、モニュメンタルな出来事であった。魯迅の思想における「ブラックホール」を発見してから後、竹内好は毛沢東弁証法のうちに、再び「永遠」を見いだしたのである。

注

(1)『魯迅と毛沢東』(『竹内好全集』第五巻、筑摩書房、一九八一年)、二五二頁。
(2) 同前、二五四―二五八頁。
(3)「解題」(『竹内好全集』第五巻)、四三七頁。
(4)『(矛盾論) 解説』(同前)、三五〇頁。その短文は六〇年初期において竹内好が自訳した『矛盾論』のために書いた解説である。
(5)「評伝毛沢東」(同前)、二九〇頁。
(6) 同前、二九二頁。
(7)「評伝毛沢東」では毛沢東が人民の意志を代表する問題を繰り返して指摘している。また、毛沢東についての竹内好のそのほかの文章にも、その見方は継続して強調されている。
(8) 竹内好の具体的な論述は座談会『中国革命の思想と日本』(『世界』一九五七年二月)参照。
(9)「評伝毛沢東」、三〇二頁。
(10) 同前、三〇四頁。
(11) 同前、三〇五―三〇六頁。
(12) 同前、二七二―二七三頁。
(13) 同前、三一二―三一三頁。
(14) 竹内好『防衛抵抗主義の毛沢東』(『竹内好全集』第五巻)、三三四頁。
(15) 竹内好『周作人から核実験まで』(『竹内好全集』第十一巻)、二九五―二九七頁。

(16) 同前、三二三―三二四頁。
(17) 『状況的　竹内好対談集』、吉本隆明と竹内好の対談『思想と状況』(合同出版、一九六〇年、六二頁)を参照。
(18) [訳者注] 中国の文化大革命期において一時的に流行っていたスローガンである。個人の私心に対して徹底的に闘争しなければならない。
(19) [訳者注] 毛沢東が提起したスローガンの一つである。事実に即して物事の真相を探求するという。
(20) 『中国革命の思想と日本』(『世界』一九五七年二月号)、一六二―一六三頁。
(21) 『状況的　竹内好対談集』(吉本隆明と竹内好の対談『思想と状況』、七四頁)を参考。
(22) 『毛沢東論文を検討する』(『中央公論』一九五七年八月)、一四三頁。
(23) 『毛沢東演説の背景』(『竹内好全集』第五巻)、三四二―三四三頁。
(24) 『新中国の思想と建設――五カ年計画発足の諸条件』
(25) 同前、一四〇頁。
(26) 同前、一四六頁。
(27) 「一枚の写真」をめぐって』一九六七年二月(『竹内好全集』第十一巻)、三〇〇頁。
(28) 『毛沢東論文を検討する』、一四五頁。同時に、毛沢東の弁証法とヘーゲル、マルクスの区別について、一九六二年に彼が書いた『毛沢東思想の受けとり方』により明確な説明がある。「毛の場合は、中国の陰陽二元論に深く浸透されており、止揚の契機が弱くて、対立即同一感が比較的強いような気がする」(『竹内好全集』第五巻、三七七頁)。
(29) 『革命の論理と戦争の論理』(『世界』一九五七年五月号)、一二五―一二六頁。
(30) 『矛盾論』(『毛沢東選集』第一巻、人民出版社、一九六八年)、二九七頁。
(31) 『毛沢東思想の受けとり方』(『竹内好全集』第五巻、三七六―三七七頁。
(32) 『ふたたび毛沢東思想について』(『竹内好全集』第五巻)、三九九頁。
(33) 竹内好による「十年間不当な(私から見て不当である)独占をつづけることによって日本の人民を苦しめてきた翻訳集団の責任を問うているのだ。」同前、三九九頁。

(34)『毛沢東思想の受けとり方』(『竹内好全集』第五巻)、三七六―三七七頁。
(35)『矛盾論』(『毛沢東選集』第一巻、三〇九頁。
(36)『毛沢東思想の受けとり方』(『竹内好全集』第五巻)、三六〇―三六一頁。
(37)『中国革命の思想と日本』(『世界』一九五七年二月号)、一五五頁。
(38)『「矛盾論」論争と私の立場』(『竹内好全集』第五巻)、三七九頁。
(39)松村一人『兼せ聞けば明るし――竹内への答え』(『思想』一九六二年七月号)。
(40)『ふたたび毛沢東思想について』(『竹内好全集』第五巻)、三九三頁。
(41)同前、四〇〇―四一〇頁。
(42)同前、三八七―三八八頁。
(43)同前、三九六―三九七頁。
(44)日本マルクス主義者の科学主義精神とかれらの政治闘争の戦略の関係を最も典型的に示しているのは、五〇年代後期にあった「昭和史論争」である。その部分について拙著『文学的位置』(山東教育出版社、二〇〇九年)の第三章、第四章を参照願いたい。

10．東アジアの終わらない戦争
堀田善衞の中国観

竹内栄美子

はじめに

東アジアにおける新たな「コモン」（共同性）を考えるとき、経済的な協力関係や文化交流などの成果だけで捉えることはできないだろう。植民地支配や戦争の記憶は、日中あるいは日韓の関係を考えるときに忘れることのできない重要な問題である。そのさい、誰が語るのか、またどのような立場で語るのか、ということは見逃せない論点となる。

たとえば、数年前にアメリカで問題となった「ヨーコ物語」[1]に関する論争は、そのような論点がいかに重要であるかを教えてくれた議論であった。米国在住の日本人女性が執筆したこの物語は、幼少時に体験した引揚げの記憶をもとにした作品である。敗戦間際の朝鮮半島でソ連軍が侵攻してくると教えられ、母と姉とともに日本を目指して帰国しようとするが、途中、朝鮮人共産主義者によってひどい目に遭わされながらも何とか帰国するというストーリーである。この作品では、朝鮮人共産主義者がいかに悪辣であり、日本人の主人公（十一歳の少女）がいかに真面目で努力家であるか、ということが対照的に描かれていた。朝鮮人による強姦事件が扱われ、米国の学校教材にも使用された物語であったことから、米国在住韓国人から批判が噴出し、日本による朝鮮半島の植民地支配に全く触れていないこの作品が戦争の本質を伝えていないことについて問題となったという。

艱難辛苦の果てにようやく帰国することができた経験を持つ著者にとっては、この物語は真実であり切実な体験であったのだろう。しかし、植民地支配が抜け落ちた戦争の語りは、別の角度から眺めてみれば不十分なものとなる。戦争の語りの多くは、戦争がいかにむごいもので人々を苦しめたか、二度と戦争をしてはならないという反戦平和の観点から語られる場合が多い。それは当然のことだけれども、日本でも戦後に出版された多くの手記や記録では、過酷な体験が被害の実態として繰り返し語られる一方で、加害の実態については必ずしもそうではなかった。被害者がいるからには加害者がいるはずなのに、いったい加害者はどこに行ってしまったのだろう。(2)

被害の語りと対照的に、野間宏や武田泰淳など日本の戦後文学では、加害者としての自己像を描いているのが特徴的である。なかでも堀田善衞の小説には、被害と加害の重層性が見られ、いまだに継続している東アジアの戦争の記憶が刻印されている。たとえば、戦争末期の上海で激しい恋愛と政治に翻弄されながらも自己を失うまいとする杉が敗戦により祖国喪失の思いを味わう『祖国喪失』（文藝春秋社、一九五〇年）をはじめとして、「歯車」（『文学界』一九五一年五月号）、「漢奸」（『文学界』一九五一年九月号）、『歴史』（新潮社、一九五三年）、『時間』（新潮社、一九五五年）などがある。これらは、おもに一九四〇年代後半から一九五〇年代前半に書かれた小説群であり、なかでも「広場の孤独」（『人間』一九五一年八月、『中央公論文芸特集』九月）とともに芥川賞の対象となった「漢奸」は、詩人記者安徳雷を利用するだけ利用して捨てた日本の身勝手さを憤る匹田の苦悩を描いて加害的占領者である日本を明示した。さらに一九五七年には中国作家協会および中国人民対外文化協会から招待され、山本健吉、井上靖、多田裕計、十返肇、中野重治、本多秋五らとともに第二回中国訪問日本文学代表団として中国を訪れたときのことは『上海にて』（筑摩書房、一九五九年）にまとめられた。

このように中国は、小説にしろエッセイにしろ、一九五〇年代の堀田の作品を特徴づけている大きなテーマである。ただし、堀田は、一九七三年に朝日新聞社から出した武田泰淳との対談『私はもう中国を語らない』のなかで宣言したように、一九七二年の日中国交回復後は中国について公式の発言をしなくなった。中国問題に区切りをつけて、以後は、日本の中世とヨーロッパに関心をむけ、鴨長明、藤原定家、ゴヤ、モンテーニュなどに取り組むことになる。しかし、それまでの、特に一九五〇年代前半には、右のような上海小説群とでも呼ぶべき敗戦後の上海を舞台にした小説が多く書かれ、(3)その提示する問題は現在の日中問題あるいは東アジアの問題を考えるうえで有益な観点を提供している。

堀田善衞といえば『インドで考えたこと』（岩波新書、一九五七年）や『キューバ紀行』（岩波新書、一九六六年）がよく知られている。アジア・アフリカ作家会議で重責を果たし、第三世界の躍動感を生き生きと描出した功績は大きい。しかし、やはりその思想形成に大きく関与したのは、ほかでもない中国であった。近年では、敗戦前後の日記『堀田善衞　上海日記』（紅野謙介編、集英社、二〇〇八年）が刊行され、上海時代の堀田の内面の声を知ることができるようになったのは、大きな収穫だったと言える。本稿では、右の上海小説群を踏まえつつ、南京虐殺事件を題材とする『時間』（新潮社、一九五五年）を取り上げて堀田作品における被害と加害の重層性を分析する。堀田善衞の中国観を明らかにしながら、東アジアの戦争の記憶をどのように語るか、グローバル時代の戦争の語りかたについて考えたい。

紫金山の印象──『時間』執筆の契機

堀田善衛は、一九四五年三月十日の東京大空襲を経験した二週間後に上海に渡る。本人の述懐によれば、上海を足がかりにしてヨーロッパに向かう予定だったらしいが、そのまま滞在し、一九四七年一月に帰国するまで一年九ヶ月を上海で過ごした。滞在中、国際文化振興会上海資料室で知り合った武田泰淳とともに、名取洋之助から旅費をもらって一九四五年五月に南京へ旅行したさい、その城壁で紫金山を見たときの印象が容易に忘れがたいものになったという。堀田は、夕日に映える紫金山について繰り返し回想しているが、たとえば、次のような文章がある。

一九四五年の晩春、戦争末期の上海にいた二人の浮浪人──武田泰淳と私はあの猛烈なインフレのために、まったく猛烈な貧窮におそわれ、私は乞食のように海軍武官府というところへ昼飯だけを食わせてもらいに行っていた。(中略)
南京にいたのは、ほんの五、六日であったが、私たちは二人で方々をうろつきまわった。そういう日々のある日、南京の城壁を見物に行った。城壁の上で、目路はるかにどこまでもつきせぬ江南の野をつくづくながめ、日本のだれがいったいこの無限に広い大陸とそこに住む中国人民を軍隊などというもので制圧しうるなどという妄想を抱くにいたったものか、と考えたが、それはさておき、そこで、私は、紫金山を見た。
夕景が迫って来たこともあって、この低い岩山が、真に紫金の色に映えて見えた。そのどきりとするほどに硬質な、自然などとも言いがたいような、いわば観念的な美に、私は全身的に、うたれた。この硬質で、鉱物的な美を、なんとかして書いてみたい、と思うようになった。
でそのとき、横に寝ていた武田泰淳はむっくりと起き上がって「おれは明朝没落史が書きたい」と言ったのだったが、それから九年たって、私は『時間』を書き出した。（中略）
時が一九三七年十二月で、場所が南京ならば当然そこに、いわゆる日本軍による「南京大虐殺」が入って来る。ニワトリが先かタマゴが先かはわからないが、胸に刻み込まれて九年たっても消えやらぬあの荘厳な紫金の美を描きつくすには、そういう残虐無類の現実が裏打ちとならなければならなかったのかもしれない……(4)

武田泰淳とともに南京を訪れて見た紫金山の観念的で鉱物的な美に囚われた堀田は、その九年後に『時間』を書き始めた。『時間』執筆の原因が、南京の紫金山にあったことは、作中に描かれる冥府の描写にも通じてくるが、この述懐で注意したいのは、堀田は南京大虐殺を引きおこした日本軍を糾弾するためにこの作品を書いたわけではないということである。あらかじめ用意された正義の判定があって南京虐殺事件を題材にしたのではなかった。むしろ、紫金山の異様な美に魅せられたことによって書かれた作品であったということだ。紫金山の美は、「浮浪人」のような堀田のうらぶれた心に響いてきたのである。この美は、『時間』のなかでも繰り返し言及されている。

言うまでもなく、堀田は、アジア太平洋戦争について、日本はアジア諸国に謝罪すべきであると考えていた。また、日中戦争が侵略戦争であったことは間違いなく、日本軍の残虐非道も否定できないと考えていた。ただし、戦争の実態は単純な善悪正邪で割り切れない人間存在の不可解さ、奥深さをあらわにするものであり、堀田の描く小説はそのような不可解さや奥深さを明確に提示している。『時間』を語るさいに、日本軍の残虐非道を告発する作品、あるいは事態の残酷さを描く作品とだけ見るのは一面的であることを確認しておきたい。『時間』は単なる告発の小説ではないのである。(5)

この小説は日記体の体裁をとり、一九三七年十一月三十日から一九三八年十月三日まで、途中、五ヶ月の空白を挟んで、日本軍侵攻による南京陥落前後の状況が綴られている。(6)日記の書き手は、かつては有能な中国人官吏で国民政府海軍部に勤務していた文官、陳英諦という三十七歳の男性で、身重の妻莫愁と五歳の息子英武と暮らしている。漢口に逃げていく政府高官たちと対照的に、陳英諦は南京に残り無電で南京の様子を知らせる任務を負っているのだが、兄は財産を守るように英諦に言い残し、英諦一家を見捨てて漢口に行ってしまう。頼りにしたいと思っていた伯父は、南京偽政府(日本軍政府)衛生部に勤めていてアヘンを扱う裏切り者になっている。変わり身の早い人間で、誰に従えば安全でいられるかという判断のみで動いており、陳英諦は、このような伯父を頼ることもできない。

陳英諦は十年前、正確に言えば一九二七年四月十二日、上海で学生だったころ、蔣介石がそれまで共同して闘ってきた労働者や学生たちを弾圧殺戮した上海暴動を経験していた。辛くも逮捕を免れ、それから六年間、各地の華僑総会を頼ってインドやヨーロッパへ行き、一九三二年に帰国して海軍部に就職するという経歴を持つ。そして今回の日軍侵攻は、蘇州から逃げてきた従妹の楊嬢の話を聞いて、十年前の弾圧以上のものだと思う。日本軍に侵攻された南京では、みな自分の保身のためになりふりかまわぬ振る舞いを続けるが、そのなかで英諦は与えられた自分の仕事を静かに続けている。

『時間』の分析——四つの観点から

さて、このような陳英諦について、以下、四つの観点から分析しよう。

南京陥落後、陳英諦の大きな屋敷は日本軍に接収され、彼は日本人将校桐野大尉の使用人として働いている。妻子はすでに殺されてしまった。「わたしは、たつた一人なのだ」と、陳英諦は日記に書く。「あれはたしか、去年、三七年の十二月十三日の午後だつた。城の内外ともに集団的戦闘が終始したのは。それから約三週間にわたる、殺、掠、姦——」。日記は五ヶ月の空白ののち、一九三八年五月十日に再開されているが、空白以前の十二月十一日の日記には次のように書かれている。


午前十一時、たまたま通りかかった一隊の兵士に聞くと、興門および下関の停車場に通じる挹江門は、ひらいているにはいるが、日軍の飛行機が必要に襲いかかり、肆まに屠戮を行い場所によっては流血が踝を没するという。また渡江中に舟をやられて溺死するもの数知れずという。だから、戻って来たのだ、と。何百人という人が死んでいる。

何百人という人が死んでいる。——しかし何という無意味な言葉だろう。数は観念を消してしまうのかもしれない。この事実を黒い眼差しで見てはならない。また、これほどの人間の死を必要とし不可避的な手段となしうべき目的が存在しうると考えてはならぬ。死んだのは、そしてこれからまだまだ死ぬのは、何万人ではない、一人一人が死んだのだ。一人一人の死が、何万にのぼつたのだ。何万と一人一人。この二つの数え方のあいだには、戦争と平和ほどの差異が、新聞記事と文学ほどの差がある……（五五頁）

ほしいままに「屠戮」をおこなうというのは、人間を動物のように扱って殺しているということだろうか。「屠」という文字は、からだをばらばらに切り開いて殺す意味だが、くるぶしを没するほどの流血であるというのだから、日軍の残虐さは言うまでもない。

ただし、それとは別に、ここには、数の論理におさまらない一人一人の人間の「個」を尊重する考えがうかがえる。何万と一人一人の数え方の違いには、「新聞記事」と「文学」との違いがあるという。この違いは、客観的にデータを報道するだけではなくて、感情も含めた人間の「個」をどれだけすくい取れるかということだろう。「文学」は「個」を重視する。孫歌「日中戦争――感情と記憶の構図」[7]では、南京大虐殺における数字をめぐって「客観真実性」と「生きた人間の感情」との違いについて論じられていたが、「生きた人間の感情」すなわち「感情の記憶」は、ここで言う「文学」に匹敵するものにほかならない。『時間』で注目すべき第一点目は、数字であらわすことのできない、この一人一人の人間の尊重、かけがえのない存在という点である。

ところで、桐野大尉は職業軍人ではなく、元大学教授という知識人として設定されていた。外国語に堪能で西欧にも行っていた海軍部の能吏である陳英諦を自分と同じ知識人だと見て「あなたのような知識人がボーイの役に甘んじているのはもったいない。日本軍に協力して手腕を発揮しないか」と誘いかけてくる。むろん、そのような誘いを陳英諦が承諾するはずもない。彼はこのように言う。「わたしは妻子を愛していました。じっとしていたいのです」。自分にとって最も大切な存在を失ってしまった彼は、もはや名誉や自己保身などどうでもいい。もちろん、伯父のように敵方の日本に協力する気などさらさらない。陳英諦は、殺された妻子のことを繰り返し思い出す。この傷は癒されようもない深い傷である。しかし、その一方、彼は、桐野大尉の使用人になる以前、日本軍の軍夫として屍体処理の仕事をさせられていたとき、まだ息のある中国人をクリークに投げ込んで処理したことがあった。生きている人間を屍体と同じように扱って殺してしまった彼は、妻子のことと同じく、そのことも繰り返し日記に書いて思い出す。「わたしはまだ生きている人を投げ込んだ。あのときの死者は、わたしの腕のなかで、まだ死んでいない。まだ生きている」（七九頁）。

深い知性を持つ能吏の陳英諦は、妻子を殺された被害者であると同時に、まだ息のある同胞に対しては加害者であった。陳英諦が、被害者であり加害者であることの二重性を自覚していることに注目したい。もちろん、日本軍の「三週間にわたる、殺、掠、姦」によってもたらされた南京の不幸、陳一家の不幸がこの作品の基底としてあるからには、加害の揺るぎない立場は日本軍であり、陳英諦たちは紛れもない被害者である。だが、堀田善衞がとらえた戦争は、その構図をさらに細分化したものだった。侵略された被害者のなかにも兄や伯父のような狡猾な人間がいること、さらに陳英諦自身の罪さえも描いているということだ。『時間』で注目したい第二点目は、この被害と加害の二重性である。

三点目は、作品のタイトル『時間』の意味についてである。妻子を失ってしまった陳英諦は、人間のいない、無機的な世界へ行きたいと考えている。日記にはこのように書かれている。


わたしは、この地上に、樹木や草の花などがあるということ自体、呪わしく思っている自分を発見してときに驚くことがある。そんならどんな自然がいまのわたしには望ましいか、ふさわしいか。樹木も草も一本もない、岩石と金属だけの、荒涼として硬度の高い自然、そういうものが望ましい。時間によつて、すべてが、一切が変転するということが、いまのわたしには何か堪えられない気がするのだ。実は、時間によつて一切が変転し、現在の境遇や情勢が逆転しないともつとも困るのは、わたし自身なのだが……。

人間の時間、歴史の時間が濃度を増し、流れを速めて、他の国の異質な時間が進入衝突して来て、瞬時に愛する者たちとの永訣を強いる……。

わたしもまた、いつかは時間に運ばれ、時間に撃たれてもういちど死ぬのだが、神の愛がもしあるならば、ねがわくはわたしの冥府は、岩石色の岩石に、処々、紫金の鉱石の光るところ、天国でも地獄でもどちらでもいい、そんな風な、微光のなかの大理石的世界であってほしい。（八八頁）

ほかの箇所でも「莫愁はいまごろは、こどもをつれて岩と金属の冥府を歩いている」（九〇頁）、「岩石と金属だけの世界へ、わたしは行きたい」（一〇八頁）、「岩石と金属だけの、時間のない（中略）世界と、生命にみちた六月の山川草木の世界、非人間的な世界と人間の世界との、その両者の境界をさまよつているのだ」（一一二頁）と、繰り返し書かれている。いまごろ妻は子を連れて岩と金属の冥界をさまよっているのだろうと考える英諦は、妻子のもとに行きたいと願っていた。この冥界のイメージには、堀田が打たれた観念的な美としての紫金山のイメージが重なっている。「時間」とは「人間の時間」「歴史の時間」であり、それは、生命のない岩石と金属だけという紫金山のイメージの対極にある。『時間』の前に書かれた長篇小説は『歴史』だったが、「時間」も「歴史」もドラスティックな人間の営みそのものを意味していよう。そしていま陳英諦は「時間」のない冥界に行きたいと思っているのだ。

その一方で、彼は「時間」によって一切が変転することには堪えられないとも考えている。同時に、絶望の現在を変えるには「時間」による変転が必要だと言う。彼に不幸をもたらしたのは「時間」であり、現在の不幸を変容させるのも「時間」である。「時間」によって癒され、「時間」によって苛まれる。「時間」とは、いわば善も悪も含めた人間の営為そのものに結びついたものなのだろう。「時間」には、このように両義的な意味合いが込められている。この「時間」の両義性が注意すべき三点目である。振り返ってみれば、英諦自身が被害と加害の二面を背負い、桐野大尉に奴僕として仕えながらも抵抗するという両義的な存在であった。時間のない「非人間的な世界」と、生命に満ちた「人間の世界」と、その境界をさまよっている彼は、どちらか一方に安住することができない。引き裂かれた存在として、彷徨いの思いを抱えている。

このように見てくると、陳英諦は妻子思いの、優しくナイーブな男性と想像されるかもしれない。しかし、必ずしもそうではない。確かに妻子を深く愛していたのは事実だが、純情素朴とは裏腹のしたたかさを備えた人間でもあった。それは、彼が諜報活動にたずさわっていたことと深く関わっている。最後に四点目として指摘したいのは、この作品には諜報活動にたずさわる人間が何人も登場することである。画家の「K」は国民政府の側のスパイ活動をおこなっているが、陳英諦は「K」を日本軍にも通じている二重スパイなのではないかと疑っている。「K」は、十年前、ともに上海暴動のさい暗い裏通りを一緒に逃げまわった仲間のひとりだった。さらに、行商で刃物を研ぎにやってくる「刃物屋」と呼ばれている男は、共産党のスパイである。何よりも陳英諦自身が桐野大尉の目を盗んで諜報活動に従事していた。馬羣小学校の国旗掲揚塔には、いまは日章旗がなびいているが、その掲揚塔が無電のアンテナで地下室の無電機と通じているのである。日章旗のなびく掲揚塔を経由して漢口に情報を送っているということ自体が裏切りそのものにほかならない。しかし、その裏切りは正義のための裏切りである。また、日軍に通じた伯父にしても、ことあるごとに陳英諦の様子を探りに来るし、その叔父が囲うことになった、莫愁に似た灰色の服の女も日軍に出入りし「K」を操る存在だった。このように『時間』には数多くのスパイが登場する。(8)

陳英諦は「K」が二重スパイであることを問いただす場面で、自分は愛国心に訴えるのではないとして、次のように述べる。「ぼくはどんな主義も信じていない。主義や方針というやつは要するに働いてゆくための道具だ。信じたりするためのものじゃない。（略）おれたちはね、諜報関係者というものは、みなユダなんだ」（一八三―一八四頁）。彼は、自分もユダだと自覚している。そして「どんな体験をしたにしても赤裸にはなれぬわたしのような男というものは、偽の人間、ダブルスパイ、人間の裏切者なのか」（二二五頁）と考えている。裏切り者であることを自覚し、純粋な正義などはあり得ない、灰色の領域としての入り組んだ世界に彼らは生きている。

いま、数字に還元されない「個」の尊重、被害と加害の二重性、「時間」の両義性、ユダとしての諜報活動という、四つの観点に従って見てきたが、これらから言えることは、陳英諦が多くの物語にあるような見上げるべき優れた主人公、すなわち正義感あふれる高潔な勇士でも英雄でもないということだ。かつて上海暴動で弾圧された経験を持つ彼は、ニヒリズムに苛まれた不信の固まりのような皮肉屋である。むろん、信頼するに足る主人公には違いない。宿命論にくみせず、敵軍の将校に奴僕として仕えながらも、こちらの情報を無電で打つ抵抗者なのだ。だが、無垢な善人としての被害者ではなかった。冒頭述べた戦後文学の加害性は『時間』ではさらに複雑な様相を呈している。日本軍の残虐非道、その被害者となった陳英諦一家の悲劇、生き残った英諦の絶望、虚無、怒り、そして抵抗といった入り乱れた重層的な世界が『時間』には展開している。ここには、イノセントな被害意識で涙する人はいない。そもそもイノセントな人がいない。戦後に刊行された多くの手記や記録とは大きく異なるのである。

『時間』の特徴は何よりも、日本人作家の堀田善衞が侵略される側の中国人を主人公として描いていることにあるだろう。なぜこのような描き方にしたのかと言えば、それは、侵略する側の国の人間であった堀田が、相手の側に分け入ってその痛みを分有するためであっただろうし、さらに、日本の側からの語りではなく、中国人の語り手を採用することによって、立体的に戦争を見ようとしたからである。誰がどのような立場で語るのか、語りの主体をどのように設定するのかということに堀田は自覚的で意識的だった。堀田のとった方法は、自己語りに終始するのではなく、相手（他者）からの視線を導入して全体を見ることだった。

堀田善衞の中国観

では、このような『時間』を書いた堀田の中国観はいかなるものであったのか。陳英諦における被害だけではない加害の側面も指摘したが、もちろん大前提として、堀田に日本人としての深い反省があることは間違いない。堀田はエッセイ「反省と希望」（『改造評論』一九四六年六月）のなかで、日本の政策の本質的誤謬として「人性」が無視されていたことをあげ、中日の問題について、これを「仕事」にしたり「金儲け」にしたりした人が実は多かったのではないか、この点について宋教仁と北一輝、孫文と宮崎滔天などの先人に顔向けができない、と述べていた。『広場の孤独』とともに芥川賞の対象となった「漢奸」（『文学界』一九五一年九月）でも、「漢奸」を生み出したのはほかでもない日本なのだと言われていた。「人性」とは、人が生まれつき持っている自然な性質という辞書的な意味にとどまらず、「仕事」「金儲け」の対極にあるもので、堀田の言葉でいえば「両国の関係について真に心を痛めそれを己れ自身の人生の課題とした人が果して何人ゐたであらうか」という、結局は思想の問題に行き着くということだろう。当時言われていた大東亜共栄圏という美辞麗句は、結局のところ漢奸を利用し日本の「仕事」「金儲け」のためのものであったことを本質的な誤謬として痛烈に批判しているのである。

『時間』とともに注目すべき小説『歴史』(新潮社、一九五三年)では、敗戦直後の上海が舞台となっている。堀田自身を思わせる、国民党政府に留用されている日本人竜田を主人公として、「天皇制を核とした日本イデオロギーによって金縛りにされ、囲い込まれた、一種の被包囲人間であった」(『堀田善衞全集』第二巻、「著者あとがき」)自分がその「金縛り」からいかに脱していくかという過程、国共内戦から中国革命へと進展していく中国の状況、戦時の資本や政治経済が戦後にも継続した植民地都市上海の様子が描かれていた。ここでも竜田は、陳英諦と同じく高潔な英雄ではない。特務機関に通じた貿易商人左林に雇われた立場でありながら、革命を目指す学生たちに次第に共感し変貌していく設定となっていた。陳英諦も、最終場面で、刃物屋と楊嬢が延安に行くか重慶に行くか、彼等が自ら選ぶべきだと若者たちに期待し、「人生は何度でも発見される」(二三六頁)と締めくくっている。南京を舞台にした『時間』の陳英諦も、上海を舞台にした『歴史』の竜田も、ともに負けた側の、絶望と希望を抱えた人間として描かれている。(9)

一九五〇年代前半に書かれたこれらの小説は、一九四五年に上海で敗戦を迎えた堀田が、無国籍者のひしめくなか組織と政治の暗部を見せつけられ、中国を侵略し支配していた日本の政策がいかに本質的な誤謬に満ちていたかを痛感して練り上げた思想を基盤としていた。また何よりも堀田が敗戦国の人間としての自己認識を抱えていたことも注目されよう。さらに、日本の「惨敗」を「終戦」と言い換える日本の支配層と比較して、中国の勝利を「惨勝」と捉える中国人の現実認識に感銘を受けていたことも見逃せない。(10)

その日中の違いについては『上海にて』のなかでも繰り返し取り上げられている。冒頭述べた一九五七年の中国訪問での経験をもとにして書かれたこのエッセイには、さきに触れた小説『歴史』に描かれたエピソードがいくつも散見される。この『上海にて』と『歴史』との接点については、稿を改めて論じたいが、(11)まずは『上海にて』冒頭の次の部分に注目したい。

私に一つの危機の予感がある。今日の両国の関係の仕方は、遠からぬ未来において、今日ではちょっと想像出来ないようなかたちの危機をもたらすのではないか。国交恢復は決定的に重大である。そのことは、われわれの国の真の独立ということとかかわりがあり、従って、われわれの倫理道徳ともかかわりがある。しかし、国交が恢復されればすべてよろしというようなことがあるわけもなく、私が予感するものは、むしろ国交恢復以後について、である。現代における両国のあり方の、基本的な差異は、いろいろあるにはあるが、体制の違いだけではなくて、双方の国民の内心の構造の違いから来るものは、もっとも本質的で、直接接渉のはじまったときのことを、私たちは今日から既に予想し、見詰めていなければならないであろう。

国交恢復も容易なことでないであろう。そうして、国交恢復以後も容易なことではないであろう。

（『上海にて』集英社文庫、一一一―一一二頁）


この文章が書かれたのは一九五七年に中国訪問したあと、一九五九年刊行の本だから、まだ国交回復していないときである。国交回復がまず重要事項であるとして、それには一九五一年のサンフランシスコ講和条約で西側諸国の一員となり対米従属路線をとることになった日本の「真の独立」も関わっているという。しかし、ここで堀田が問題にしているのは国交回復以後の両国の関係であり、回復も容易ではないが回復後も容易ではないと述べているのが注目される。「双方の国民の内心の構造の違い」というのは、さきの「惨勝」と「終戦」との違いにも表れていよう。戦後の厳しい現実を直視する中国と、国民の受ける心理的衝撃を緩和しようとする日本支配層との違いである。支配層のみならず「リンゴの唄」のような「情けない唄」が大衆の心をとらえる日本の「虚脱」状態と、「起て、奴隷になりたくない人々よ、我等の血肉をもって新しい長城を築こう」という中国の勇ましい歌との違いを堀田は痛感していた。堀田は「同文同種などという虚妄のスローガンに迷わされてはいけない。中国は外国なのであり、中国人民は、外国人なのだ」(『上海にて』一四四頁)と言う。「同文同種」と言って同化政策をとることは間違いで、中国は他者であり、現実認識が日本人とはまったく違うということを『上海にて』では強く語っていた。

そのことは、竹内好が「前事不忘、後事之師」(『朝日ジャーナル』一九七二年十二月二十九日号)で述べたことと通じてもいるだろう。竹内は、日中共同声明のなかの文言について、周恩来が「前事不忘、後事之師」と述べたこととと、田中角栄が「われわれは過去の暗い袋小路にいつまでも沈淪することはできません」と述べたこととを取り上げ、その違いを論じている。未来のために過去を忘れるなという中国側と、過去を忘れて未来のために話し合おうと提唱する日本側との違いである。竹内はこう述べている。


過去を問わぬ、過去を水に流す、といった日本人にかなり普遍的な和解の習俗なり思考習性なりは、それなりの存在理由があり、一種の民族的美徳といえないこともない。それがミソギという土俗につながるものならば、一朝にして改めることはできない。ただそれは、普遍的なオキテではないことを心得て、外へ向っての適用は抑制すべきである。そうでないと交際がうまくゆかない。漢民族は、伝統的に記録を生命よりも大切にする民族である。たとい自分に不利なものでも、後世の史家の判定にゆだねるために記録を保存する習性がある。われらミソギ族とは正反対なのだ。「前事不忘、後事之師」である。この相違を主観だけで飛びこえてしまうと、対等の友好は成立たない。

(『竹内好全集』第十一巻、筑摩書房、一九八一年、四〇二頁)

堀田が述べていたのと同様に、竹内好も日本人と漢民族との思考習性の違いについて強調している。水に流す日本と、記録を大切にする中国と、この違いを主観だけで飛び越えてしまうと「対等の友好」は成立しないというのである。これは、異文化をどう理解するかという問題であり、「対等の友好」を成立させるには自他の尊重が大切になるだろう。しかし「対等の友好」どころか、戦争中の大東亜共栄圏は「同文同種」という虚妄のうえに構築されたまやかしであって、他者を他者として認識することができなかった。日本側の本質的な誤謬である。堀田は、このことを繰り返し語った。『歴史』『時間』『上海にて』から言える堀田の中国観は、まず彼自身の思想の根底をかたちづくったものであり、日本の誤謬を反省し謝罪すること、また何よりも中国は異文化の他者であることを理解すべきだということであった。

グローバル時代の戦争の語り方

以上のように『時間』を分析し、堀田の中国観を確認したうえで、最後に東アジアの戦争をどのように語るかということに触れておきたい。

『時間』では、他者からの、外部からの視線を導入して戦争を立体的に見ようとしていたことを確認した。自己語りに終始するのは、自尊感情に従って集団的なアイデンティティを確立し強化する欲望によるものだが、たとえば二〇一三年八月十五日『朝日新聞』の社説「戦後68年と近隣外交　内向き思考を抜けだそう」では、「内向き思考」を抜け出すものとして堀田の『上海にて』が引用されていた。そこでは「終戦の詔勅」を聞いて「怒りとも悲しみともなんともつかぬものに身がふるえた」という堀田自身の感想が特筆されている。当時、堀田のまわりには、日本に協力的な親日的中国人が何人もいた。だから堀田は、天皇が日本への協力者について何というか、そればかり注意して聞いていたという。しかし天皇は「遺憾ノ意ヲ表セサルヲ得ス」と述べるだけで、あとは「おれが、おれが、おれの忠良なる臣民が、それが可愛い」というだけのことだった。大東亜共栄圏の理念を掲げていたにもかかわらず、敗戦とともにアジアを断ち切ってしまって「遺憾ノ意ヲ表セサルヲ得ス」という天皇の宣言を、堀田は怒りをこめて「薄情」「エゴイズム」と述べているが、小説「漢奸」で描いたことも日本の「エゴイズム」そのものだったと言える。
アジアを断ち切った天皇――日本の「エゴイズム」とは異なり、見てきたように、堀田の視線は遠くまで届いている。それは、堀田が敗戦時に国家や政治の暗部を見せつけられた上海にいたことによって獲得できた視線だった。「終戦の詔勅」のように国内問題として処理するのではなく、他国との関係のうえに見出さざるを得ない視線であったとも言えるであろう。その意味で、キャロル・グラックが「安倍政権と戦争の記憶」(『朝日新聞』二〇一三年八月二十日)で述べていることは興味深い。キャロル・グラックはここで「グローバル記憶文化」という概念を提唱している。すなわち、この二十年ほどで、戦争の記憶に関する「グローバル記憶文化」と呼ぶべきものが生まれたというのである。それは、国家の過去の行為に関する新しい国際規範だという。一九五〇年代には、各国の首脳は戦争責任について謝罪することはなかった。しかし、ヨーロッパでEUが創設される過程でホロコーストがヨーロッパ共通の記憶となったことから、新しい記憶文化が生じているという。その新しい規範が東アジアにも広がり、日米関係に支えられていた日本は、冷戦崩壊後、アジアと向き合うことを余儀なくされて戦争の記憶に対処しなければならなくなった。これは世界的な「新しい常識」であり、国内政治として扱おうとしてもそれとは別の国際環境が存在し、米国下院の慰安婦問題非難決議もその流れのなかに位置するという。

ここで言われている「グローバル記憶文化」は、国内的にはつじつまを合わせることができても国際的には許されない戦争の記憶を意味している。ホロコースト、南京大虐殺、従軍慰安婦問題などがあげられるが、むろん原爆投下もここに含めるべきであろう。冒頭で見た「ヨーコ物語」は、原著が出た一九八六年には問題とならず、二十年経過した二〇〇六年に論争となった。日米間で享受されていた物語が日米以外にも開かれて植民地問題が前景化してきた文脈が背景にある。「ヨーコ物語」に限らず「グローバル記憶文化」としての引揚げ問題が論じられることも遠くはないだろう。[12] 戦争や植民地帝国主義によって多くの人々が移動した（させられた）痕跡を辿るなら新たな記憶の相貌が明らかになるのではないか。あるいは、戦後文学が克明に描いた第二次世界大戦だけでなく、戦後アジアに関していえば、朝鮮戦争やヴェツナム戦争の記憶も早晩俎上に載るに違いない。「グローバル記憶文化」として、今後どのような記憶がここに登録されていくのか、またそれは誰が認定するのか、注視する必要があるだろう。

一九九〇年代以降、日本では、冷戦崩壊と「失われた十年」と呼ばれた景気悪化による国力低下の代償として狭隘なナショナリズムが高揚し、侵略戦争を自虐史観だと言いくるめる自尊史観が増幅した。現在もそれは続いていて内向きの国内的な自閉の様相を呈している。しかし、今後、右のような「グローバル記憶文化」の観点から戦争が語られるようになるのであれば――おそらく、そうなることが予測される――、自閉的な内向きの国内議論はますます錯誤的なものとなるだろう。自閉せずにどのように語っていくか、東アジアの戦争の記憶を考えるとき、それは重要かつ困難な問題となる。なぜなら東アジアの戦争の記憶はいまも終わらないからである。それは冒頭で触れたような「ヨーコ物語」の語り方への違和感にも表出しているし、近年の日本での、村山談話や河野談話を否定する従軍慰安婦問題や侵略戦争否定論にも通じてくる。堀田は『上海にて』で、将来、国交回復後の中日両国間で想像できないような危機が生じるのではないかと予測していた。それは、現在の両国の関係をみれば、残念ながら正しい予測であったと思われてならない。集団的アイデンティティの確保のために国家や民族のレベルで語ろうとする欲望は、いつでもどこでも強いけれども、「コモン」（共同性）を構築するためには、他者からの視線を導入し、被害と加害が重なり合うことで截然と峻別することのできない個々の事象を丁寧に解きほぐしていく必要がある。そのとき、中国を描いた堀田の作品は大きな示唆を与えてくれるに違いない。

注

（1）「ヨーコ物語」の原書は一九八六年に米国で刊行され、日本では『竹林はるか遠く　日本人少女ヨーコの戦争体験記』（ヨーコ・カワシマ・ワトキンズ著／監訳、都竹恵子訳）と題されてハート出版から二〇一三年七月十九日に発行された。著者は米国在住のヨーコ・カワシマ・ワトキンズ。一九三三年青森生まれ。父が満鉄に勤務していた関係で、幼少期を朝鮮北部の羅南で過ごしたという。日本語訳を読むと、この家庭がいかに羅南で恵まれていたか、共産主義者に対する反感がいかに強かったかということが分かる。主人公が努力家であることは間違いないが、植民地支配への視点はない。内容が反共的であったために米国で歓迎されたのではないだろうか。一九八六年といえば、ソ連ではペレストロイカが進行中ではあったものの、まだ冷戦下であった。この作品が引き起こした波紋については、辛炯基「帰還の物語を再読する」および米山リサ「日本植民地主義の歴史記憶とアメリカ」（小森陽一・崔元植・朴裕河・金哲編著『東アジア歴史認識論争のメタヒストリー』青弓社、二〇〇八年）が詳細に論じている。なお、ヨーコ・カワシマ・ワトキンズと一歳違いで、一九三二年に旧満洲の鉄嶺で生まれた藤森節子の著書『少女たちの植民地　関東州の記憶から』（平凡社ライブラリー、二〇一三年）では、子供の頃の懐かしい記憶を懐かしさそのままに語ることの困難についてこのように語っている。「敗戦時国外にいた民間の日本人は、ほぼ三百三十万人だったという。引揚げ者といえば、まず満蒙開拓団の人々の味わった痛苦に満ちた場合を思わずにはおられない。

けれども、歴史には他の側面があることを記憶しておきたいと思う。それは、たとえ特別に書きたてるほどのことが目には見えなかったにしても、他国の人々を圧迫することの構造の上に成り立っていたという側面だ」（一二頁）。旧満洲や朝鮮半島で暮らしていたヨーコ・カワシマ・ワトキンズや藤森節子らの家族が堅実な生活を実現していく基本的財源をもつことができたのは、ほかでもない植民地であったからだということである。このふたりは、ほぼ同じ年齢の女性でともに植民地で育っているにもかかわらず、ヨーコ・カワシマ・ワトキンズに植民地の視点が抜け落ちているのはなぜなのか。たとえば、引揚げ作品としてよく知られている藤原ていの『流れる星は生きている』（日比谷出版社、一九四九年）にも、同じように植民地の視点はない。敗戦後の生活再建に苦闘していた一九四九年の段階ではそのような視点を養うことは困難であったかもしれない。ヨーコ・カワシマ・ワトキンズは、朝鮮半島から日本に引揚げてきたあとは京都市で苦学して大学を卒業、米軍基地で通訳として勤務ののち、結婚して渡米した経歴を持つとのことである。戦後を米国で過ごしたことがその認識形成に関与したのではないかと推察される。
（2）たとえば、一九四九年に刊行された『きけわだつみのこえ』は戦後平和運動の精神的な源泉となった「日本戦没者学生の手記」として岩波文庫で現在も版を重ねている。あるいは、永井隆『この子を残して』（大日本雄弁会講談社、一九四八年）、『この果てに君ある如く　全国未亡人の短歌・手記』（中央公論社、一九五〇年）、植村環ほか編『いとし子と耐えてゆかむ』（主婦之友社、一九五二年）など、戦争で苦しんだ体験が多くの手記として刊行された。これらは、反戦平和の論調を高めるのに効果的であったが、被害の観点に力点が置かれて日本の加害側面には及んでいない。塗炭の苦しみをなめた経験からすれば無理のないことかもしれないが、戦後文学の特徴は、武田泰淳「審判」（『批評』一九四七年四月）や野間宏「顔の中の赤い月」（『綜合文化』一九四七年八月）などが、早くから被害以上に加害面をテーマにしていたことがあげられる。
（3）堀田の上海を扱った小説については、矢崎彰「堀田善衞――上海から被占領下の日本へ」（『文学』二〇〇三年九・十月号、岩波書店）が特に『歴史』を取り上げて、国家と個人との関係や、中国を題材にしながら日本を描く堀田の戦後の出発について論じている。また、黒田大河「堀田善衞と上海――「祖国喪失」と「無国籍」のあいだで」（『日本近代文学』第八十一集、二〇〇九年十一月）が横光利一「上海」を参照しながら「祖国喪失」「歯車」を取り上げて論じている。
（4）堀田善衞「時間――わが小説」。朝日新聞社学芸部編『わが小説』（雪華社、一九六二年）所収。朝日新聞に連載された「わが小説」を一冊にまとめた本書は、一四〇人の作家が自分の作品で一番心引かれている小説について語ったもの。本書解説によれば、連載は一四三回にわたったが、幸田文、庄野潤三、中野重治の文章は単行本化のさいに承諾が得られず一四〇人になったという。中野重治が書いたのは「「春さきの風」「五勺の酒」の線――わが小説」（全集第二十二巻収録）で、今後「春さきの風」「五勺の酒」「写しもの」の線で書いていきたいと語り、新聞掲載のさいのタイトルは「若く素直だったころ――わが小説」であった。
（5）『時間』の中国語訳は、一九八九年に安徽文芸出版社から王之英、王小岐の翻訳で出版されている。タイトルは『血染金陵』で、金陵とは南京の古称である。血染めの金陵というタイトルは、南京虐殺事件がいかに残虐なできごとであったかを想像させるタイトルであろう。清華大学の王中忱教授によれば、中国では、この作品は大衆小説として受け取られたということであった。堀田の作品が大衆小説というのは意外であったが、日本での受容と中国での受容は、どうも異なるようである。残虐さを描いただけの一面的な評価で翻訳されたのかどうか、精査しなければ分からないが、タイトル『時間』がなぜ『血染金陵』となったのか、訳文はどのようなニュアンスでなされているのか、などは今後の検討課題としたい。なお、この中国語訳の存在については、清華大学大学院生の曾嶸氏のご教示による。
（6）堀田善衞と佐々木基一による創作対談「日本・革命・人間」（『新日本文学』一九五五年六月号）によれば、「楽屋話」として披露しているが『時間』の日記の日付は、堀田が実際に書いていた日付であるらしい。作品では一九三七年だが、実際には一九五四年にこの日付で執筆していたということである。
（7）孫歌『アジアを語ることのジレンマ』（岩波書店、二〇〇二年）所収。本論文では「感情の記憶の喪失は、歴史から緊張感と複雑性を奪い、これを統計学で代替できるような死んだ知識に変えてしまう。そして、正にこのような死んだ知識こそ、現時の政治やイデオロギーにたやすく利用されてしまう」と、「感情の記憶の喪失」のマイナス面について述べる一方、「単純な民族感情に拠るのみでは決して複雑な国際政治関係に立ち向かうことはできないし、また生きた歴史に有効な形で参与することもできない」と述べて単純な民族感情の不十分さについても論じられている。ここで論じられている「感情の記憶」は、歴史のみならず文学を論じるときにも重要な要因であることは言うまでもない。
（8）堀田善衞の作品にあらわれた諜報活動については、前掲矢崎彰「堀田善衞――上海から被占領下の日本へ」が『歯車』の女性スパイ陳秋瑾の語る非情な諜報活動について触れている。
（9）『時間』と『歴史』を並べて論じることと同様に、『時間』は同時期に執筆されていた、一九一八年のシベリア出兵と米騒動を題材とする『夜の森』（講談社、一九五五年）とあわせて論じることも可能である。『時間』も『夜の森』もともに日記体の小説であるが、同じ日記体だとしても二作はまるで異なる様相を呈している。『夜の森』はシベリア出兵に従軍した庶民のひとり巣山忠三という兵卒の日記で、敵を「露助」と呼び残酷に殺すことに快感を覚える様子が書かれている。だが、巣山は花巻通訳の影響で、次第に社会や人生の問題に目覚めていく。巣山の人間的成長が描かれた、すぐれた軍隊小説だが、庶民の日記という体裁のため、叙述はあっけらかんとして苦悩がない。他方、『時間』は中国人知識人陳英諦の日記であり、こちらのほうは妻子を殺され、重苦しくて思弁的で観念的な叙述となっている。前掲の堀田善衞と佐々木基一による創作対談「日本・革命・人間（『新日本文学』一九五五年六月号）によれば、堀田自身、『夜の森』は『時間』とともに一つの作品であり、フォークナーの『野生の棕櫚』のように一章一章交互にしようかと考えていたという。この二作品を同じひとつの作品と考えていたという証言は、シベリア出兵と南京虐殺事件を取り上げて、庶民兵士と知識人市民がそれぞれどのように戦争に関わったかをテーマとしていることからくるのだろう。
（10）「敗戦」を「終戦」と言いくるめる支配層については、白井聡『永続敗戦論』（太田出版、二〇一三年）が戦後日本を規定するあり方として論じている「敗戦」認識が参考になるだろう。「敗戦の帰結としての政治・経済・軍事的な意味での直接的な対米従属構造が永続化される一方で、敗戦そのものを認識において巧みに隠蔽する（＝それを否認する）という日本人の大部分の歴史認識・歴史的意識の構造が変化していない、という意味で敗戦は二重化された構造をなしつつ継続している。無論、この二側面は補完する関係にある。敗戦を否認しているがゆえに、際限のない対米従属を続けなければならず、深い対米従属を続けている限り、敗戦を否認し続けることができる」。著者は、このような状況を「永続敗戦」と呼んで、戦後日本の対米従属構造の特質を言い当てているのである。すなわち、「永続敗戦」とは、「戦後民主主義」を否定的に扱い「戦前的価値観への共感を隠さない政治勢力」が、国内およびアジアに対しては敗戦を否認し、他方、米国に対しては敗北すなわち「卑屈な臣従」を続ける構造のことで、「敗戦を否認するがゆえに敗北が無期限に続く」構造であるという。
(11) 一点だけあげておくと、『歴史』には、もとマルクス主義者で転向した、陸軍の特務機関と関連深い貿易商人左林という人物が出てくるが、彼は重慶軍政部の高官である羅紹良を相手とした対敵貿易をおこなっていて、主人公の竜田はこの左林のしたで働いている。『上海にて』には、実は特務機関である国民党調査統計局ボスの戴笠が、中美合作社（SACO）という、アメリカの特務機関であるOSSとの合作機関の主要メンバーであり、戦時中、対敵貿易をおこなっていたということが出てくる。特務機関や対敵貿易のことだけでなく『上海にて』で回想されることは『歴史』でもさまざまなエピソードとして出てくる。
(12) 引揚げ問題については、朴裕河「「引揚げ文学」に耳を傾ける」（『立命館言語文化研究』二十四巻四号、二〇一三年）が詳細に論じている。また、成田龍一『「戦争経験」の戦後史』（岩波書店、二〇一〇年）が、戦後直後の「体験」としての「引揚げ」と「抑留」が、一九七〇年前後になると、一九六五年の日韓基本条約、一九七二年の日中共同宣言、同年の沖縄の施政権返還などによって新たな語り方に変化していき、一九八〇年代から九〇年代には中国に残留した「引揚げ」の未帰還者の問題が出てくると指摘している。

付記

『時間』本文引用のページ数は、単行本『時間』（新潮社、一九五五年）による。なお、本稿は二〇一三年九月における国際会議「一九世紀以降の東アジアの変容する秩序」での発表をもとにして二〇一四年一月に執筆したものである。従って『時間』を取り上げて掘田の中国体験を論じている彦坂諦『文学をとおして戦争と人間を考える』（れんが書房新社、二〇一四年十月）、『時間』を論じながら自らの父親の従軍体験を織りまぜて南京虐殺を描く辺見庸の『1★9★3★7（イクミナ）』（金曜日、二〇一五年十月）には言及していない。

11．友好の井戸を掘る
辻井喬のしごと

成田龍一

はじめに

佐高信『友好の井戸を掘った人たち』（二〇一三年）は、保利茂、松村謙三、石橋湛山、三木武夫、田中角栄、大平正芳、伊東正芳といった自民党の政治家たちや社会党党首であった村山富市の名を挙げ、日中関係――日中国交正常化に尽くした「良質保守」の足跡を明らかにした著作である。主として自民党の「党人派の政治家」たちへの着眼であり、佐高は「保守の別の道」を日中関係のなかに探ったという。

本稿のタイトルは、この佐高の著作から借りている。東アジアにおける秩序、新たな「コモン」（共同性）という観点からは、佐高の著作に対して二通りの評価が可能である。①石橋湛山、田中角栄を除き、あまり関心がはらわれてこなかった「良質保守」の政治家たちを想起させたということと、②革新の側の議論がふるわず、「良質保守」に可能性を求めるまでに、状況が厳しくなっているということである。

ここで①の観点を補足しておけば、中国との友好を築いてきた人たちは、佐高が挙げた人びとのほか、さらに実業界の高碕達之助、藤山愛一郎、岡崎嘉平太、水野成夫、また、文化人として中島健蔵、団伊久磨、井上靖、水上勉、北村和夫、篠田正浩、その他の人びとの名前を追加することができよう。日中文化交流協会で尽力した白土吾夫《しらとのりお》もいる。いずれも、日中友好の議論とともにその実効性を図り、日中間の実践的なパイプを作り上げようとした人びとである。

本稿では、そうしたひとりとして、辻井喬のしごとを紹介したい。

さまざまな辻井喬

辻井喬はペンネームであり、本名は堤清二（一九二七―二〇一三）。西武流通グループ代表、セゾングループ代表などを歴任する実業家であると同時に、小説家、詩人としても知られている。辻井は、政治家で実業家の堤康次郎の妾の子として生まれ、父親との確執、異母兄弟たちとの関係（そのひとりの弟は、元西武鉄道会長の堤義明）に悩む生涯を送っている。

簡単な略歴を記しておくと、辻井は東京大学経済学部に入学後、日本共産党に入党し学生運動に携わるが、共産党の分裂のなかで除名される。その直後に結核になり共産党と運動の双方から離脱し、いわゆる「転向」の経験をもつ。

一九五一年に大学を卒業、衆議院議長だった父・康次郎の秘書をへて、一九五四年に西武百貨店に入社。翌年から取締役店長となる。一九六四年、康次郎死去後は、西武グループ総帥を異母弟の堤義明が継ぐなか（鉄道と野球、プリンスホテルは、西武グループの本流であった）、辻井は流通部門を継ぎ、スーパーマーケット・西友を展開し、業績を拡大する。とくに百貨店に力を入れ、日本の都市機能の欠落を百貨店が担うとした。東京・池袋を拠点としたが、東京・渋谷店も一九六八年にオープンさせた。さらに、一九七二年にはパルコも開設する。パルコでは、西武劇場（パルコ劇場）など、文化事業参加をおこなった。

こうして、辻井は西武流通グループ（のち、セゾングループ）を作り上げる。セゾングループは、基幹グループのもとに約一〇〇社が参加し、ホテル経営、リゾート開発、美術館経営をはじめ、DCブランドの開発、無印良品の事業など、手広い活動をする。とくに若者文化やアートに目を向けた「文化戦略」をとり「感性の経営」をおこない、「不思議、大好き。」「おいしい生活。」（糸井重里）などのキャッチコピーを生みだした。また、池袋の西武百貨店にセゾンの文化拠点として「セゾン美術館」（西武美術館、一九七五年）を併設し、現代アートを展示する。

さらに、一九七五年に大型書店のリブロ（西武ブックセンター）、アート系書店で美術品も扱うアール・ヴィヴァン（ニューアート西武）を経営するほか、パルコ出版やリブロポートといった出版活動、シネセゾンによって映画にもかかわり、一九八〇年代には雑誌も刊行した。しかし、バブル崩壊による百貨店、スーパー離れのなかで、代表を辞任（一九九一年）、二〇〇一年に、セゾングループは解散した。

このかん、一九五四年には、詩集『不確かな朝』を発表し、一九六九年には、小説『彷徨の季節の中で』を発表するなど、文筆活動もおこなう。主要な著作として、『彷徨の季節の中で』（一九六九年）、『いつもと同じ春』（一九八三年）、『暗夜遍歴』（一九八七年）の自伝三部作に加え、『遠い花火』（二〇〇九年）という半自伝的小説、『叙情と闘争　辻井喬＋堤清二回顧録』（二〇〇九年）という回想録が書かれた。堤清二の名前で、『消費社会批判』（一九九六年）も刊行した。辻井の作品は中国語にも翻訳され、『辻井喬選集』（全五巻）が刊行されている。

このように、辻井喬は実業家であり、文化産業に目を向けるとともに、文芸の実作者でもあった。そのため、政財界の要人たちとともに、文化人にも人脈をもつ。

辻井は、履歴とともにその内面も相当に複雑である。「辻井喬＋堤清二回顧録」との副題をもつ『叙情と闘争』（二〇〇九年）は、冒頭、父親の堤康次郎の随員としてアメリカにわたり、マッカーサーやアイゼンハワーと会ったときのことから書き起こされている。一九五九年のことであった。

先にふれたように、辻井は学生時代に政治活動をおこない、占領政策に反対していたが活動から離れ、いまや、かつて敵対していたはずのアメリカの大統領に会っている場面の回想である。その経験を、辻井は「転向などしていないと内心叫ぶように確かめている自分への紛れもない背信であった」と厳しく記している。

辻井は、「二重の裏切り」を自覚していた。第一は、父親に従うことによって、反対運動に立ち上がった人びとを裏切ったこと、第二には「敗北感」が広がるなか、「僕自身が傷を負わなかったことで僕自身を裏切っていた」こと、である。自己の内面を厳しく見つめているが、辻井にとっては、「喪失」「不安」の感覚が基調となっている。近代人としての「故郷喪失者」を自覚し、戦前型の転向――故郷への傾斜・村への心情・日本的なものへの同化――とは別種の転向の感覚である。

とともに、ここに見られる辻井の思考は、ことあるごとに反復され、辻井の精神の核となっている。辻井が、さまざまな遍歴を有しながら、〈いま〉にも適応し影響力をもつ根源がここに見られると思う。

知識人という観点から、以上のことを述べなおしてみると、①辻井は、戦争の時代をくぐり抜け、そこを根拠にしているという意味で「戦後知識人」であるが、②二十一世紀の〈いま〉にも発言を求められる、「現代知識人」の側面をあわせもっている。そして、③実業家にして文化人であり、文化人にして政治や財界にも影響力を有していた。詩人で経済人という存在がないではない。政治家としての文筆家もいる。しかし、双方が浸透しあっていたところに辻井喬の特徴があった。

それぞれ、いくらか補足しておこう。①については、『彷徨の季節の中で』で、学徒出陣で戦死した学生たちの手記（『きけわだつみの声』）に言及して、「戦争がもう一年続けば私も同じような手記を書いたかもしれない」と述べる。しかし、複雑な家の問題を抱えている主人公「津村」は、ただちに、いや「一体誰に向かって遺書を書けばよかったろう」と思いなおす。アジア・太平洋戦争のさなかに学生である津村は、「当時戦争と死に憧れていた私は、それだけ余計にこの本を少しずつしか読めなかった」と述懐するのである。戦争が、津村の精神を根底から規定しているが、これは辻井の心情をそのまま現していよう。

同時に、辻井は戦後への違和感も隠していない。『きけわだつみの声』を眼の前にした女性に対し、辻井は「虚しさの蔭も知らない少女は、「ロマンチックだわあ」とでも言いたげにこの本を読もうとしている」と記した。戦時にこだわり抜くがゆえに、戦後に対しても距離があった。このことが、戦後「革命」に身をゆだねることに重なってくるのである。
②については、日本の「戦後知識人」が、これまでいく度かの危機を有していたこととの関連で考えられる必要がある。その時期とは、一九六八年に学生たちによって戦後が問われた時期であり、八〇年代に戦後が失速した時期であり、グローバリゼーションで戦後が一掃される〈いま〉である。しかし、この時期を柔軟にくぐり抜け、〈いま〉においても発言力をもつ知識人たちがいる。
ここでいうところの「現代知識人」である。大江健三郎、井上ひさし、加藤周一といった一群の人たちであるが、こうした「現代知識人」たちとの共通性が辻井喬には見られるのである。実際、辻井喬は、晩年にも政治・社会についての発言をおこなっていた。

彼らとあわせ、辻井喬は「戦後知識人」であり、かつ「現代知識人」であるといいうる。時間の流れに耐えうる「良質」性を有した知識人である。辻井のばあい、「良質」性は、生涯を通じて何回か繰り返される自己の総括の真摯さに起因しているように思われる。

辻井喬の肖像——小説『彷徨の季節の中で』(一九六九年)

小説『彷徨の季節の中で』(一九六九年)は、こうした辻井喬による自己の総括のひとつである。冒頭に、「生い立ちについて、私が受けた侮蔑」は人間の辛さのひとつとするが、自らの「懐かしい思い出」もいつも「人間関係の亀裂」を含んでいたと記される。他方、歴史的背景として、「戦争」が広がり、つづけて「世の中の変革」の時代があった。自身は「革命」を志向するが、「私のなかに、私の裏切りと私への裏切りについて、想いを巡らさなければならない部分があった」と、書きつけている。

『彷徨の季節の中で』でカギになるのは、「転向」と「生活」の用語と概念だが、どちらの用語・概念も二重性、三重性を含んで用いられて決して単純ではない。前者の「転向」は、①組織からの除名、②組織からの離脱、③政治運動からの離脱を意味しており、後者の「生活」もまた、①観念に対抗する概念(A)、②離脱すべき「小市民性」(B)、③自己の根拠とすべきもの(C)として使用されている。また、生活と生活者とが区別して使用され、生活者にも二重、三重の意味を込め論じている。自己を考察する辻井の眼は複眼的であり、仔細な手続きをおこなっているのである。

一例をあげてみよう。主人公の「津村《つむら》甫《はじめ》」は、社会科学(=マルクス主義)を手がかりに「父の世界」から脱却しようとする。いかにも「戦後知識人」らしい発想である。だが、ここで同時に求められているのは「生活」であった。「私は早く生活を始めなければならないのだ」「群衆の中にあって父と闘い、生活をしながら父を打ち負かす方法はないものか」「体系を持った思想、生活…」を求めると、『彷徨の季節の中で』では記されている。

この認識は、社会運動の活動家たちの空疎さと対になっている。活動家たちには「生活の影の一片の翳りもない」と、津村は違和感を表明するが（A）、すぐに津村自身が活動家になり、こんどは「生活」の変革を主張していくのである（B）。だが、そこで行き詰った津村は、「生活者」に出会い、あらたに「生活」を根拠とする道を探っていき（C）、この過程が『彷徨の季節の中で』の大きな話の流れをつくりだしている。

これは恋愛問題も同様で、津村は恋愛に「心の拠り所」を求めようとするが、恋人からは（活動家として）「同志」であることを要求される。このとき、津村は「家のことには目をつぶって、大学の中だけで革命を論じている自分の姿にぶつかった。いつのまにか生活者としての如才なさに染まっているように思えてきて、私は自らを嫌悪した」と思い、「自分を変革しなければならないと悟った」とする（A・B）。

だが、さまざまな出来事が重なり、政治運動を離脱するなか、津村はあらゆるものからの「隔絶」「敗北感」を感じ、「脱落者」の意識をもつ。そして、「自然にひそんでいるものの沈黙の声」「ささやかな無数の声の海」を聞き、あらたな「生活」の発見に赴く（C）に至る。「自由労務者の峰岸だけが、心の休まる存在」と、『彷徨の季節の中で』の末尾には記されることとなる。


私はもう一度生活をしている人々の中に出てみようと考えていた。入ろうとして遂に入れなかった群衆の中へ、今度は誰にも頼らず誰とも組まず全く自分だけの力で歩いて行こうと自分を励ましていた。

かくして、『彷徨の季節の中で』において「私の裏切り／私への裏切り」の瘡蓋をはがす営みが、いくつもの二重性の概念の束のもとで行われる。こうした内省的な知識人として、辻井喬は自己を語っていた。

辻井喬の中国

こうした辻井喬は、中国への関心を有している。このことは、見過ごされてはならないことであろう。中国への関心の由来を作品に記してはいないが、辻井は、内省的に歴史に照らしながら日本の過去を見据え、中国に関心を寄せて行ったと推測し得る。「戦後知識人」として戦争に対する深い反省が、中国への関心となって現われてくる。核になるのは、日中関係である。戦前・戦時において、非対称的な関係として展開された日中関係を相互関係として再認識し、そのためのあらたな関係性を考察し、手順と方策、具体的な実践を試みるのである。

二〇一二年までに、辻井の訪中は二十九回に及ぶ。最初の中国訪問は、一九七三年九月であり、一九九〇年以降は毎年のように訪中している。中国への言及も、一九七五年以降は日本中国文化交流協会の機関誌『日中文化交流』に多く執筆し、日本中国文化交流協会のなかでの行動が目立つ。二〇〇四年四月には日本中国文化交流協会・会長に就任しており、中国とのあいだに人的交流をもち、文化交流を通じて、日中関係の新展開を実践している。

辻井が中国に関し最初に発言したのは、『日中文化交流』（一九七五年一月）のインタヴューにおいてであり、一九七三年の訪中時の印象を語る（「壮大な実験　第三世界の論理」）。

ここでは、①「中国を訪れるということは、日本の現代に照明をあてるということ」との認識を示す。そのうえで、②北京市民が「みな一人一人が歴史的な時間のなかで生きている表情」をしており、「農民の顔をした市民」という「生活のリアリティ」をもつとした。

そして、③中国に対し「世界史の中で、まったく初めての壮大な実験をこころみている」という。これは、中国の政策に関心を示すとともに、現時の日本への批判となっている。高度成長一辺倒の日本への批判を、中国をみることによって確信している。同時に、④「今、日本にとって必要なのは〝親中国派〟よりも〝知中国派〟ではないかと思います」と「相互理解」の必要を強調する。

そのとき、辻井は「文化やスポーツの相互の交流」をいう。また、魯迅にも言及し、「彼の精神をほんとうに理解していたら、もっとちがった文化運動が日本に生じていたであろう」ともいう。

この姿勢が、基本的に後年に至るまで、辻井のなかで継続されている。「文化交流は平和の礎」（『日中文化交流』二〇〇四年一月）で、「私たちは中国の長く深い文化の歴史のなかから、今日の産業社会の欠陥を乗り越える知を発見することができると期待しています。また私たちの本来の文化の中には平和への知が蔵《しま》われていることを知っています。国際社会が荒れ果てている今日、日中の文化交流が果たすべき役割は世界的に見て極めて大きなものがあるに違いありません」と述べるのである。

「日中関係の現状についての私見」（『日中文化交流』二〇〇五年五月）では、おりからの「反日運動」にふれ、「この運動の背景には、かつてのわが国の近隣諸国への侵攻、植民地化という歴史的事実を、一部の指導者が敢えて無視しようとする態度を続けていることがあると思います」とする。

日中を論じる際に、日本政府に対する批判的な姿勢、日本の過去に対する批判的な認識を一貫して崩していない。そして、その視点から一方で、相互理解に基づく交流を図り、他方で、目の前に生起する政治的出来事に対応する。そのため、「8月15日、小泉首相が靖国神社に参拝されたことはまことに残念である」（『日中文化交流』二〇〇六年九月）といい、「日本が中国に対して犯した罪」（『日中文化交流』二〇〇七年）についてたえず、書き記すこととなる。

「平和友好の王道を」(『日中文化交流』二〇〇七年一月)として、「日中関係を歴史の中で考えれば、かつて我国がいち早く工業化に成功した列強の真似をして中国を侵略したという事実を覆い隠すことはできない」と述べる。このときは、おりしも第一次安倍晋三内閣の時期であり、安倍首相の姿勢にくぎを刺している。また、憲法をその根拠として持ち出してくる。


辻井はここでも「戦後知識人」として位置しているということがいえよう。とともに、辻井は経済人として、「欧米流の市場経済の欠陥」(『日中文化交流』二〇〇九年)をいい、「現代知識人」として、グローバリゼーションに対して批判的に向き合っている。消費社会としての現代日本社会に目を向けるがゆえに、日本社会と現代政治の変質に対して敏感に対応し批判の言辞を展開していく。

こうした辻井の中国への関与は、複数の回路をもつ。まずは、①小説によってである。とくに、『風の生涯』(二〇〇〇年)、『茜色の空』(二〇一〇年)では、主人公たちが中国体験により大きく変化したことを叙述する。たとえば、前者に関わり、「水野成夫の人間形成が、中国革命の歴史と深くかかわっていた」(『日中文化交流』一九九九年九月)と述べている。
②文化事業の面から、展覧会の開催(中華人民共和国魯迅展、出土文物展、シルクロードの都 長安の秘宝展)、そして、③実業の面からは、「物産展」の開催、その他をおこなっている。さらに、④日中文化交流協会を介して、さまざまな人脈を有す。
辻井は財界人として活動するなか、政界にも人脈をもつが、多面的な活動と回路により、多重・多層な活動と議論をしており、日中関係にとってみのがせない。

辻井喬の主張――『茜色の空』（二〇一〇年）をめぐって

文芸の世界においても、辻井喬の中国への関心がみられる。たとえば、『桃幻記』（二〇〇三年）は、中国の民衆生活に素材を探った短編小説集である。表題作を含め八篇の作品が収められているが、「自分が体験した事柄をもとに、いわば触った中国を描きたいと思った」（「あとがき」）と述べている。そして、「中国を訪れることが回を増せば増すほど社会の重層性とでも言う他はない奥行きの深さが私の前に姿を現わして来た」と続ける。

そして、あわせて辻井は、「我が国の大衆社会が戦争の時のこと、その頃日本がやったこと、先輩たちが体験した困苦をもうすっかり忘れてしまったように思えること」に想いをめぐらしてもいる。

他方、さきに記したように、水野成夫をモデルとした『風の生涯』（二〇〇〇年）とともに、『茜色の空』（二〇一〇年）に、辻井の中国への関心の深さがうかがえる。

ここでは、こうした辻井の中国に言及した小説のなかから『茜色の空』を取り上げてみよう。『茜色の空』は大平正芳伝であり、日中国交回復を実務面で支えた大平へ目が注がれている。参考文献を駆使し、信頼性の高いものとなっているが、大平という人物に焦点を当て、政策の評価とともに、大平の政治に対する姿勢に重きを置いた叙述がなされる。問題を発見する視線、実務を重んずる姿勢、筋を通す態度、現場主義を大平に見出し、その点を評価した作品である。

この『茜色の空』で辻井は、大平が若い時分に、中国人留学生と知己を得て強い影響を受け、一九三九年から興亜院に勤務し中国での生活を体験し、その後も頻繁に中国へ行き、大きな影響を中国から受けたことを強調する。興亜院時代の大平の評価は緩やかに過ぎる感はあるが、あらためて日中友好に関し大平への着目がはじまっているなかで、周恩来とあわせその再評価を迫る作品であった。

とともに、『茜色の空』は辻井による戦後保守政党史でもあり、五五年体制の確立や六〇年安保をはじめ、節々の歴史的な出来事も書きこまれている。人物に焦点を当て、政策の評価とともに、政治に対する姿勢に重きを置いた叙述がなされるが、折々の歴史的な出来事への辻井の見解を知ることができる。

たとえば、安保闘争と岸信介の対応にページ数を割くが、（岸内閣に代わる）池田勇人内閣の出発に、三井三池炭鉱問題の解決を置くなど、辻井の歴史観が提示されている。沖縄返還の際の「密約」にかかわっての西山事件も、「国民の知る権利」の要素を入れながら論述している。あるいは、ロッキード事件をめぐり、田中角栄への微妙な評価も記され、田中の逮捕は大平にとり「辛い出来事」であるが、しかし、田中には「公私の区別」がついていないとの評価を下している。

こうした政治史的な観点から、『茜色の空』は岸信介と吉田茂の確執を描くとともに池田勇人の政治姿勢を評価し、岸信介‐福田赳夫への批判を展開した。

従来の政治史の理解は、吉田茂につらなる保守本流ラインを軸とし、池田勇人‐佐藤栄作をその延長で把握してきた。それに対し、辻井は、佐藤栄作を池田路線ではなく、「旧岸派の路線を押し出してきている」と把握する。これは注目してよい観点である。

というのは、おりしも『茜色の空』執筆時における二〇〇〇年代後半の日本の政治は、安倍晋三‐福田康夫という岸信介‐福田赳夫と同じ系譜となっていた。すなわち、自民党の変容が本格化しはじめており、そうしたなかで、辻井はあらためて、かつての保守本流のありようを描いてみせた。大平正芳を軸とした「良質保守」の可能性を追究する営みとなっている。

現時の日本政府――第二次から第四次に及ぶ安倍晋三内閣は岸信介の系譜の復権だが、岸派を批判し、かつ対米従属であった吉田茂の路線でもないあり方が探られる必要があろう。辻井はこうした状況をにらみながら、問題提起をおこなっていたといえる。大平正芳の評伝の体裁をとりながら、現時の政治への危惧——メッセージを発していた。

辻井喬は、実業家としての行動力と小説家・詩人としての感性、リアリズムとロマンティシズム、観察力と物語力をあわせもち、実業的思考と文人的思考の双方に軸足を有していた。歴史性をもった認識‐議論‐提言とともに、それを効果的に実践するすべを熟知する行動の人であった。そして、組織の表と裏、文化の力と無力、そして政治のもつ非情さをよく知ってもいた。

あらたな日中関係に向けて、辻井は日中文化交流協会を通じて、現状と打開策、危機打開の実践をおこない、人的交流を実践していっていた。「新世紀の日中関係への展望」（『世界』二〇一二年十月）では、憲法第九条の活用をいい、「入亜脱従属」を主張する。「また、日中間の問題について」（『日中文化交流』二〇一二年十月）では、「このような不幸な状態がもたらされてしまった時、私たちの取るべき方策は、まず歴史に学び、次いで問題の本質を解明し、冷静に対応することであります」という。

辻井の議論の背後には、『茜色の空』にみられるような戦後日本政治史の認識があり、そこを踏まえての提言である。実効性と歴史性をもった、認識‐議論‐提言がなされている。まことに、辻井喬のしごとは、日中友好の井戸を掘る営みに他ならなかった。

付記
『日中文化交流』の調査に関し、日中文化交流協会事務局にお世話になりました。お礼申し上げます。

あとがき

この論文集は、二〇一三年九月に中国の清華大学で行った国際シンポジウム「一九世紀以降の東アジアの変容する秩序」で発表された論文をベースに編集したものである。シンポジウムの詳細は、別掲の一覧を参照されたい。紙幅とテーマの統一などの理由により、シンポジウム全体の収録を諦め、割愛した。割愛された論文には、董炳月さん（中国社会科学院文学研究所研究員）、沈衛栄さん（当時中国人民大学教授、現清華大学教授）、張翔さん（清華大学公共管理学院ＰＤ、現中国首都師範大学教員）、牛軍さん（北京大学教授）、徐勝さん（当時立命館大学法学部特任教授）の論文がある。ここに記して感謝の意を申し上げたい。

本書のキーワードである「東アジアのコモン（共同性）」とは、今日、国民国家体制にある東アジアの領土、歴史認識などの問題をめぐっての対立や摩擦を念頭に入れてのものである。日本の近代化の過程で、東アジアにもたらされた植民地支配の混乱に、冷戦期の分断が加わり、「東アジア」における相互理解と、知的共同財の創出と思想的蓄積は、十分に深められているとは言い難い。「コモン」という言葉から連想されることは、中国語の諺の「求大同　存小異」または「求同存異」である。その意味は「大同をもとめるためには小異を尊重する必要がある」と理解すべきであろうが、これは、一九五五年のバンドン会議で周恩来が使った言葉としても知られている。本論文集は、右のことを念頭においた、一つの試みと見なしていただければ幸いである。

なお、この国際シンポジウムは、トヨタ財団助成プログラム「東アジアの新たなコモン（共同性）とはなにか――現代の「民主」と「主権」の概念をめぐる中日共同研究」（代表：小森陽一、副代表：岩崎稔、助成番号：D11-R-1079）のサポートを受けて開催された。当財団のご支援に感謝したい。

シンポジウム自体の参加者には、王志松、郭勇などの研究者をはじめ、別掲のような清華大学院生たちがいた。現在、彼らのなかには、すでに教員となって研究を続けている者もいる。シンポジウムのさいには、運営事務の細かい仕事をはじめ多大なご尽力をいただいたことを記しておきたい。また、本書の一部の論文はもともと中国語の論文であったので、倉重拓さん、松原理佳さん、包宝海さん、李仁正さんがこれらの論文を日本語に訳した。さらに日本語論文として、文章を整えたり引用文献を原文と照合したりする細かな作業については、島村輝、竹内栄美子、渡邊英理があたった。

最後に、本書がこのようなかたちになるには、勉誠出版の堀郁夫さんの辛労を抜きにはできなかった。一書にまとめるまで長い時間がかかったが、つねに的確なサポートを続けてくれた堀さんには心からのお礼を申し上げたい。

編者

国際シンポジウム

一九世紀以降の東アジアの変容する秩序

主催：清華大学人文與社会科学高等研究所・清華大学日本研究中心
後援：トヨタ財団助成プログラム「東アジアの新たなコモン（共同性）とはなにか――現代の「民主」と「主権」の概念をめぐる中日共同研究」
日時：二〇一三年九月一～二日
場所：清華大学・北京郵電会議センター

二〇一三年九月一日（日）九時三〇分～一一時三〇分
【清華大学社会学系（熊知行楼）にて】
1　開幕の挨拶　王孫禺（清華大学社会科学学院教授）
2　基調講演
司会　王中忱（清華大学人文学院教授）
（1）小森陽一（東京大学教授）「東アジアにおける「コモン」（共同性）とは、何か？――現代日本の「民主」と「主権」」
（2）汪暉（清華大学人文与社会科学高等研究所所長）「二十世紀中国史という視野における朝鮮戦争」
【北京郵電会議センター会議室にて】
第一場　一四時～一五時二〇分
司会　孫歌（中国社会科学院文学研究所研究員）
岩崎稔（東京外国語大学教授）
（1）牛軍（北京大学国際関係学院教授）「東アジア冷戦の起源及び其の結果」
（2）徐勝（立命館大学法学部特任教授）「分断体制から平和体制へ――朝鮮戦争と人権」
第二場　15時40分～17時40分
司会　強世功（北京大学法学院教授）
島村輝（フェリス女学院大学教授）
（1）孫歌（中国社会科学院文学研究所研究員）「戦争記憶と和解」
（2）成田龍一（日本女子大学教授）「友好の井戸を掘る――辻井喬のしごと」
（3）高榮蘭（日本大学准教授）「グローバリズムが呼び覚ました「ゾンビ」に遭遇した時――ベトナム戦争・日韓国交正常化・漢字文化圏の交錯を手がかりに」

二〇一三年九月二日（月）
【北京郵電会議センター会議室にて】
第三場　九時～一〇時二〇分
司会　林少陽（香港城市大学准教授）
王成（清華大学外文系教授）
（1）董炳月（中国社会科学院文学研究所研究員）「日本のポスト3・11時代における武士道流行」
（2）竹内栄美子（千葉工業大学教授）「東アジアの終わらない戦争――堀田善衞の中国観」
第四場　一〇時四〇分～一二時
司会　竹内栄美子（千葉工業大学教授）
成田龍一（日本女子大学教授）
（1）岩崎稔（東京外国語大学教授）「日本における中日像の抗争――横領と防衛と再生」

（2）趙京華（中国社会科学院文学研究所研究員）「1930年代における日本知識人の東アジア秩序の再構築――橘樸を中心に」

第五場　一四時～一六時
司会　章永楽（北京大学法学院准教授）
　郭勇（寧波大学外国語学院教授）
（1）渡邊英理（宮崎公立大学准教授）「沖縄から開く東アジア像――崎山多美の文学から」
（2）島村輝（フェリス女学院大学教授）「経験と希望――作家・林京子の半生を通して見た核とアジア」
（3）林少陽（香港城市大学准教授）「章太炎と明治日本のアジア主義――岡倉天心、日英同盟及びインドとの関連」

第六場　一六時二〇分～一七時四〇分
司会　汪暉（清華大学人文与社会科学高等研究所所長）
　李廷江（清華大学日本研究中心副主任）
（1）沈衛栄（中国人民大学国学院教授）「大ゲームプレイングとチベット主権問題の争い」
（2）張翔（清華大学公共管理学院ＰＤ）「アジアの発見と革命原動力への反省」

［会務助手］
林彦（清華大学中文系博士課程）
任勇勝（清華大学中文系博士課程）
［参加者］
王志松（北京師範大学教授）
許金龍（中国社会科学院外国文学研究所研究員）
葉彤（三聯書店編集）
熊鷹（ベルリン自由大学グローバルヒストリ研究プロジェクトＰＤ研究員）
周翔（中国社会科学院外国文学研究所博士課程）
朱幸純（中国社会科学院文学研究所博士課程）
陜慶（清華大学中文系ＰＤ）
桂涛（清華大学中文系ＰＤ）
劉妍（清華大学外語系ＰＤ）
庄焔（清華大学中文系博士課程・中国社会科学院外国文学研究所所員）
曾嶸（清華大学中文系博士課程）
崔琦（清華大学中文系博士課程）
袁先欣（清華大学中文系博士課程）
倉重拓（清華大学中文系博士課程）
陳軒（清華大学中文系博士課程）
劉凱（清華大学中文系博士課程）
周穎（清華大学日本語系修士課程）
王雪（北京郵電大学講師）
朱奇莹（天津職業技術師範大学外国語学院日語系助教）
荒木香帆（宮崎公立大学学生）

＊なお、所属は二〇一三年当時のものである。

像――20世紀中国日本文学比較研究論集』(中国社会科学出版社、2001年)、『作為事件的文学與歴史敘述』(台北人間出版社、2016年)、翻訳に、大江健三郎『個人的体験』(浙江文芸出版社、2017年)などがある。

孫　歌(スン・グー／そん・か)
北京第二外国語学院日本語学科特聘教授。専門は日本政治思想史。主な著書に、『アジアを語ることのジレンマ』(岩波書店、2002年)、『竹内好という問い』(岩波書店、2005年)、『北京便り』(岩波書店、2015年)などがある。

竹内栄美子(たけうち・えみこ)
明治大学文学部教授。専門は日本近代文学。主な著書に、『女性作家が書く』(日本古書通信社、2013年)、『中野重治と戦後文化運動』(論創社、2015年)、『大衆とサークル誌』(編著、ゆまに書房、2017年)などがある。

【翻訳者】
倉重　拓(くらしげ・たく)
清華大学人文学院中文系博士後期課程在籍、清華大学外文系講師

松原理佳(まつばら・りか)
東京外国語大学総合国際学研究科博士前期課程修了、みすず書房編集者

包宝海(バオ・バオハイ／ほう・ほうかい)
東京外国語大学総合国際学研究科博士後期課程修了、博士(学術)、青海師範大学副教授(准教授)。

李仁正(リー・レンチェン／り・じんせい)
東京外国語大学総合国際学研究科博士前期課程修了、ジャーナリスト。

編訳、青土社、2015年)、『世界史のなかの世界』(丸川哲史編訳、青土社、2016年)などがある。

高　榮蘭(こう・よんらん)
日本大学文理学部教授。専門は日本の近現代文学。主な著書に、『戦後というイデオロギー　歴史/記憶/文化』(藤原書店、2010年)、共編著『検閲の帝国　文化の統制と再生産』(新曜社、2014年)、論文に、「帝国日本の空間フレームと図書館——雑誌『朝鮮之図書館』」(『日本文学』65(11)号、日本文学協会、2016年11月)などがある。

渡邊英理(わたなべ・えり)
静岡大学人文社会科学部准教授。専門は近現代日本語文学。主な論文に、「夢の言葉の現実性」(『ナイトメア叢書　第二巻　幻想文学、近代の魔界へ』青弓社2006年)、「死者の記憶、記憶の死者」(『社会文学』40号　特集・沖縄、2014年)、近刊に『中上健次論』(仮題、インスクリプト)などがある。

林 少 陽(りん・しょうよう)
東京大学大学院総合文化研究科教授。専門は近代日本と中国の思想史・文学史。主な著書に、『「修辞」という思想——章炳麟と漢字圏の言語論的批評理論』(白澤社、2009年)、『「文」與日本学術思想——漢字圏・1700-1990』(中央編訳出版社、2012年)、『鼎革以文——清季革命與章太炎「復古」的新文化運動』(上海人民出版社、2018年)などがある。

趙 京 華(チャオ・ジンファ/ちょう・けいか)
北京第二外国語学院文学学科教授。専門は日中比較文学文化、日本思想。主な著書に、『周氏兄弟与日本』(人民文学出版社、2011年)、『日本後現代与知識左翼改訂版』(三聯書店、2017年)などがある。柄谷行人、子安宣邦の著書の中国語翻訳も多数手がけている。

王 中 忱(ワン・チョンチェン/おう・ちゅうしん)
清華大学人文学院中国語言文学系教授・人文与社会科学高等研究所教授。専門は比較文学比較文化、東アジア近現代文学文化史。主な著書に、『越界与想

【編者略歴】

岩崎　稔（いわさき・みのる）
東京外国語大学大学院総合国際学研究院教授。専門は哲学／政治思想。主な論文に、「「慰安婦」問題が照らす日本の戦後」（『記憶と認識の中のアジア・太平洋戦争』長志珠絵との共著、岩波書店、2015年）、編著に『東アジアの記憶の場』（板垣竜太、鄭智泳との共編、河出書房新社、2011年）、監訳書に『メタヒストリー』（ヘイドン・ホワイト著、作品社、2017年）などがある。

成田龍一（なりた・りゅういち）
日本女子大学人間社会学部教授。専門は歴史学、近現代日本史。主な著書に、『「戦争経験」の戦後史――語られた体験／証言／記憶』（岩波書店、2010年）、『近現代日本史と歴史学――書き替えられてきた過去』（中央公論新社、2012年）、『「戦後」はいかに語られるか』（河出書房新社、2016年）などがある。

島村　輝（しまむら・てる）
フェリス女学院大学文学部教授。専門は日本近現代文学・藝術表象論。主な著書に、『臨界の近代日本文学』（世織書房、1999年）、『被爆を生きて――作品と生涯を語る』（林京子との共著［インタビュー聞き手］、岩波ブックレット、2011年）、『少しだけ「政治」を考えよう！　若者が変える社会』（共編著、松柏社、2018年）などがある。

【著者略歴】※掲載順

小森陽一（こもり・よういち）
東京大学大学院教授。専門は日本近代文学。「九条の会」事務局長。主な著書に、『子規と漱石――友情が育んだ写実の近代』（集英社新書、2016年）、『漱石を読みなおす』（岩波現代文庫、2016年）、『漱石論――21世紀を生き抜くために』（岩波書店、2010年）などがある。

汪　暉（ワン・フィ／おう・き）
清華大学人文学院中国語言文学系教授・人文与社会科学高等研究所所長。専門は中国近現代文学、中国思想史、現代中国論。主な著書に、『近代中国思想の生成』（石川剛訳、岩波書店、2011年）、『世界史のなかの東アジア』（丸川哲史

アジアの戦争《せんそう》と記憶《きおく》　二〇世紀《にじゅっせいき》の歴史《れきし》と文学《ぶんがく》

2018年6月4日　初版発行

編　者　岩崎稔・成田龍一・島村輝
発行者　池嶋洋次
発行所　勉誠出版株式会社
〒101-0051　東京都千代田区神田神保町3-10-2
TEL：(03)5215-9021(代)　FAX：(03)5215-9025
〈出版詳細情報〉http://bensei.jp/

印刷・製本　中央精版印刷

ISBN 978-4-585-22211-8　C1020

戦争社会学の構想
制度・体験・メディア

さまざまな学問分野の知見をとりこみ、新たな研究のフィールドを拓く。「戦争と社会との関わり」および「戦争を駆動する力学」を問う戦争社会学の挑戦。

福間良明・野上元・蘭信三・石原俊 編・本体六〇〇〇円（＋税）

戦争を知らない国民のための日中歴史認識
『日中歴史共同研究〈近現代史〉』を読む

国民にひろく伝えられるべき研究成果が、政治問題を沈静化させる手段としてのみ用いられようとしている。日中両国の歴史教育・報道・研究姿勢の問題を検討する。

笠原十九司 編・本体二五〇〇円（＋税）

増補改訂 戦争・ラジオ・記憶

ラジオは戦争をどのように伝え、リスナーに記憶させたのか。ラジオの時代を知るための基本書籍と基礎資料も紹介。入門者から研究者まで、メディア研究の必携書！

貴志俊彦・川島真・孫安石 編・本体六八〇〇円（＋税）

昭和文学の上海体験

民族・言語・文化が重なり合った戦時上海を、文学がどう描いてきたかを考察。作品とリンクさせた詳細な上海地図も掲載。**第26回やまなし文学賞**（研究・評論部門）**受賞！**

大橋毅彦 著・本体六〇〇〇円（＋税）